高等院校小学教育专业系列教材

总主编　陈冬花　李跃进　刘会强　李社亮

小学心理健康与辅导

主　编　丁新胜　郭　玲

副主编　马福全　熊　敏

参　编　王运彩　于　玠　李小静

申雨凡　李　颖

南京大学出版社

图书在版编目(CIP)数据

小学心理健康与辅导 / 丁新胜，郭玲主编. -- 南京：南京大学出版社，2020.7

ISBN 978-7-305-22970-1

Ⅰ. ①小… Ⅱ. ①丁… ②郭… Ⅲ. ①小学生一心理健康一健康教育一高等学校一教材 Ⅳ. ①G444

中国版本图书馆 CIP 数据核字(2020)第 033496 号

出版发行 南京大学出版社
社　　址 南京市汉口路 22 号　　　邮　编 210093
出 版 人 金鑫荣

书　　名 小学心理健康与辅导
主　　编 丁新胜　郭　玲
责任编辑 曹　森　　　编辑热线 025-83592123

照　　排 南京南琳图文制作有限公司
印　　刷 江苏扬中印刷有限公司
开　　本 787×1092 1/16 印张 16 字数 381 千
版　　次 2020 年 7 月第 1 版 2020 年 7 月第 1 次印刷
ISBN 978-7-305-22970-1
定　　价 42.00 元

网址：http://www.njupco.com
官方微博：http://weibo.com/njupco
微信服务号：NJUyuexue
销售咨询热线：(025) 83594756

高等院校小学教育专业系列教材

编委会

前　言

学校心理辅导是20世纪教育改革运动中出现的新概念，是现代心理学、教育学、精神医学、社会学等学科理论和学校教育实践相结合的产物。在世界许多国家，特别是发达国家和地区，学校心理辅导的理论和实践都有了长足的发展。目前，美国、欧洲以及中国香港、台湾地区的大部分学校都设有专门的心理辅导与服务机构，具有完备的组织体系。20世纪80年代中后期，我国学校心理卫生、心理咨询与辅导逐渐受到关注，并开始快速发展。学校心理辅导已经成为学校教育的重要组成部分，在一定意义上被认为是现代学校的一个重要标志。

随着人们对学校心理辅导认识的不断深入和相关工作影响的不断扩大，如何使学校心理辅导更适应中国学校教育的现实，从而为广大中小学生提供专业性的心理服务，已经成为一个迫切需要解决的课题。教育部印发的《中小学心理健康教育指导纲要(2012年修订)》中指出："心理健康教育是一项专业性很强的工作，必须大力加强专业教师队伍建设。作为心理学工作者，为学生解答心理问题，解析问题原因、解决心理困扰，是我们的工作职责。而心理辅导作为一项助人措施，力求为需要帮助的人提供专业性的心理服务。"基于上述理念及相关实际需求，我们编写了《小学心理健康与辅导》一书，希望为有志从事小学心理辅导的工作者提供简洁易懂的专业知识和技术。

本书以教育部《中小学心理健康教育指导纲要(2012年修订)》为指导，坚持实践取向、发展取向和积极取向，坚持科学性和实用性相结合的原则，对小学生心理辅导的基本原理、实践技能、组织管理等进行了较为系统的阐释。具体内容包括小学生心理辅导的基本概念、理论基础、常用技术、课程建设、组织管理以及小学生心理辅导的重点专题及操作要领等。本书力求在结构上完整准确，在文字上通俗易懂，在形式上生动活泼。为了突出应用性价值，我们将理论描述、技术方法与应用案例结合起来阐述，以帮助读者更好地理解心理辅导的知识、准确地使用心理辅导技术，从而可以有效地帮助学生获得战胜心理困扰的能力。

本书是集体智慧和劳动的结晶，由丁新胜、郭玲任主编，马福全、熊敏任副主编，仙桃职业学院熊敏为全书进行框架审核，并提供相应电子资源。各章撰稿人（按章目顺序）是：南阳师范学院丁新胜（第一章）；安阳师范学院王运彩（第二章、第九章）；郑州师范学院于琸（第三章、第六章）；安阳师范学院李小静（第四章）；郑州师范学院郭玲（第五章）；南阳师范学院马福全（第七章、第十章）；周口师范学院申雨凡（第八章）；周口师范学院李颖（第十一章）。

在本书的编写过程中，我们参考和借鉴了近年来国内外专家和学者的研究成果，在此表示深切的谢意。由于时间和能力的限制，本书难免存在一些疏漏和不足之处，敬请读者批评指正。

作　者

2020 年 1 月

目　录

第一章　绪　论

※学习目标

1. 理解健康和心理健康的基本内涵与标准
2. 了解影响学生心理健康的因素
3. 掌握心理辅导的概念，了解小学心理辅导的特点
4. 掌握小学心理辅导的目标、任务、内容及原则

※关键词

健康；心理健康；心理辅导；小学心理辅导

第一节　心理健康概述

一、心理健康的概念

（一）什么是健康

人们对健康的认识经历了一个逐步深化的过程。早期传统的、大众化的认识是：健康就是没有疾病。

1946 年，世界卫生组织（World Health Organization，WHO）在《世界卫生组织宣言》中将健康定义为："一种在身体上、精神上和社会适应方面的一种完好状态，而不仅仅是没有疾病或体弱的状态"。

1962 年，世界卫生组织还提出了个体健康的十条具体标准：① 精力充沛，能从容不迫地应付日常生活和工作的压力而不感到过分紧张和疲劳；② 处事乐观，态度积极，乐于承担责任，事无巨细不挑剔，工作有效率；③ 善于休息，睡眠良好；④ 应变能力强，能适应环境的各种变化；⑤ 具有抗病能力，能够抵抗一般性感冒和传染病；⑥ 体重得当，身材均匀，站立时头、肩、臂位置协调；⑦ 眼睛明亮，反应敏锐，眼睑不发炎；⑧ 牙齿

清洁,无空洞、无龋齿、无痛感;齿龈颜色正常,不出血;⑨ 头发有光泽,无头屑;⑩ 肌肉、皮肤富有弹性,走路轻松有力。

1990 年,世界卫生组织又将健康的定义更新为:"一个人在躯体健康、心理健康、社会适应良好和道德健康四个方面皆健全。"

(二) 什么是心理健康

对心理健康概念的界定目前还没有统一的观点。1948 年第三届国际心理卫生大会将其定义为,"在身体、智能以及情感上与他人的心理不相矛盾的范围内,将个人心境发展成最佳的状态"。这个定义强调,如果一个人与其他人比较,符合同年龄阶段大多数人的心理发展水平,那么这个人的心理就是健康的,反之就是不健康的。

《简明不列颠百科全书》认为:"心理健康是个体心理在本身及环境条件许可范围内所能达到的最佳功能状态,不是指绝对的十全十美状态。"简单讲,心理健康是个体对环境的高效而满意的适应,是一种积极、丰富而持续的心理状态。

《心理学百科全书》对心理健康的定义是:"心理健康又称心理卫生,它包括两方面含义,一是心理健康状态,个体处于这种状态时,不仅自我状态良好,而且与社会契合和谐;二是维持心理健康,减少心理行为问题和精神疾病的原则和措施。"

综合各种观点,我们认为,心理健康是指个体在适应环境的过程中,生理、心理和社会性方面达到协调一致,保持一种良好的心理功能状态。它包括两方面的含义:一是指心理健康状态,个体处于这种状态时,不仅自我情况良好,而且与社会契合和谐;二是指维持心理健康,减少行为问题和精神疾病。另外,心理健康有狭义和广义之分。狭义的心理健康,主要目的在于预防心理障碍或行为问题;广义的心理健康,则是以促进人们心理调节、发展更大的心理效能为目标,即人们在环境中健康生活,保持并不断提高心理健康水平,从而更好地适应社会生活,有效地为社会和人类做出贡献。

二、心理健康的标准

(一) 心理健康标准的代表性观点

心理健康标准是心理健康概念的具体化,是衡量个体心理健康的客观指标,是制定心理健康量表、心理健康诊断、心理健康教育的重要依据。由于学者们对心理健康的理解有所不同,所以,对于怎样才算心理健康也未形成一个统一标准。

1948 年第三届国际心理卫生大会提出心理健康的四标准,即身体、智力、情绪十分协调;适应环境,人际关系中能彼此谦让;有幸福感;在工作和职业中,能充分发挥自己的能力,过有效率的生活。

美国人格心理学家奥尔波特提出心理健康的六条标准,即力争自我的成长;能客观地看待自己;人生观的统一;有与他人建立亲睦关系的能力;人生所需的能力、知识和技能的获得;具有同情心和对生命充满爱。

美国心理学家马斯洛和米特尔曼提出心理健康的十条标准,即充分的安全感;充分了解自己,并对自己的能力做适当的估价;生活目标切合实际;与现实环境保持接触;能保持人格的完整与和谐;具有从经验中学习的能力;能保持良好的人际关系;适度的情绪表达与控制;在不违背社会规范的前提下,能恰当地满足个人的基本需求;在不违背团体的要求下，能较好地发挥自己的个性。

王登峰和张伯源(1992)提出心理健康的八标准观，即了解自我、悦纳自我；接受他人，善与人相处；正视现实，接受现实；热爱生活，乐于工作；能协调与控制情绪，心境良好；人格完整和谐；智力正常，智商在80分以上；心理与行为符合年龄特征。

以上关于心理健康标准的论述，在具体应用时需注意以下几个方面：

第一，心理健康是相对的。心理学中所说的正常和异常是相对的，没有绝对的界限，他们之间的差别在很多情况下只是量的差别，因此没有一个固定不变、普遍适用的标准。另一方面，心理健康的相对性还表现在个体的心理健康状态不是静止的、固定的，而是动态的、变化的。

第二，判断一个人心理健康状况应兼顾内外两个方面。从内部状况来说，心理健康的人的各项心理机能健全，人格结构完整，能用正当手段满足自己基本需要，因而主观上少痛苦，能体验到幸福感。从对外关系来说，心理健康的人的行为符合规范，人际关系和谐，社会适应良好。

第三，心理健康是一种状态，更是一个过程。心理健康并不是一种静态的平衡，也不是永久性的无压力、无冲突、无痛苦，而是要在平衡—不平衡的交错中，进行有效的自我调整，与现实环境保持动态的协调，进而追求成长与发展。换言之，一个人若具有能力在矛盾重重的日常生活中求得暂时或长期的内心平衡与和谐，并进而追求新知，追求自我实现，则他必定拥有保持心理健康的重要条件。

（二）小学生心理健康的一般标准

由于不同个体在生活、学习和工作中遇到的事件和活动是多种多样的。因此，心理健康的衡量，不同的年龄阶段有不同的要求。对于学校情境中的学生来说，这类事件或活动主要是学习、人际关系以及和自我有关的活动、社会适应。

1. 心理健康与学习

(1) 智力发展正常。具备正常智力的中小学生能够正确地看待周围的各种事物，能够在认识环境、认识世界和认识自我时保持客观的态度，能够顺利地完成学业。

(2) 体脑协调。中小学生的体脑协调性表现在良好的学习习惯和方法上，他们能够学会“闹中取静”，能自觉地将不同学科的学习交替进行，注意体脑活动和睡眠的关系，善于利用记忆的规律来进行有效的学习。

(3) 自我满足。心理健康的中小学生具有适度的成就动机，从学习中获得自我满足感，从而不断增强自信心。

(4) 排除学习中不必要的忧虑。学生在学习中都不可避免地会产生不愉快的情绪体验，从而引起忧愁、悲伤、恐惧等情绪反应。心理健康的学生在学习中也有烦恼，但是他们能明智地接受这一事实，从不伪装，他们会采取积极的方法来摆脱这些消极情绪。

2. 心理健康与人际关系

中小学生的人际关系主要是与父母形成的亲子关系，与老师形成的师生关系，与同学朋友形成的同伴关系。心理健康的学生，在人际交往中能够像尊重自己一样尊重别人；乐意与同学交往，与同伴合作，能够与教师和家长沟通；能够客观地了解他人，关心他人的需要；有正确的交往态度和有效的人际沟通技巧；能够保持人格的独立和完整性。

3. 心理健康与自我

心理健康的人，不但能了解自己，而且能悦纳自己，能容忍自己的不足和缺点，并努力谋求自己的最佳发展，使自己更加完美，并形成健全的人格。

心理健康的人常在与别人比较后进行反省。他们除了通过与别人比较来了解自己外，还经常与某些理想的标准相比较，如从父母、教师、书本中获得知识和价值观，把它们融合在一起，作为自己效仿的标准。

接纳自我也是心理健康的重要表现。学生在学校的学习过程中，会遇到各种成功与失败，面对成败得失，成人尚且会引起情绪波动，更不用说中小学生了。但是，心理健康的学生，能够平静地对待这些问题，在成功面前不沾沾自喜，遇到失败也不会与自己过不去。

4. 心理健康与社会适应能力

学生社会适应能力良好表现在以下两个方面：

(1) 了解现实，正视现实。心理健康的人能够面对现实，他们能对周围的事物和环境做出客观评价，能与现实环境保持良好的接触。对于心理健康的学生来说，他们既有高于现实的理想，又不会沉迷于不切实际的幻想之中。

(2) 行为符合社会的准则。人是生活在一定社会、文化环境之中的，其行为总是与环境相协调、相一致。任何一个心理健康的学生在一般情况下，都愿意努力实现一定社会所认同的行为，遵守社会规范，在学校生活中表现为有理想、有道德、守纪律等。

三、影响学生心理健康的因素

(一) 家庭因素

家庭是儿童青少年接触社会的第一个场所，良好的家庭教育对学生心理健康的发展具有奠基作用。影响学生心理发展的家庭因素主要包括家庭教养方式、父母关系、父母期望、家庭成员的榜样作用、家庭重大生活事件等。

1. 家庭教养方式

家庭教养方式对学生心理健康的发展不仅具有直接的影响作用，而且对学校教育的效果起着促进、干扰或者抵消的作用。在有心理健康问题的中小学生中，家长采取"态度不一致""以压力为主""歧视""经常打骂"等不良教养方式的比例显著高于正常中小学生。父母的教养方式与学生个性养成、智力发展以及出现心理问题的可能性有一定的关系。

2. 父母期望

家长对子女过高的期望是影响青少年心理健康的重要原因之一。研究表明，父母对孩子过高或过低的期望，对孩子的心理健康和发展都是不利的。过高的期望会使孩子产生恐惧、挫折感、压抑、敌视等不良心理，过低的期望则容易使孩子对自我的评价过低，产生自卑感、自暴自弃等不良心理。

3. 家庭成员的榜样作用

大量的实践和研究证明，家长本身的不良思想道德素质对孩子的心理健康具有严重危害。主要表现在：当孩子发现父母品行不良时，自尊心会受到伤害，心理上会蒙上消极的阴影，产生沮丧、怨恨、烦恼和自卑等心理。个性的消极使他们厌恶集体、厌恶家庭，一旦接触了坏朋友或不良思想，特别容易走上歧途。父母自身品德不端正，在孩子心目中丧失了威信，无法合理地管教孩子，孩子不信任父母，容易产生虚伪、自私自利等不健康心理。

4. 家庭重大生活事件

对儿童青少年影响较大的家庭重大生活事件主要有：父母离婚、父母下岗、亲人生病、去世等。

专栏 1－1

父母教养行为的类型

美国著名的女心理学家鲍姆林特经过观察研究把父母教养行为分为四个类型：

1. 权威型

他们对孩子实行一定程度的控制和要求，对孩子的需要很敏感，接纳他们的意见和想法，常常引导他们以理智的态度做事，鼓励亲子间的交流和讨论，对有原则的服从和自信通常给予高度的赞扬。

2. 宽容型

他们不会更多地使用父母权利，而是更多地与孩子交流。宽容型父母会说："我让孩子有更多管理自己的能力，不鼓励他们遵守一些确定的标准。"他们对孩子既无控制又无要求，很少动用权威和惩罚使孩子服从。他们在与孩子的交往中常用理解和解释的方法，在做家庭决策时也会征求孩子的意见，对孩子的需求很敏感，满足孩子的情感需要。

3. 专制型

较严格地控制孩子的行为和态度，试图使孩子的行为和态度符合某一绝对的标准。他们较少允许孩子有自己的独特性和个人意志，很少与孩子交谈，对孩子的需要不敏感，为孩子提供的温暖情感不充足，与孩子的感情较疏远。

4. 放任型

这类父母对孩子缺乏责任感，他们通常被生活中的事务所困扰，似乎根本没有时间和精力来照顾孩子。因此，他们常常把孩子置于一定的距离外，避免孩子带来的"不便"。他们可能会对孩子在食物等方面的即时性请求有所反应，但对于孩子与社会之间的沟通和社会规则及道德规范培养上，却缺乏努力和作为。

资料来源：张向葵，桑标. 发展心理学[M]. 北京：教育科学出版社，2012.

(二) 学校因素

学校是学生学习、生活的重要场所，学生的大部分时间是在学校中度过的。因此，学校生活对学生心理健康影响非常大。学校的办学理念、教师素质、人际关系、环境氛围等，都是影响学生心理健康的因素。

1. 办学理念

办学理念是中小学办学的总体指导思想，是学校的灵魂，包括学校的办学宗旨、办学目标等。学校教育指导思想正确与否往往决定了一所学校的校风，决定了教师的教学和学生的学习。当前，不少学校仍存在片面追求升学率的指导思想，这无形中给教师和中小学生都造成了很大的压力。教师为了学生能考出好分数，采取违反学生心理健康原则的教学方法、手段和措施，如加班加点、搞题海战术等，中小学生长期处于一种智力超负荷的紧张状态，容易出现神经衰弱、失眠、注意力减退、厌学等心理行为问题。

2. 教师素质

学校对学生心理发展一个非常重要的影响因素是教师的素质，因为教师不仅是学习活动的发动者、组织者，同时也是学生的心理保健医生。教师队伍的素质，如教师的职业道德、责任感、情绪情感、个性和意志品质等，都对学生起着感染作用。所以，要提高学生的心理素质，首先要提高教师队伍的素质。好的教师对学生的成长具有强烈的责任感，无论是班主任还是科任教师、行政人员，都应以建设和营造有利于学生心理健康的环境为己任，注意自己的言行并承担相应的责任。好的教师能利用心理学的原理对学生进行恰当的奖励和惩罚，因材施教；好的教师能接纳学生的行为，尊重学生的人格，乐于帮助学生；好的教师还能进人学生内心世界，分享学生情感体验，能理解学生……要做到这一切，首先自己必须是一个心理健康的人。

3. 学校人际关系

学生在学校中的师生关系和同伴关系良好与否，直接影响着他们的心理健康状况。研究证明，有良好的师生关系和同伴关系的中小学生，会充满归属感和安全感，心理也会得到健康发展；相反，一个师生关系紧张，在班集体中遭到否定、排斥、冷淡，受不平等对待的学生，会产生敌对、自卑、焦虑、恐惧等情绪，对其心理健康会产生不良影响。

4. 学校环境

学校环境可以分为物质环境和心理环境两大类，这两种环境对中小学生的心理发展都起着熏陶作用。从物质环境来说，校园的一草一木，每一个角落都应给人以美的感受，使学生从中得到教育和心灵的净化。学校心理环境包括良好的校风、班风以及校园文化建设。良好的校风和班风催人积极上进，使人际关系和谐。这样的环境能使学生的心理健康状况得到改善和提高。

（三）社会因素

学生是在一定的社会环境中成长的，一定的文化背景、社会风气、社会环境、学习生活环境等都会对学生心理健康产生一定的影响。

1. 文化背景

文化背景对学生心理发展起着直接、根本的影响。人们生活在一定的文化背景下，生活方式、思想观点、态度和情感等都要受到它的制约和影响，导致学生心理健康发展的程度也不一样。社会意识形态对人的心理健康的影响，可来自自己的直接观察，也可以来自别人的间接传授。

2. 社会风气

社会风气与中小学生的关系就像自然气候与植物的关系一样，社会风气可以通过家庭、同伴、传媒等途径影响其心理健康。不良风气会扭曲中小学生的心理健康，难以形成正确的人生观、世界观。因此，要确保中小学生心理健康发展，学校、家庭和社会要共同抵制不良社会风气的影响，净化环境，树立健康向上的社会风气。

3. 大众传媒

大众传媒在现代社会和日常生活中占据举足轻重的地位，对于伴随着网络、电视成长起来的小学生来说，上网、看电视已成为他们生活中的一部分。但是除了正面、积极的作用外，传媒中一些暴力、色情、享乐主义、金钱至上等内容的传播、渲染，对中小学生的心理行为和价值观的发展也会产生许多不良影响，甚至会成为青少年犯罪的直接诱因。近年来随着计算机网络技术的普及，越来越多的小学生沉溺于网吧、迷恋网上游戏或在聊天室里跨越时空的“谈心”，出现了“网络综合症”这一新的身心障碍，已成为引人注目的社会现象。

4. 社区环境

处于不同学习生活环境的学生，其心理健康状况也不尽相同。有研究发现，城乡密度、环境污染、噪音等与人生存密切相关的因素，对人的心理健康状况都存在明显影响。如生活在城市的中小学生，由于住房单元化，同邻居伙伴的交往机会减少，这种状况不利于他们的社会化，使其缺乏与人交往的技巧，容易形成孤僻的性格。还有研究发现，人口密度过大与青少年犯罪率、精神疾病以及其他心理变态行为有密切关系。大城市物理环境和社会环境的变化日新月异，导致了过量信息的产生，使人们的心理严重“超负荷”。拥挤使人们更容易产生矛盾、争吵，生活在其中的中小学生也容易产生心理紧张，出现心理健康方面的问题。

(四) 学生自身因素

中小学生正处于身心发展的重要时期，当心理发展与生理成熟的速度不协调时，就会产生心理冲突。如果不能很好地调控自己，妥善地解决这些冲突，那么这些心理冲突将会成为影响其心理健康的重要因素。

第二节　小学心理辅导

一、小学心理辅导的概念

(一) 心理辅导

心理学领域对辅导的含义有多种解释。美国心理学家罗杰斯认为，辅导是通过辅导者与当事人建立一种具有治疗功能的关系来确定个人的行为。他说：“心理辅导是一个过程，其间辅导者与当事人的关系能给予后者一种安全感，使其可以从容地开放自己，甚至可以正视自己过去否定的经验，然后把那些经验融合于已经转变了的自己，做出整合。”

1965 年美国劳工部在其颁布的《职业劳工手册》中指出：心理辅导的任务是在中小

学、大学、医院、诊所、康复中心和企业中提供个别或集体的指导和咨询服务，以帮助人们在个人、社会、教育、职业等方面取得更有效的发展和成就。

台湾学者张春兴认为：心理辅导是一个教育的历程，在辅导历程中，受过专业训练的辅导人员，运用其专业知识，协助受辅者了解自己、认识世界，根据其自身条件（如能力、兴趣、经验、需求等），建立有益于个人和社会的生活目标，并使之在教育、职业及人际关系等各方面的发展上，能充分展现其性向，从而获得最佳的生活适应。

我国心理辅导专家林孟平提出："辅导是一个过程，是受过专业训练的辅导员，致力于与当事人建立一种具有治疗功能的关系。"

综上所述，从狭义上看，心理辅导是助人自助；从广义上看，心理辅导是促进人的全面发展。结合我国教育实际，我们认为：心理辅导是指在一种新型的建设性的人际关系中，辅导人员运用心理学的知识与技术，协助来访者认识自己，接纳自己，进而欣赏自己，并克服成长的障碍，改变自己的意识和行为倾向，充分发挥个人的潜能，迈向自我实现的过程。心理辅导具有以下四个特征：

（1）心理辅导提供的是一种心理帮助；

（2）心理辅导服务的对象是需要帮助的正常人；

（3）心理辅导是一个辅导关系发展的过程；

（4）心理辅导是一个独特的专业领域。

心理辅导运动对学校教育的影响

（一）教育目标的改变。20世纪以来，由于社会急速变迁，学校教育的目标与内容亦有很大的修正。从前的学校教育以教科书为中心，以记忆教材为主要内容。现在的教育则以受教者得到最大限度的发展为目标，这一转变对辅导工作的开展影响很大。

（二）学生数量的增加。各国均在积极延长义务教育年限，扫除文盲，而海峡两岸亦莫不注力于此。因为儿童人数的增加，教育部门被诸多问题困扰，诸如预算的筹划、各项设备的补充、校舍及活动空间的扩展、个别学生需要的满足等。而辅导工作也因学生数量之急速增加而需要重新设计其功能及开发各种辅导工具。

（三）辅导观念与方法的提倡。近年来，辅导的观念与方法已在各级学校推广，并已达到相当的深度。在制度上，小学全面实施辅导活动，已建立了初等教育到高等教育各阶段一贯制的辅导系统。各校对于学生身心状况的调查、个人适应的重视、学校及社会工作的参与等工作均付诸施行。因此，对以下有关辅导的方法与技术进行深入研究显得越发重要。

1. 评价技术的研究发展。当儿童进入学校以后，其个人的一切善都是施教的载体，故举凡其心理状况、智力程度、情绪适应、人格特质，都需要经过评量，以便了解儿童的资料，作为施教依据。经过每一阶段的发展后都必须重新评量，以便及时掌握其发展的状况。

2. 咨商技术的研究与发展。咨商乃辅导的核心工作,通过咨商关系,协助个别儿童。咨商的理论,又建立在心理学基础之上,故当前辅导工作需对咨商的理论与技术进行深入研究,以发挥辅导工作的真正作用。

3. 学习辅导原理及方法的研究与发展。儿童入学后,大部分的时间用在课业活动上,于是良好的学习习惯和正确的学习态度便成为学习效率的主要影响因素。辅导工作对儿童学习辅导的原理与方法的研究,所注重的研究方向为如何发现儿童在学习上的困扰及其解决途径,如何布置适当的学习环境,如何运用学习心理学原理改进教学、收到良好教学效果及如何认识各类特殊儿童的不同学习方法。

4. 儿童生活适应的认识与辅导研究。在儿童心理卫生备受关注的当代社会,学校辅导工作的重要任务在于促进儿童良好的生活适应。这方面的研究重点应为儿童生活适应困难的种类及其原因。研究内容包括如何提早发现适应欠佳的儿童及其怎样布置适当的学校生活环境,包括物质上的建设以及适当的活动设计;怎样充实儿童的学校生活,了解儿童的基本需求及其满足方式。

5. 生涯教育的研究与发展。小学儿童虽不实施就业辅导,但仍需要教导其树立正确的职业观念,这也就是现代新兴的生涯教育(career education)所倡导的观念。一方面注重正确职业观念的培养,另一方面注重勤俭与劳动等生活习惯的养成。

资料来源:吴增强.现代学校心理辅导[M].上海:上海科学技术文献出版社,1989.

(二) 小学心理辅导

小学心理辅导是专职或兼职的心理辅导人员,依据小学生身心发展的规律和特点,运用心理学、教育学、社会学、行为科学等相关学科的专业知识和专门技能为小学生健康心理的形成和发展提供其所需要的帮助和指导过程。

这一表述包含以下几方面的要义:

(1) 小学心理辅导以身心发育正常的小学生为对象,面向全体小学生,以全面提高其心理素质为目的,而不在于心理障碍或心理疾病的诊断和治疗。

(2) 小学心理辅导的过程,是专业人员依据小学生身心发展的规律和特点,运用心理学及相关学科的专业知识和专门技能,为小学生的心理健康提供其所需要的帮助和指导的过程。尽管在小学生心理健康辅导的过程中,也要适当介绍和普及有关心理健康的基本知识,但重点不在于学科理论的系统讲授,也就是说,不能把小学生心理健康辅导作为一门学科理论的知识体系来讲授。

(3) 小学心理辅导是一种新型的、平等的、建设性的合作关系。尽管在心理辅导的过程中,也要体现教育性的原则,但辅导者与辅导对象之间并非教育者与被教育者之间的关系,也不同于医生与患者之间的关系。因而在小学生心理辅导过程中,一般不提批评性意见,不搞泛泛的说教,也不可以不负责任地出主意,更不能把自己的观点、看法和意见强加于人。而只能通过平等的、民主的、讨论的方式帮助、鼓励、启发和引导小学生面对现实,自己思考,自己分析、认识和解决问题。任何包办代替的做法都是不可取的。

二、小学心理辅导的内容

2012年教育部颁发的《中小学心理健康教育指导纲要》明确规定了心理健康教育的主要内容，包括普及心理健康知识、树立心理健康意识、了解心理调节方法、认识心理异常现象、掌握心理保健常识和技能。其重点是认识自我、学会学习、人际交往、情绪调适、升学择业以及生活和社会适应等方面的内容，并根据不同年龄阶段学生的身心发展特点，设置分阶段的具体内容。

小学低年级主要包括：帮助学生认识班级、学校、日常学习、生活环境和基本规则；初步感受学习知识的乐趣，重点是学习习惯的培养与训练；培养学生礼貌友好的交往品质，乐于与老师、同学交往，在谦让、友善的交往中感受友情；使学生有安全感和归属感，初步学会自我控制；帮助学生适应新环境、新集体和新的学习生活，树立纪律意识、时间意识和规则意识。

小学中年级主要包括：帮助学生了解自我，认识自我；初步培养学生的学习能力，激发学习兴趣和探究精神，树立自信，乐于学习；树立集体意识，善于与同学、老师交往，培养自主参与各种活动的能力，以及开朗、合群、自立的健康人格；引导学生在学习生活中感受解决困难的快乐，学会体验情绪并表达自己的情绪；帮助学生建立正确的角色意识，培养学生对不同社会角色的适应；增强时间管理意识，帮助学生正确处理学习与兴趣、娱乐之间的矛盾。

小学高年级主要包括：帮助学生正确认识自己的优缺点和兴趣爱好，在各种活动中悦纳自己；着力培养学生的学习兴趣和学习能力，端正学习动机，调整学习心态，正确对待成绩，体验学习成功的乐趣；开展初步的青春期教育，引导学生进行恰当的异性交往，建立和维持良好的异性同伴关系，扩大人际交往的范围；帮助学生克服学习困难，正确面对厌学等负面情绪，学会恰当地、正确地体验和表达情绪；积极促进学生的亲社会行为，逐步认识自己与社会、国家和世界的关系；培养学生分析问题和解决问题的能力，为初中阶段的学习生活做好准备。

三、小学心理辅导的目标

学校心理健康教育的目标分为总目标和具体目标两个方面。

我国中小学心理健康教育的总目标是：提高全体学生的心理素质，培养他们积极乐观、健康向上的心理品质，充分开发他们的心理潜能，促进学生身心和谐可持续发展，为他们的健康成长和幸福生活奠定基础。

我国中小学心理健康教育的具体目标是：使学生学会学习和生活，正确认识自我；提高自主自助和自我教育能力；增强调控情绪、承受挫折、适应环境的能力；培养学生健全的人格和良好的个性心理品质；对有心理困扰或心理问题的学生，进行科学有效的心理辅导，及时给予必要的危机干预，提高其心理健康水平。

专栏 1 - 3

台湾中小学心理辅导工作

台湾中小学心理辅导的目标总的来说是协助学生适应环境、发展自我，辅导的内容虽有地域或方法差异，但大致可以分为三个方面：学习辅导、生活辅导和职业辅导。学习辅导主要涉及适应辅导、学法辅导、课外活动辅导、特殊儿童辅导和升学辅导等；生活辅导主要是健康辅导、品格辅导、休闲辅导、社交辅导和家庭辅导等；职业辅导主要有认识自我、职前心理辅导、职业分类与价值观辅导、集体定向辅导等。小学、初中、高中具体的辅导目标与内容又有所区别。小学把辅导纳入教育教学全过程，一般采取"渗透性"的团体辅导方式，对于个别儿童的特殊问题，在课外时间进行个别辅导。团体辅导主要采取团体讨论、角色扮演、游戏治疗等方式进行。初中的辅导活动以全体学生为对象，全校教师共同承担辅导学生的责任。辅导活动在纵向上是全程的，注重小学及以上、学校与就业单位的衔接与相互配合；辅导活动在横向上与各科学习活动密切配合，加强联络，并与校外各种资源协调、配合。在具体的辅导中，三个方面在每个年级的侧重点有所不同，一、二年级学生以学习、生活辅导为重点；三年级学生以生涯辅导为重点；而高中学生的心理辅导工作是以全校学生为主体，根据学生身心发展的特质，辅导学生适应性发展。辅导教师广泛运用测验、观察、调查等方式获取数据，作为学生辅导的基础。辅导工作的实施，依托课程教学、社团活动、个别谈话、团体辅导、测验实施等方式进行。如今，台湾已经把心理辅导纳入最新的"国民中小学九年一贯课程"的综合活动课程体系中，使辅导的目标、内容和实施也纳入其"课程改革"的有机组成部分。

资料来源：叶一舵. 台湾学校辅导发展研究[D]. 福建师范大学，2010.

四、小学心理辅导的原则

（一）全体性原则

全体性原则是指学校心理辅导面向全校所有学生，全体学生都是心理辅导的对象和参与者，学校的一切教育特别是心理辅导的设施、计划、组织活动都要着眼于全体学生的发展，考虑到绝大多数学生的共同需要和普遍存在的问题，以绝大多数直至全体学生的心理健康水平和心理素质的提高为学校心理健康教育的基本立足点和最终目标。另外，面向全体的原则还基于，学生中存在的心理问题带有普遍性，相应的心理需求也具有共同性，所以心理辅导可用集体的方式进行。当然，面向全体并不意味着一定要忽视个别。实际工作中，还要考虑在实施这一原则时，具体问题具体对待，使心理辅导发挥最大效益。

贯彻全体性原则，应注意：首先，教育者要了解和把握所有学生的共同需要，以及普遍存在的心理健康问题；其次，对学生要一视同仁，创造条件，最大限度地让尽可能多的学生参与其中的所有活动。另外，所有工作的出发点都要有利于促进全体学生的发展和成长。

（二）差异性原则

差异性原则是指学校心理辅导关注和重视学生的个别差异，根据不同学生的不同需要，开展形式多样的、针对性强的心理健康教育活动，以提高学生的心理健康水平。人是有差异的，小学生也不例外，他们具有自己的个性特点，拥有不同的社会背景、家庭环境、生活经验和价值观念。学校心理辅导不是要消除这些特点与差异，而是要使学生的差异性、独特性合适而完美地展示出来，也可以说，这是学校心理辅导的精髓所在。

贯彻差异性原则，首先是了解学生的个别差异，如年龄差异、性别差异、学习差异、思想差异和心理差异等等；其次是区别对待不同学生，灵活采用不同方法、手段和技术，充分考虑学生的年龄特征和个性特征等，具体运用心理健康教育的原理和方法；最后是认真做好个案研究，积累资料，总结提炼，增强个别教育的实效。

（三）主体性原则

主体性原则是指学校心理辅导以学生为主体，所有工作以学生为出发点，同时使学生的主体地位得到实实在在的体现，把教师的科学教育与辅导和学生的积极主动参与结合起来。主体性原则集中而直接地体现了学校心理辅导的关键特征，要求教育者的心理健康教育要充分尊重学生的主体地位、充分发挥学生的主体作用。

贯彻主体性原则，要做到：所有的心理辅导工作和活动都要从学生的实际状况和需要出发，以学生现实生活和存在的问题为基准，以达到学生心理健康水平和心理素质提高为目的；尊重学生主体地位，发挥学生的主体作用，鼓励学生自我选择和自我指导，促使学生自知、自觉、自助，不能采取强制手段，也不能替代学生解决他们自身存在的问题。

（四）整体性原则

整体性原则是指学校心理健康教育过程中，教育者运用系统论的观点指导教育工作，注意学生心理活动的有机联系和整体性，对学生的心理问题做全面考察和系统分析，防止和克服教育工作中的片面性。学校心理辅导追求学生人格的整体性发展，最终达到提高学生心理素质和整体素质的目的。所以学校心理辅导工作，绝不能“头痛医头，脚痛医脚”，而应从个体心理的完整性和统一性，个体身心因素与外部环境的制约性、协调性等综合因素出发，全面把握和分析学生心理问题的成因，采用相应的教育与辅导对策。只有这样，才能使学校心理辅导工作更富有成效，更有意义。

贯彻主体性原则，要做到：树立学生全面发展的观点，教育活动时刻关注学生人格的完整性和身心素质的全面提高；对学生心理问题的分析，从整体、全局、多方面的角度进行，把内外因、主客观、家庭社会学校和个人诸因素综合起来；对学生心理问题的教育与辅导采用综合模式，不局限于某一种方法和技术。

（五）保密性原则

保密性原则是指学校心理辅导过程中，教育者有责任对学生的个人情况以及谈话内容等予以保密，学生的名誉和隐私权应受到道义上的维护和法律上的保障。保密性原则是学校心理辅导极其重要的原则，是鼓励学生畅所欲言和建立相互信任的心理基础，同时也是对学生人格及隐私权的量大尊重。

贯彻保密性原则，要做到：求助学生的所有资料和信息绝不应作为社交闲谈的话题；个案的资料也不应出现在教育者的公开演讲和谈话中；教育者应避免有意无意以个案举例，来炫耀自己的能力和经验；教育者所做的个人记录，不能视为公开的记录，不能随便让人查阅；教育者不应当随便将记录档案带离咨询与辅导机构；任何咨询与辅导机构都应设立健全的储存系统来确保当事人档案的保密性。当然，替来访者保密也不是绝对的，在某些特殊情况下，为了进行科学研究，可以进行正当泄密，但依然是不能损害求助学生的利益，要最大限度地保护求助学生。

拓展阅读

1. 俞国良. 现代心理健康教育[M]. 北京：人民教育出版社，2008.
2. 卢家楣. 青少年心理与辅导[M]. 上海：上海教育出版社，2011.
3. 伍新春. 中学生心理辅导[M]. 北京：高等教育出版社，2010.
4. 吴增强. 野百合也有春天——学生心理辅导案例精选[M]. 上海：上海教育出版社，2011.

反思与探究

1. 何为心理健康？其标准如何把握？
2. 心理辅导与心理咨询、心理治疗有何区别？
3. 学校心理辅导有哪些原则？应如何理解这些原则？
4. 结合自身成长经历，谈谈对小学生进行心理辅导的重要性。

第二章　小学心理辅导的理论基础

※学习目标

1. 准确理解各种治疗理论的主要观点、常用方法和技术
2. 结合自身情况，重点掌握1—2种治疗理论和方法

※关键词

精神分析；无意识；强化；自我概念；ABC理论；顺其自然

第一节　精神分析治疗理论

精神分析又叫心理分析，或心理动力学，是研究精神动力如何驱动人类行为的科学，是临床心理学史上最早的专门心理治疗的方法，其创始人是奥地利精神病学家西格蒙德·弗洛伊德(1856—1939)。弗洛伊德所创立的精神分析是历史最悠久、影响最深远的一派。美国著名心理学史家波林在其巨著《实验心理学史》一书中写道："谁想在今后三个世纪内写出一部心理学史而不提弗洛伊德的姓名，那就不可能自诩是心理学通史了。"其他西方心理学家也认为："很难找到心理学或精神病学的一个领域未曾受到弗洛伊德思想的影响。他的学说曾激起成千富有成果的假说和鼓舞人心的实验。他的影响在社会学和人类学方面也都是同样不可估量的。"弗洛伊德的贡献可见一斑。

一、主要理论观点

在心理分析和心理治疗的基本理论中，与心理咨询和心理治疗有关的主要有：无意识理论、人格结构理论、性欲理论及神经症的心理病理学原理。

(一) 无意识理论

无意识又叫潜意识，无意识理论是精神分析理论的基础。该理论认为，无意识的心

理活动是一切意识行为的基础。弗洛伊德认为人的精神生活包括意识、前意识、无意识三种水平或三种层次,所以无意识理论又叫精神层次理论。

意识是人们直接可以感知到的有关心理部分。辩证唯物主义认为,人的行为都是有意识的,意识是人的行为与动物行为的本质区别,意识直接引发人的行为。但弗洛伊德认为,意识并非行为的原动力,无意识才是一切意识行为的基础;意识在心理活动中也不具有重要地位,它只是一个人心理活动的有限的外显部分,人的心理活动还有许多内隐的东西。在精神分析学界,常用冰山现象来形象地描述这个理论。冰山大约有三分之一的部分浮现在海水上,这一部分相当于人的意识。冰山另外的三分之二是位于海水之下,靠近海平面的那一部分相当于人的前意识,其余隐藏在海水里面的部分相当于人的潜意识。也就是说,如果把人的所有心理活动比作一座冰山,意识部分好比冰山露在海洋面上的小小山头,而无意识则是海洋下面看不见的巨大部分。从这个比喻中可以看出,弗洛伊德认为人的心理主要是无意识的,只有很少一部分是意识的,无意识是意识的基础。

前意识是指目前不能意识到,但通过努力回忆、提醒可以召回到意识中去的部分,是在注意力高度集中时能被人觉察到的精神活动。它是意识和潜意识的中介环节,相当于海面上下浮动的冰山。它的基本功能是监督和防备那些会引起焦虑的潜意识内容侵入我们的意识当中。无意识中的内容要达到意识层面,必须要受到前意识的检查。弗洛伊德把前意识比做看守人,严防无意识的观念进入意识部分,它的工作方式有两种:要么完全阻挡潜意识内容的通过,要么将潜意识的内容改头换面后再予以放行。

无意识是意识无法触及的思想、本能冲动、情感以及幻想等,是高度集中注意也无法觉察的内容。无意识的含义有两种:一是指人对自己的一些行为的真正原因和动机不能意识到,即本人意识不到的行为的真正原因。这在神经症患者身上表现尤为明显,比如,强迫洗涤患者,无休止地洗手、洗衣,极大地影响了正常的工作和生活,他们在理性上清楚地知道不必要这么洗,不想去洗(意识),但内心深处充满着焦虑,究竟为什么非洗不可,他自己讲不出道理,这个强烈的动机潜藏在无意识当中。无意识的第二种含义是指各种为人类社会的宗教、法律、伦理道德所不能容许的原始的、动物性的本能冲动、本能欲望以及童年期的大量经验。那些无法得到满足的情感体验、本能欲望和原始冲动是被压抑到潜意识之中的,但它们并不安分守己待在那里,而是在无意识中积极地活动着,不断寻找出路追求满足,力求在意识的行为中得以表现。但因其是社会道德、宗教法律所不允许的,所以当其出现时就会在意识中唤起焦虑感、羞耻感和罪恶感,因此,意识对其加以抵抗、进行压抑。

压抑的功能是把主体的经历和回忆、各种欲望和原始冲动隐藏起来,不让它们在意识当中出现。但这些东西并未消失,而是一直潜伏着、活动着,在压抑的作用下存在于无意识当中。

由于压抑的作用,潜意识不能升为意识但又不消失,所以,就通过梦、口误、笔误、记忆错误等形式表现出来。病态的压抑则可能导致心理疾病——即以神经症的形式表现出来。许多神经症(如癔症、抑郁症、焦虑症、恐惧症、强迫症等)的病因都是压抑到潜意识内的某种本能的欲望、动机、情感与精神创伤所致。这些被压抑的东西并不被个体所知觉，但却在潜意识里兴风作浪，从而引起当事人的意识所难以理解的焦虑、紧张、恐惧、抑郁与烦躁不安，并表现出各种心理障碍。精神分析的实质就在于揭示潜意识，使来访者得到领悟，症状就会消失。

弗洛伊德这种开创性的工作使我们认识到，个人的行为和心理还受无意识的影响，人们只有了解了自己的潜意识，才能真正了解自我。对于心理辅导者而言，探索来访者自身尚不明晰的潜在影响力量，提高来访者的自我发现能力，无疑能促进来访者的成长。

但是，在弗洛伊德看来，潜意识的真正目的总是相当隐晦的。它通过象征、转换等意识作用机制的加工掩饰，早已变得面目全非，个体症状是被压抑到潜意识的欲望的曲折表现。因此，心理分析的治疗原理便是通过心理分析寻找症状背后的无意识动机，使患者了解症状的真实含义，症状便可消失。为此，弗洛伊德发明了一系列揭示潜意识的方法和技术，如自由联想、梦的分析、口误和笔误的分析、移情的分析、催眠后的暗示等。

（二）人格结构理论

弗洛伊德的人格结构理论包括两大部分：本我、自我、超我理论和自我防御机制理论。

1. 本我、自我、超我理论

弗洛伊德把人的人格结构分为本我、自我和超我三个部分。

本我是人格结构中最原始的部分，从出生之日起即已存在。构成本我的成分是人类的基本需求、本能欲望和冲动。本我中的需求产生时，个体要求立即满足，故而从支配人性的原则来看，支配本我的是快乐原则，本我是非理性的、无意识的。

自我是个体出生后，在现实环境中由本我分化发展而产生的。由本我而来的各种需求，假如不能在现实中立即获得满足，个体就必须迁就现实的限制，并学习如何在现实中获得需求的满足。从支配人性的原则看，支配自我的是现实原则。自我是理性的、意识的。此外，自我介于本我与超我之间，对本我的冲动与超我的管制具有缓冲与调节的功能。

超我是人格结构中居于管制地位的最高部分，是个体在生活中接受社会文化道德规范的教养而逐渐形成的。超我有两个重要部分：一是理想自我，要求自己行为符合自己理想的标准；二是良心，规定自己行为免于犯错。因此，超我是人格结构中的理想部分和道德部分，是理想自我，是道德化了的自我。从支配人性的原则看，支配超我的是完美原则和道德原则。超我一部分是意识的，一部分是无意识的；一部分是理性的，一部分是非理性的。

弗洛伊德认为，本我是心理能量的源泉，是寻求生存的必要的原动力，本我只能通过欲望的实现来得到满足。超我代表了人格结构中的社会道德力量，是用良心去阻止心理能量的释放，是压抑本我的。自我是从环境中选择对象来理智的满足本我的冲动，并降低紧张和带来愉快。心理健康的人的本我、自我、超我三者之间能保持动态的平衡。

2. 自我防御机制理论

自我是在超我的监督和现实许可的条件下满足本我的需要。当人们在日常生活中遇到不如意的事件或会产生心理冲突，导致心理失去平衡，如不及时调整，就可能产生心理疾病。弗洛伊德认为，人有一种内在的自我调节能力，用于对付那些使人感到烦恼焦虑的威胁和危险，使自己的心理保持平衡，这就是心理防御机制。心理防御机制是否认或歪曲自我与现实的关系以逃避痛苦，它的主要来源是潜意识。心理防御机制有多种，个体会有选择地采用其中的某些机制，并在自我中固定下来以渗透到人格系统。因此，人们习惯运用哪些心理防御机制，就会形成各自不同的个性心理。

弗洛伊德认为，生活中常见的自我防御机制有以下几种：

(1) 压抑。

压抑是最基本的一种防御机制，是个体在遭受挫折以后，把意识所不能接受的、使人感到困扰或痛苦的思想、欲望或体验，不知不觉地压抑到潜意识之中，不再想起，不去回忆，以保持内心的安宁。例如，一个想逃学的小学生，总是自己制造伤病，导致不能上学，但自己并不能认识到自己的这种想法。

(2) 文饰。

又称合理化是一种消极型策略，指个体在遭受挫折时无法达成自己的目标，或自己内心的需要、欲望不符合社会规范时，为了减轻焦虑和痛苦，自尊心免遭伤害，寻找种种理由自圆其说，或以值得原谅的借口替自己辩护。

(3) 投射。

是一种较常见的消极型策略，它是指个体将自己不喜欢的或不能接受的而自己又具有的观念、态度、情感、欲望以及某些性格特征转移到别人身上，认为别人也是如此，以减少自身的压力。典型的投射效应就是人们常说的“以小人之心，度君子之腹”。

(4) 移位。

又称迁移作用，指由于挫折、心理冲突引起不安而向外转移，以此来缓解减轻内心痛苦，即迁怒于人或物。

(5) 否认。

又叫鸵鸟政策，是一种原始简单的心理防卫机制，指否认那些已发生的令人痛苦的事实，认为没有发生过，从而避免心理上的痛苦和不安。

(6) 认同。

又称表同或仿同，是指当个体愿望在现实生活中无法实现或获得满足时，把自己比拟成现实(或幻想)中的某一位成功者，借此在内心分享成功者的欢乐，以冲淡因挫折而产生的焦虑来维护个人的自尊。这种表同的对象多数是受挫者心目中所崇拜的偶像，其具备的优良品质、成功经验等正是他所羡慕的，因而往往表现为模仿偶像的言行举止和风度，从中体味“与圣人同行”的感觉。

(7) 转移。

转移是指当某一目标受挫时，通过别的途经满足需要，或改变原有的目标，用别的目标取代，即所谓“东方不亮西方亮”“失之东隅，收之桑榆”。

(8) 升华。

是一种积极的保护策略，指个体遭到挫折以后不是沉浸在受挫的痛苦之中，而是将痛苦化为一种具有建设性的动力，把情感和精力投入到有利于社会和他人的活动之中。

弗洛伊德认为，人类的很多文学作品，多是作者把内心的冲动加以升华而以社会所能接受的正当方式加以表现的结果。

(9) 退化。

也称为“退行”或“回归”，是指当个体受挫时，表现出一种与自己的年龄、身份很不相称的幼稚行为，以便得到别人的同情与关照。这种应对方式往往使个体在挫折中放弃成熟的适应方式，退回到儿童水平，恢复使用原先幼稚的方式去对待困难或满足自己的欲望，如成人用“哭泣”来表达自己的不满。

(10) 反向。

是指当个人的内心动机或某种欲望，不能为他人或社会所接受或容忍时，常常被压抑或潜伏到潜意识中去，不敢表露，不被觉察，但并未消除。因此，时时都害怕会暴露，而从相反方向去加强心理防御。如有的学生自卑感很重，但却表现出过分自尊。

弗洛伊德认为，每一个人，不论是正常人还是患有精神障碍的人，都在不知不觉中使用这种自我防御机制。若使用得当，则可免除内心痛苦；若使用不当或过分，则会导致一定的症状。

(三) 性心理发展阶段理论

弗洛伊德认为，人的心理发展即性心理的发展。这里的“性”，泛指身体的一切快感，个体性需要依次通过五个阶段和五种形式求得满足。

1. 口唇期(0—1 岁)

婴儿活动大多以口唇为主，主要通过吮吸、撕咬、含住、吐出和紧闭五种主要口腔活动模式获得快感。所以，口唇是儿童快感的主要来源。从人格结构看，婴儿只有本我。一般而言，婴儿口唇活动得到适当满足，成年后性格则倾向于乐观、慷慨、开放等积极性人格特征。婴儿口唇活动得不到满足，成年后性格则倾向于依赖、悲观、被动、猜疑和退缩等消极人格特征。口唇期的发展任务是建立良好的母子关系，适当满足儿童的需要。

2. 肛门期(1—3 岁)

婴儿主要通过排便获得快感，快感区在肛门。在这个阶段，儿童会接受排便训练，第一次学习控制自己的欲望，第一次经历本能欲望与外界限制的冲突。如果排便训练过于严格，或者教育过于严格，儿童会形成过度控制的行为习惯，如洁癖、吝啬和强迫的人格特征。如果排便训练过于随便，或者教育上散漫，儿童则易形成肮脏、浪费、凶暴、不守秩序等人格特征。这一阶段的发展任务是学习认识负面情绪，开始自治自律。这一阶段顺利通过，形成独立自主的个性，表现为行为果断，心理矛盾较少，无过度羞耻感；如不能顺利通过，则可能形成肛门型人格，如肛门滞留性人格(表现为严守秩序，拘泥小节，吝啬)或肛门攻击性人格(表现为办事马虎，缺乏责任感，散漫，浪费等)。

3. 性蕾期(3—6 岁)

此时儿童注意到两性之间的差别，逐渐形成角色认同，变得依赖父母中异性一方，即男孩出现“恋母情结”，女孩出现“恋父情结”。为了减轻因“恋父”“恋母”带来的焦虑，儿童可以通过发展被他人接纳的情感来代替对异性父母的情爱欲求，也可以通过对同性父母的强烈认同来抑制罪恶感。本阶段的发展任务是让儿童形成接纳性情感，悦纳自己的身体和性别。

4. 潜伏期(6—12岁)

这一时期儿童性的发展呈现一种停滞和退化现象。性本能受到压抑,儿童通过丰富多彩的活动宣泄、升华性能量。这一阶段的发展任务是开始社会化,形成社会兴趣和情感,是培养兴趣的最佳时期。

5. 青春期(12岁—成人)

此时期两性差异开始显著。自此以后,性的需求转向相似年龄的异性,开始有了两性生活的理想,有了婚姻家庭的意识。至此,性心理的发展呈现成熟趋势。这一阶段的发展任务是摆脱父母的影响,获得独立,与异性发展密切关系。

弗洛伊德认为,一个人如果能够成功地解决以上所有性心理阶段的冲突,这个人就可以达到完美的理想境界,在性、社会和心理上都是成熟的,本我、自我、超我均衡协调,体验不到冲突与防卫的需要。但弗洛伊德认为,具有这种生殖人格的人极为罕见。

在性心理发展过程中,如果在某一阶段出现停滞或倒退,就可能导致心理异常。性心理的发展若不能顺利进行,停滞在某一发展阶段,即发生固着。所以,固着是停留在某一阶段,裹足不前,它可能由于溺爱或苛求而发生。个体受挫后,还会从高级的发展阶段返回到某一低级的发展阶段,即产生退行。所以,退行是指在发展过程中返回到较早的阶段。固着和退行可能导致心理异常,成为各种神经症、精神病产生的根源。

弗洛伊德的性发展理论体现了对儿童早期经验的重视。学校心理辅导者可从学生的行为表现、思维方式、追求欲望满足的方式上推论其在哪个阶段的发展上受过怎样的挫折。

(四) 神经症的心理病理学原理

弗洛伊德认为,本我中的本能欲望和冲动在力比多的驱使下,不断寻求它自身的满足和表现,超我根据社会道德的要求不允许其表现,而自我同时要注意本我、超我及现实三方面的利益,必然对寻求本能冲动产生焦虑。为防止焦虑就要设法干预抑制或消除本能冲动。当自我足够强大时,采用心理防御机制中的压抑功能就能获得成功;当自我力量减弱时,压抑未能成功,即产生心理冲突,两种势力冲突的结果达成妥协。自我采用心理防御机制中的某些特别技巧,对急于表现的某些冲动予以化装,使之以神经症的形式表现出来,这既使力比多的能量得到了宣泄,又免于超我的谴责,从而使自我避免了焦虑。

因此,弗洛伊德认为症状是被压抑到无意识的欲望寻求满足的曲折表现,是压抑与被压抑两种势力相妥协的结果。即被压抑的欲望得不到真正的满足,则以症状的形式得到某种替代性的满足,而由于症状不是欲望赤裸裸的再现,因此超我也不再干涉。

二、主要治疗方法

(一) 自由联想

1895年,弗洛伊德创造了自由联想技术。自由联想的目的是使来访者无意识的内容意识化。他让来访者舒适地躺着或坐着(分析师在其视线之外),诱导来访者把进入头脑中的任何想法都讲出来,无论这些想法多么微不足道、荒诞不已、有伤大雅,都要如实报告。治疗者的任务是:对来访者报告的材料加以分析,解析潜意识中被压抑的事件和来访者的内心冲突，揭示症状背后的无意识动机，从而找到心理病症的起因。

（二）梦的分析

1900年弗洛伊德出版《梦的释义》一书。他认为，个体的很多愿望、动机和情绪都会在梦中得以表达，梦是欲望的迂回满足。任何梦境都包含有表面内容和隐含内容。表面内容是梦者能体验到并能回忆起来的梦境，即显梦；隐含内容是隐藏在显梦之下的真实含义（欲望），即隐梦，这是梦者所不知道的。梦的解析就是把显梦的化装层层揭开，解释梦中的各种符号，把经过化装的梦复原，揭示梦的象征意义。因此，梦是通往无意识的捷径和桥梁。

（三）移情的分析

移情是来访者在潜意识中将不切实际的角色、身份和情感强加在分析师身上。移情源于来访者童年与关键人物关系的体验，有正性的、友爱的，也有负性的、敌对的。移情有两种作用：一是治疗者通过移情了解病人对其亲人或他人的情绪反应，了解来访者的早期经验；二是引导来访者讲出痛苦的经历，使压抑的情绪得以宣泄。所以，揭示移情的意义，就在于当来访者逐渐认识到自己对分析师的情感反应反映着自己的早期经验时，他会进一步反省自己在现实生活中的"异常"反应是否也来自早期经验，从而对自身的问题产生顿悟，使他下决心不做潜意识力量的奴隶，逐渐以更成熟的方式对待他人和自己。另外，分析师也可能产生反移情。分析师应该能够对自己的反移情有所领悟，始终向既定的目标前进，关注工作而不是个人。

移情的观察与应用案例

有位常被父亲宠爱而且善于撒娇的女病人，在心理治疗的初期很善于向医生撒娇，无理取闹。她要求医生每个星期给她多看几次，要求医生打电话给她的学校要老师准许她请假去旅游等。每当医生向她解释这些事是不合理的要求而不替她做时，这位病人就生气，并骂医生说："我的父亲都听我的话，替我做事。你这个做医生的怎么…… 一点也不替我着想。"很明显，这位病人，一直以为所有的人都应该像她的父亲一样宠她、惯她。她在不知不觉中，把过去对自己父亲的期望转移到医生身上，当自己的需要得不到满足时，便像对自己父亲发脾气一样的向医生发脾气。

从上述例子可见，由移情关系所表现出来的态度，感情与欲望等，都属于比较原本的东西，是潜意识的心理活动表现。所以，观察、分析移情关系，可以让病人有机会校正对他人的感情，从而改善人际关系，在治疗上极为重要。

资料来源：王玲，刘学兰. 心理咨询[M]. 广州：暨南大学出版社，1998.

（四）阻抗的分析

阻抗是来访者内部阻止康复性变化的力量倾向。在精神分析过程中，无论来访者如何配合，如何急于康复，依旧会有各种障碍。阻抗在分析过程中是一直出现的，但通常不会很快被认出。阻抗的表现形式多种多样，有些是有意识的，有些是无意识的。有意的阻抗，可能是来访者担心给治疗者留下坏印象，或担心说错话，或不信任治疗者。在这种情况下，来访者经过咨询者的说服，与咨询者建立了咨询关系以后就可以消除。更常见的是无意识的阻抗，来访者自己无法意识到，而且也不会承认，可能还会为自己的这种无意识阻抗寻找理由。来访者往往口头上表示迫切希望消除症状，但行动上对治疗却并不积极协助，这种阻抗更难解决。所以弗洛伊德认为，那些不愿意向别人承认的东西，不愿意谈论的东西，更有意义，更具有分析价值。当来访者出现抗拒时，往往正是其心理问题之所在。因此，咨询者的任务就是在整个治疗过程中不断辨认并帮助来访者克服各种形式的抗拒，将压抑在潜意识中的情感发泄出来。如果潜意识的所有抗拒都被逐一战胜，来访者实际上已在意识层次上重新认识了自己，分析治疗也就接近成功。精神分析疗法之所以需要长时间才能完成，在于潜意识的抗拒作用。

（五）解释

解释是让来访者正视他所回避的东西或尚未意识到的东西，使潜意识中的内容变为意识的，对症状的真实含义达到领悟。它包括对自我防御机制的解释，对移情、阻抗、梦、日常生活行为的解释等，是精神分析最常用的技术。

第二节　行为主义治疗理论

一、主要理论观点

1913 年，华生在美国《心理学评论》杂志发表了题为《行为主义者心目中的心理学》，标志着行为主义心理学的诞生；巴甫洛夫通过对动物的实验研究提出实验性神经症理论；斯金纳研究强化的效用，并于 1954 年提出“行为治疗”一词；艾森克 1958 年提出“行为疗法”。所以，行为疗法是在 20 世纪 50—60 年代发展起来的。行为疗法的理论基础是学习论。大多数行为治疗家认为，人的不适应行为是后天习得的，并可以通过后天学习加以矫正。

（一）经典性条件反射

俄国著名生理学家巴甫洛夫在实验室研究狗的消化过程，无意中发现应答性的条件反射作用，即经典性条件反射原理。经典性条件反射是将一个原来不会引发个体产生某种反应的条件刺激伴随着另一个能够引发反应的非条件刺激，多次重复出现以后，最终使条件刺激与该种反应之间建立起新的联系，从而能单独引发该种反应。

巴甫洛夫通过条件反射原理，把狗训练到每次看见椭圆就流口水，然后把椭圆形变成圆形，当狗再也不能辨别是椭圆形还是圆形时，狗无所适从，竟出现精神紊乱，狂吠、哀鸣并咬坏仪器等症状，巴甫洛夫称之为实验性神经症。

经典性条件反射不仅揭示了正常行为产生的原因，也揭示了异常行为产生的原因。神经症、精神病等许多人类的不适应行为都是心理冲突所致。

（二）操作性条件反射

美国心理学家桑代克最开始研究操作条件作用，但贡献最大的是美国心理学家斯金纳，“斯金纳箱”实验是操作条件作用的理论基础。在这个实验中，关在箱子里的白鼠，偶然压下杠杆时灯亮，因而得到食物，这种条件反射就是操作条件反射，强调操作行为会导致某种结果的产生。如果一种行为之后出现了好的结果，这种行为就趋向于保持下来，若效果不好，则趋向于消除。

斯金纳提出，人的大多数行为都是习得的，包括不良行为和心理疾病的症状。所以，症状就是适应不良的行为和习惯，这些不良行为是习得的，心理咨询和心理治疗就是通过强化改变不良行为的。

（三）模仿学习理论

模仿学习理论的代表人物是美国心理学家班杜拉。模仿学习理论认为，人类的大多数行为都是通过观察学会的，学习的过程就是模仿的过程。班杜拉认为，人的不良行为也是模仿习得的，那么，通过模仿正确的行为就可以使不良行为得以矫正。运用模仿学习理论进行心理治疗就是通过奖励、强化等手段，使个体模仿学习一些适应的行为，克服过去习得的不良行为习惯。

二、主要治疗方法

（一）放松技术

人在接受高度紧张性刺激后，会使血压升高、呼吸加快、心跳加剧，即心身相通，心理上的紧张导致生理上的反应。这种紧张长期持续，身心就会失调，导致许多疾病。在生理上，有高血压、冠心病、失眠症等；在心理上，有恐惧症、焦虑症、口吃症等。放松技术对许多疾病都有好处，尤其是对紧张引起的焦虑恐惧效果更为明显。放松技术主要有呼吸放松、冥想放松、肌肉放松。

1. 呼吸放松

（1）准备：站姿、坐姿、卧姿。站姿：双手自然下垂，双脚与肩同宽，双目微闭，排除杂念。

（2）操作要领：第一，吸气（吸得慢、吸得深）；第二，憋气（越长越好）；第三，呼气（用嘴和鼻子慢慢呼出）。

（3）说明：胎儿期即为腹式呼吸，吸得深而且足，氧气的交换比较充分，能使人放松；重大事情紧张时，前几分钟使用深呼吸 2—3 次。

2. 肌肉放松（渐进性放松）

（1）准备：同呼吸放松。

（2）操作要领。

① 当你舒舒服服坐好之后，可以开始做深呼吸，慢慢吸入然后呼出，每当你呼出的时候在心中默念“放松”，当你感觉呼吸平稳、有规律的时候，暂时不用说“放松”。

② 将你的注意力集中到右手上，慢慢将右手握成拳头，再用劲，你会感觉到整个右手由拳头到肩膀都变得僵直。然后数 1 至 10。

③ 慢慢将右手放松、放松，你感到僵直的右臂逐渐经由肩膀—手肘—手腕—手

心—手指慢慢地松弛下来，放松、继续放松，再放松整个右手，然后注意力集中在呼吸上，每当你呼吸时，心里轻轻默念“放松”。重复3次。

④ 再次将注意力集中在你的左手上，重复以上练习。

⑤ 将注意力集中在整个右脚，将右脚伸得挺直、收紧，将脚趾“拉”向头部方向，你会感觉小腿部分酸硬，数1至10。再将脚趾头向前方伸展，数1至10，放松整个右脚、放松、当你的脚完全放松时，它会很自然地略向外倾。然后将注意力集中在呼吸上，让自己放松。再将注意力集中在左脚上，重复以上的练习。

肌肉放松的关键是练习者能分辨和感受到肌肉收紧、放松时的状况。熟练以后，不必再练习紧张，可以直接给每个部位的肌肉做放松。

放松训练遵循的原则是自上而下。放松顺序是：额头—脸部—颈—肩—背—胸—腰—腹—臀—大臂—小臂—手—大腿—小腿—脚部。

(3) 说明：放松训练时要将注意力高度集中于自我暗示语上；需要清晰、逼真的想象；能够清晰知觉肌肉不同程度的紧张状态，从极度紧张到极度放松；进行深沉而缓慢的腹式呼吸。

3. 本森冥想放松法

(1) 要求：安静环境；肌肉放松；用一个心理手段(即聆听重复的一种声音、一个词或短语)；一个随和的态度。

(2) 做法：在安静的环境中舒适地静坐、闭目，放松全身肌肉，平静缓慢地用鼻子呼吸。在每次呼气的同时，默诵“壹”字，将注意力迅速地集中在“壹”字上，并保持一种随和的态度。对头脑中出现的杂念，不必为之着急，不要理会它们，继续重复“壹”字。用不了多少时间，放松会自然到来。这样每次训练20分钟，每天可进行1—2次。

(二) 系统脱敏技术

系统脱敏法又称交互抑制法，最早是沃尔浦创立的。沃尔浦认为，如果一个刺激能自动地引发焦虑反应，那么治疗就是教给个体对这一刺激形成一种抑制焦虑的反应，这样，后来的反应就取代了原来的焦虑反应。因为人类的神经系统不能同时处理相互冲突的两种状态。人的肌肉放松是与焦虑对抗的状态，两者不能相容，一种状态出现，必然会对另一种状态产生抑制作用，即交互抑制。放松就是对焦虑的抑制反应。当然，与焦虑对抗的不仅仅是肌肉放松，听音乐、进食等活动同样也能抑制焦虑状态。

系统脱敏的三个步骤：

第一、学会放松。

第二、建立害怕事件的层次。

(1) 列出所有使患者感到恐怖的事件，并让其报告出对每一事件感到恐惧的主观程度。这种主观程度可用主观感觉尺度来度量，单位为SUD，即“主观干扰程度”的缩写，尺度范围为0—100。例如，0是心情平静；25轻度恐惧；50中度恐惧；75高度恐惧；100极端恐惧。

(2) 将恐怖事件按等级程度由小到大顺序排列，一般建立10个左右的等级层次。

专栏 2-2

焦虑事件等级表

编号	主观程度(SUD)	等级事件
1	0	学期结束了,再也没有考试了。
2	10	学期开始,老师告诉我们考试计划。
3	20	考试前两周我感到有些压力。
4	30	考试前三天,我开始紧张,感到难以集中思想。
5	50	考试前一夜,我失眠了。
6	60	考试的当天,我走在路上有些头晕。
7	70	我走进教室,双手潮湿,心脏猛烈跳动。
8	80	考试铃响,全身紧张,无法行动。
9	90	拿到考卷,我全身僵硬,头脑一片空白。
10	100	看着考卷,我无法动笔,有一次我中途离开教室。

资料来源:徐光兴.学校心理学[M].上海:华东师范大学出版社,2004:84.

第三、实际治疗。

可想象系统脱敏或实际系统脱敏治疗。

想象系统脱敏:

(1) 放松。让患者放松 3—5 分钟,非常舒服时用右手食指示意。

(2) 想象。当患者处于完全放松状态时,治疗者描述害怕事件中最轻的事件,让患者把这一景象在头脑中保持 20 秒(当患者能清楚地想象此事时伸出右手)。

(3) 停止想象。20 秒后让患者报告在想象情境时,他体验焦虑的程度如何。如果仍紧张则重复上述过程,直到放松为止。然后开始第二个事件,直到对所有事件全部放松。一般一个事件需要放松 2—3 次。

现实系统脱敏:

当建立害怕事件的层次后,治疗者将病人引到害怕事件的现实情境中,让病人体验这种焦虑,反复多次之后,病人逐渐适应这种事件情境,不再感到害怕和恐惧。然后再引导病人进入下一个害怕的事件情境中,依次类推。

(三) 满灌疗法

又称暴露疗法、冲击疗法、快速脱敏疗法。它是鼓励患者直接接触引起焦虑、恐怖的情境,坚持到紧张感觉消失的一种快速行为疗法。其基本原理是:患者的恐怖反应是过去习得的,现在将患者置于感到恐怖的事件面前,如果没有真正的危害发生,那么最终会使患者的恐怖情绪消退。分为现实满灌和想象满灌。

使用满灌疗法的注意事项:

(1) 要向患者说明,该疗法带来的焦虑是无害的,面对恐惧,要忍耐 1—2 个小时以上。

(2) 不允许回避,否则加重恐怖,导致治疗失败。

(3) 体质虚弱,有心脏病、高血压、心理承受能力低的患者,不能用此法,以免发生意外。

(四) 厌恶疗法

又叫惩罚疗法。当适应不良的行为出现时,给予一个惩罚刺激,采用惩罚性的厌恶刺激来减少或消除一些适应不良的行为。如酒癖、烟癖、药癖、性变态、强迫观念、儿童不良习惯和行为矫治等。方法有电击厌恶疗法、想象厌恶疗法、弹橡皮筋、催吐剂、听噪音、闻难闻的气味等。

1. 电击厌恶疗法

治疗机理:对患者的不良行为习惯反复进行短暂的电刺激,利用瞬间痛苦的条件刺激来代替异常行为引发的快感,达到矫正不良行为习惯、消除异常行为的目的。

2. 药物厌恶疗法

多用于酗酒、吸毒、饮食过度等行为障碍及恋物癖等性变态。如对酗酒者,先让当事人服用催吐剂(吐根碱)或注射催吐剂(阿扑吗啡),然后让病人饮酒。多次重复就可以形成对酒的对抗性条件反射,使当事人一闻到含酒精的饮料就想呕吐。

3. 想象厌恶疗法

由治疗者口述某些厌恶情境,与想象中的刺激联系在一起。多用于行为障碍,如肥胖症、同性恋、酗酒等。如对肥胖病人进行想象厌恶治疗,首先让病人做放松训练,并告诉病人厌恶治疗的理论和程序。接着让病人对一系列进食行为进行想象。在想到自己快要进食时,让病人想象自己越来越感到恶心,甚至呕吐。然后让病人想象自己离开当时的情境立刻感到舒服多了。一次治疗要进行 10—20 次这样的想象。同时鼓励病人在家里练习这种作业。

学校心理辅导比较适合的厌恶刺激是弹橡皮筋儿,手腕戴上橡皮筋儿,当不适应的行为出现时,使劲儿拉橡皮筋儿,弹痛自己,疼痛刺激和不适应行为的多次结合,会使不适应的行为逐渐减少直到消失。

(五) 模仿学习法

临床上的模仿学习技术,常用来治疗强迫症、恐怖症。如治疗强迫洗涤行为时辅导者常亲自示范用手接触墙壁、地板、甚至鞋底,再喝水,然后让患者模仿。治疗恐人症时,在带领患者自我想象见到陌生人产生焦虑、恐惧情绪时,辅导者常向患者示范自我暗示语:“脸红就红了,我又没做亏心事,谁爱看就看吧,谁爱说就说吧!我没什么可怕的。”当时要求患者模仿,并将模仿学习迁移到日常生活中,见到人就用这样的话语自我调节。模仿学习还可以采用听录音、看电影、电视或录像等,如异性交往恐怖症患者通过看录像逐渐获得了与异性交往的能力。

(六) 强化疗法

1. 强化物的类型

按强化物的性质分:

正强化:期望的行为出现时给予奖励,以使期望的行为重复出现。

负强化:当期望的行为出现时,取消原有的厌恶刺激。

正惩罚:当不适当的行为出现时,给予一个厌恶刺激。

负惩罚:当不适当的行为出现时,不再给予原有的奖励。

2. 强化疗法的具体技术

(1) 行为塑造技术多用正强化,一旦所需行为出现,立即给予强化。可用于许多行为领域,如学习行为、社交行为、运动行为等。注意大目标、小步子的原则。

(2) 代币强化法又称代币管制法、代币制。能够积累并兑换其他强化物的强化措施称为代币。对当事人实施一套以代币为增强措施,从而使当事人行为向良好方向转化的辅导方案称代币制。即适应行为出现后,给予一种有形的、可以得到奖励的代替物,如小红花、小红旗、小票券、积分卡、好孩子卡等,达到一定数目后给予奖励。

(3) 消退技术是指停止对某种行为的强化,从而使该行为逐渐消失的一种行为治疗技术。消退技术的理论基础是:行为是强化的结果,行为不受到强化,该行为就会消退。注意是一种强化,许多不良行为是由于受到注意而加强的,要消除该行为,只需要在该行为出现时不予注意。所以,消退技术又叫撤除过度注意。

第三节　人本主义治疗理论

以人为中心疗法,又叫来访者中心疗法、患者中心疗法,亦称非指导性疗法,由美国心理学家卡尔·罗杰斯在20世纪40年代开创,是人本主义心理治疗的主要方法。其中心思想是:人必须依靠自己发现、发展和完善内心深处的自我,来访者才是治疗中的引导者,治疗师的任务只是为来访者创造安全、尊重、受重视的氛围,在这种氛围下,来访者本人是有能力发现自己的问题并加以解决的。

一、主要理论观点

(一) 人性观

罗杰斯认为,人是理性的,每个人都有积极的人生趋向,可以不断地成长与发展。人具有指向亲密关系的能力,是值得信任的。这些美好的特性是与生俱来的,而那些不好的特征,如残忍、欺骗、憎恨,都是人对不利环境防御的结果。人的负面情绪如悲痛、敌视、愤怒都是由于人的基本需要没有得到满足产生的。人有能力发现自己心理上的适应不良,也可以通过改变自己来寻求心理健康。咨询和治疗只要为来访者提供足够的信任和尊重,来访者就会靠自己的能力改变。

罗杰斯认为,人具有自我实现的趋向,这种趋向是天生的、本性的、积极的、建设性的,他赋予了人强大的生存动力与顽强的追求发展。人虽然有心理不健康的情况,但这种情况是暂时的,个体有远离不适当,并趋向健康心理的能力。个体内部的成长动力提供了自我康复的内部资源。

（二）自我概念理论

1. 自我概念

罗杰斯认为，自我概念是一个人对他自己的主观知觉和认识，自我概念并不总是与一个人自己的经验或机体的真实的自我相一致。自我概念是透过个人与环境的作用而形成的，由大量的自我经验和体验组合而成。罗杰斯所说的经验是指来访者的主观精神世界，既包括有意识的心理世界，也包括那些还没有意识到的心理内容，经验中的内容为自我概念的形成提供了依据。

自我概念和自我不同，自我是指来访者真实的本体，自我概念是来访者如何看待自己，是对自己总体的知觉和认识，是自我知觉和自我评价的统一体。比如，一个各方面能力都很强的人，他的自我概念可能是自卑。

在自我概念形成的过程中，“机体智慧”和“价值的条件化”起着重要作用。

2. 机体智慧

罗杰斯认为，人具有“机体智慧”，这种机体智慧，就是“有机体的评价过程”。按照罗杰斯的观点，个体在成长过程中，不断对经验进行评价，这种评价不依赖于某种外部的标准，而是个体根据自身机体上产生的满足感来评价。那些同实现趋向一致的体验是令人满足的，人会倾向于接近和保持这种体验；而那些同自我实现趋向矛盾的体验是令人不愉快的，会引起回避反应。所以，机体智慧是个体先天具有评价经验的能力，是个体根据是否产生满足感来评价，而不是根据外部标准或者自己的理性来判断。

3. 价值的条件化

罗杰斯认为，每个人都存在着两种价值评价过程，一种是有机体的评价过程，即机体智慧；另一种就是价值的条件化过程。个体早期就需要他人的积极评价，比如关怀和尊重。但这种关怀和尊重是有条件的，孩子要想从父母那里得到关怀和尊重，其行为就要符合父母的价值观念。久而久之，孩子为了获得积极评价，就会把父母的价值观念内化成自己的价值观念，这就是价值的条件化。换言之，个体会把父母的价值条件内化为自己的价值条件。例如，当自己对某一行为感到满意，而父母没有感到满意的时候，便会出现一种困境，为了免于出现自我概念间的不一致，就会导致一种自我概念与经验之间的不和谐，出现适应不良的行为。

（三）心理失常的实质

以人为中心疗法认为，自我概念是心理失调的关键。经验和自我概念一致的时候，是个体感觉最协调的时候，内心不会产生心理冲突。自我概念与经验之间的不协调是心理失调产生的原因。自我概念通过价值的条件化内化了他人的价值，把他人的价值当作是自己的价值，实际上又不是自己的真实价值，此时，自我概念和经验之间产生了不和谐，个体就会感到紧张和不舒服。为了阻止使自己感到威胁的经验进入到意识中，他就要建立自我防御机制，来维持自身造成的假象，好像戴着假面具生活。这时，人与环境就会越来越不适应，出现烦恼、焦虑和各种异常行为，这就是心理失常的实质。

来访者中心疗法的实质是在个体的自我概念和经验之间重建和谐，帮助人们去掉价值的条件化作用，充分利用个体的机体智慧，使人能够接近他原来的真实经验和体验，更多地信任自己，这样人就可以活得真实，达到自我概念与经验的和谐，成为他真正的自己。

二、主要治疗方法

罗杰斯认为，人有自主发现心理问题并能自我康复的能力。所以在咨询与治疗中，他主张不用任何影响性技术。咨询与治疗的主要任务是为来访者提供足够安全、尊重和信任的氛围。以人为中心疗法的技术就是建立良好的咨访关系，主要有三种技术。

（一）设身处地理解的技术

设身处地的理解就是咨询师不使用患者的眼光去看待他们的问题，而是站在他们的立场上去体会他们的痛苦和不幸，又叫同感、共情、同理心、同情、移情等。同感被人本主义心理学家认为是影响咨询进程和效果的最关键因素。按罗杰斯的说法，同感就是咨询师体会当事人内部世界的态度和能力，或咨询师设身处地地去体会当事人的内心感受，达到对当事人内心世界的心领神会。同感就是“换位”，是咨询师用当事人的心情去感受，用当事人的眼睛看世界。

设身处地理解的技术包括：关注、言语交流的设身处地的理解、非言语交流的设身处地的理解。

1. 关注

咨询师对来访者的关注既是一种态度，又需要某种技巧。伴随着倾听过程，咨询师要有目光接触、点头、微笑、表情动作，使来访者感觉到被关注、被信任。比如，如何调整目光呢？咨询师在倾听对方讲话时，目光可直视对方，表示积极的关注；切忌目光散漫、东张西望、挠头、看表等；在自己讲话时，目光接触可以少一些，可短时间离开对方。注意不要盯得太紧，令对方产生压力，不自在。所以，咨询师和来访者的座椅从 90 度到 120 度角度时，才是最合适的空间角度。

2. 言语交流设身处地的理解

设身处地的理解是让患者知道他们的情感和想法是被准确地理解了的，不论是表面的，还是深层的。表面的理解，治疗者的言语交流仅限于重复或者反映患者所表达的内容。例如：

患者：考试之后我的成绩很低，但我并不认为自己做得很差。

治疗者：你对考试成绩感到失望。

较深层次的理解是：

治疗者：你对考试成绩感到吃惊，也很烦恼，因为在你的预料中，成绩不应该这么糟。

第一种反应，帮助作用比较小，是把患者放在“失望”的状态。第二种反应，则提出了患者的自我期望问题。开始时患者可能并未意识到，经过治疗者对其深层含义的理解，他可能认识到这一问题，并想办法去应付。这时，治疗者所采用的就是所谓的提前准确的移情性理解。

3. 非言语交流设身处地的理解

设身处地的理解不但包括治疗者的言语表达，还包括治疗者的非言语线索，比如身体姿势、身段活动、坐的位置、面部表情、微笑、皱眉、耸肩、音调、音高、目光接触等。

（二）坦诚交流的技术

坦诚，即治疗者坦率地表达自己的情感和行为，没有心理防御，对自己不加任何矫饰。坦诚的交流包括：

（1）不固定角色。治疗者在治疗中的表现如同他在现实生活中的表现一样坦率，不把自己隐藏在职业治疗者的角色之内。

（2）自发性。一个自发的人很自由地表达和交流，而不是总在掂量该说什么。

（3）没有防御反应。坦诚的人是没有防御反应的，他了解自己的优势和不足，可以公开面对治疗者的消极反应并进一步探索自己的弱点，而不是对它们做出防御反应。

（4）一致性。坦诚的人言行一致，表里如一，他们不会信奉某一价值观却表现出与这一价值观相冲突的行为。

（5）自我交流。坦诚的人在合适的时候能够暴露自我。

（三）积极关注的技术

无条件积极关注是指治疗师不以评价的态度对待当事人，不以当事人行为的好坏来决定怎么对待当事人，而是无条件地从整体上接纳对方。

治疗师积极关注的一个重要表现是他允许当事人做自己，有他自己的感受、想法、情绪和行为，不把自己的好恶、价值标准强加在当事人头上。总之，他对待当事人是不附加任何条件的。不以当事人表现好而给予喜爱，也不因为当事人表现不好而给予否定。

以人为中心疗法案例

背景资料：李×，12岁，男孩，六年级学生，很胖，爱吃糖，并且成瘾。

患者：（坐在椅子上，佝偻着背，低着头，眼睛盯着地板，既不看治疗者，也不说话）

治疗者：喂，李×，我想知道什么事情使你感到烦恼。

患者：（没有讲话、没有点头、耸了耸肩膀）

治疗者：我很希望能知道这里的含义——当你耸肩时，你真正想对我说的是什么。

患者：（没有抬头也没有动）没有什么事，不会有人真正感兴趣的（声音很低，嘟嘟囔囔）。

治疗者：你感到很孤独，而且你觉得说出来也没什么用，没有人能够、也没人愿意关心这些事情。

患者：（抬头看一下，短暂的目光接触后又低下了头，仍佝偻着背）我根本就不想到这儿来。他们为什么不让我一个人安静地待着（声音仍然很低）。

治疗者：你不想到这儿来，你想让大家都忘了这件事——而且也忘了你。

患者：（又抬头看了一下，短暂的目光相接后又低下了头，佝偻着背）记得我有什么用。没有人关心我。

治疗者：你感到很孤独，也没有人关心你，你相信如果这个世界上只有一个人关心李 x，那么事情也不至于这么糟。

患者：(抬头，这次时间长了些，然后低下头)我没有朋友，每个人都恨我。

治疗者：你确实感到了孤独和被抛弃，你希望能有一些朋友。

患者：(没有抬头，眼中出现泪痕，长时间的沉默)

治疗者：一个人孤独是很不好受的——一个朋友也没有，也希望别人能善待自己。

患者：(很快地抬了下头，又低下)每个人都在笑我，他们拿我开心。

治疗者：而这使你自己感到很难过。但是你心目中想得到的还是能有人关心你，他能接受你现在的样子，不会让你难堪，也不以任何方式对你说长道短。

患者：(抬起头，短暂的目光接触后又把目光移开，这次没有低头)他们总是叫我的外号，有人叫我"胖子"，又有人叫我"肥肥"，有人叫我"河马"，他们在澡堂子里这么叫我，在礼堂里这么叫我，在饭厅里这么叫我，他们都在笑我，这使我伤心极了。

治疗者：看来你对那些叫你外号的人很生气，而你可能也对自己这个样子有点不太满意。说老实话，他们那么对待你，我也有点生气，让我和你一起来看看有什么办法可以改善人们对你的看法。

在这个案例中，我们看到了治疗者如何对待一个不愿意交流，甚至一开始都不愿意说话的患者。该案例有以下几个特点：① 可以看到治疗者在努力形成一种有利于成长的气氛。② 治疗者坦诚、接受的语言("说老实话，他们那样对待你，我也有点生气")并没有对患者及其学校里的人进行判断和评价。他仅仅向患者表明治疗者对此是关心的、投入的。③ 治疗者因患者所受到的不公平待遇而产生的愤怒是他们治疗关系的一部分，即治疗者是坦诚的、设身处地的，而且这些情感的交流能够为患者树立榜样，也是促进患者成长的有利因素。

资料来源：李百珍．青少年心理卫生与心理咨询[M]．北京：北京师范大学出版社，1998:269.

第四节　理性情绪治疗理论

理性情绪疗法(Rational-Emotive Therapy)简称 RET，是美国临床心理学家阿尔伯特·艾利斯在 20 世纪 50 年代首创的一种心理治疗的理论和方法，60 年代得以盛行。RET 这个名称一直沿用到 20 世纪 90 年代。1993 年，艾利斯在名称中加了一个"B"(behavior)，成为 REBT。艾利斯认为，该疗法本就是一种综合认知、情绪与行为的理论和方法，所以"理性情绪疗法"(RET)其实一直都是理性情绪行为疗法(REBT)。这一方法的核心思想和基本观点是强调理性认知在人的生活中的作用。艾利斯认为，错误的思维方式或非理性信念是情绪和行为问题产生的根本原因，消除非理性信念是咨询成功的关键。该疗法旨在改变患者的非理性观念，以帮助和解决情绪及行为上的问题。

一、主要理论观点

（一）艾利斯的人性观

任何一种心理咨询理论都以其对人性的基本观点为依托，或者说咨询理论都是建立在人性观上的。弗洛伊德认为人是非理性的；人本主义认为人是理性的。在对人性的看法上，艾利斯不同意弗洛伊德的观点。他认为人不完全受本能和早期经验的支配，人有能力了解自己的缺陷，人能发展自我和完善自我，人是理性的。同时，艾利斯也不完全同意人本主义的观点，他认为人有时也是非理性的。所以，艾利斯认为人兼有理性和非理性的思想。当人们按照理性去思维、行动时，他们就是快乐的、富有竞争精神的以及有所作为的。当人们用不合理的、不合逻辑的思维去行动时，就会逃避现实，缺乏忍耐，或苛求自己十全十美，或自怨自艾。如果个体陷入这种非理性的思想不能自拔时，就会产生许多情绪和心理的困扰。所以，艾利斯认为，情绪困扰是个体陷入非理性思维而不能自拔导致的，这就是 ABC 理论的基本思想。

（二）ABC 理论

ABC 理论是 RET 的核心，这是艾利斯关于非理性思维导致情绪障碍和神经症的主要理论。这一理论的要点是情绪或不良的行为并非由某一外部诱发事件本身引起，而是由于个体对该事件的解释、认知或评价所引起。即人不是被事物本身所困扰，而是被其对事物的看法所困扰。

ABC 来自三个英文单词的首字母。A 指诱发性事件（Activating—events）；B 是指个体遇到诱发性事件之后，对该事件的看法，即信念（Belies）；C 是指这事件后个体的情绪及行为结果（Consequences）。通常人们认为外部事件 A 直接引起了人们的情绪和行为反应 C，即 A 引起了 C。但 RET 理论认为，A 不是引起 C 的原因，A 产生之后，个体对此产生某种看法，做出解释和评价 B，是 B 引起了人们的情绪与行为反应 C，即 B 是引起 C 的直接原因。例如，一个学生情绪低落，是由于没有考取重点中学，用公式表示就是 A→C。其实这种看法是错误的。根据 ABC 理论，学生情绪低落，不是由于没有考取重点中学，而是对没有考取重点中学这件事的看法不合理，他认为自己没有考取重点中学是没出息，自己的前途完了，要被人家看不起了。又如，一个人走在路上，迎面碰到一位认识的人没与他打招呼（A），他认为这个人故意不理我，是看不起我（B），因而郁闷不乐、耿耿于怀（C）。而对这件事（A）。另一个人可能这样想，他没有给我打招呼，可能是因为他正在想事情，没注意到我；就是看到我，没理我，也可能有其他的事情（B），这人可能无所谓，照样平静地生活（C）。从这些实例中我们可以看到，对待一些事情、事件的想法，第一个人可能持有“别人绝不能不公正地对待我”的信念，第二个可能持有“要设身处地地替他人想”的信念。前者称之为不合理信念，后者称之为合理信念。合理信念会引起人们适当、适度的情绪反应；而不合理信念则会导致不适当的情绪和行为反应。当人们坚持某些不合理的信念，长期处于不良的情绪状态之中，会导致情绪障碍和各种类型的神经症的产生。

对于ABC的核心，艾利斯常引用哲学家爱比泰德和莎士比亚的话来表达自己的观点。爱比泰德说："人的烦恼，不是起于事，而是起于他对事的看法。"莎士比亚的《哈姆雷特》中有这样一句话："世事无好坏，思想使之然。"这同我们说的"世上本无事，庸人自扰之"如出一辙。生活中，常见的不合理信念有哪些呢？

(三) 不合理信念及其特征

艾利斯通过临床观察，总结出日常生活中通常会导致情绪困扰甚至神经症的11种主要不合理信念，并对其进行了分析。

1. 艾利斯提出的11条不合理信念

(1) 每个人都应该获得周围人的喜爱和赞许；

(2) 有价值的人应该是一个各方面都出色的人；

(3) 世界上有些人可恶至极，对他们应严惩不贷；

(4) 如果事情事与愿违，那将是极为可怕的；

(5) 不愉快和痛苦的事件是可怕并无法改变的；

(6) 面对困难和挫折只有逃避；

(7) 对危险可怕的事应随时加以警惕；

(8) 人必须要依赖他人，尤其是比自己强的人；

(9) 一个人过去的经历对他现在造成的影响是不可改变的；

(10) 一个人要关心他人的问题，为他人的问题悲伤难过；

(11) 对人生中的每一个问题，都应有一个唯一正确的答案。

2. 不合理信念的特征

对于人们所持有的不合理信念，韦斯勒(Wessler)等曾总结出下列3个特征，即绝对化要求(demandingness)、过分概括化(overgeneralization)和糟糕至极(awflizing)。

(1) 绝对化要求。

对事物的绝对化要求是指个体从自己的意愿出发，认为某一事物必定会发生或不会发生的信念。这是日常生活中最常见到的不合理信念，这种信念通常是与"必须"(must)或"应该"(should)这类字眼联系在一起的。它具体表现在以下三个方面：

一是"我必须"。比如"我必须获得成功""我必须使每个人都喜欢我""我必须是最优秀的""我必须考第一""我必须赢""我必须成为领导者"等。这些都是人给自己提出的难以实现的目标，是过于追求完美和苛刻自己的表现。事实上，人不可能事事成功、事事如愿、一帆风顺、心想事成。而持有这种不合理信念的人一旦愿望落空，就会导致挫败感，产生自责、忧郁等情绪。理性的做法是努力做好每一件事，不过于追求完美，也不过于重视他人的评价，一切都保持一个适当的度。要学会一种弹性思维而不是一种非此即彼、绝对化的直线性思维。

二是"你(他)必须"。如"你必须对我诚实""你必须听我的""你必须成为最优秀的人""他必须受到谴责和惩罚"等。这是人们对他人提出的绝对化要求，是苛求他人、控制他人的表现。每个人都有自己的喜爱和主见，谁也没有理由去苛求他人必须怎样，最多是希望建议而已。

三是"事情必须"。例如，"单位的设施应该这样布置""那件事应该明天做"等。有些事不是由某个人决定的，在集体的大环境中要学会调整自己去积极适应。

怀有绝对化要求的人，极易陷入情绪困扰，因为绝对化的要求不可能永远实现。客观事物的发展有其自身的规律，不以个人的意志为转移。对某个人来说，他不可能在每一件事上都获得成功；他周围人和事物的发展也不以他的意愿来改变。合理情绪治疗就是要帮助人们改变这种极端的思维方式，代之以合理的思维方式，以减少他们陷入情绪障碍的可能性。这种治疗要帮助人们认识这些绝对化要求的不合理、不现实之处，并帮助他们学会以合理的方式去看待自己周围的人与事物。

(2) 过分概括化。

过分概括化是一种以偏概全、以一概十的不合理思维方式的表现，艾利斯称之为“理智上的法西斯主义”。艾利斯曾说过，过分概括化是不合逻辑的，就好像以一本书的封面来判定一本书的好坏一样。它主要表现在两个方面：

一是个体对自身的片面认识和评价。这种人以自己做的某一件事或某几件事的结果来评价自己整个人，断定自身的价值。其结果常常会导致自责自罪、自暴自弃的心理，以及焦虑和抑郁的情绪。例如，遇到失败便认为自己“一无是处”“一文不值”“是废物”；稍有成就便认为自己“很了不起”；某个人对自己不友好就觉得自己“人缘差，缺乏交往能力”；一次失恋，就断定自己“对异性没有吸引力”等。

二是对他人的片面认识和评价。即别人稍有差错就认为他很坏、一无是处等，一味地责备他人，甚至产生敌意和愤怒等情绪。

俗话说“金无足赤，人无完人”，RET 认为没有人能达到十全十美的境地，谁都有可能犯错误，每个人都应该接受自己和他人是有可能犯错误的人类一员。因此，RET 主张“应当评价一个人的行为而不是整个人”。否则就会“一叶障目，不见泰山”。

(3) 糟糕至极。

指人们认为如果一件不好的事发生，将是非常可怕、非常糟糕、是一场灾难的想法。这种想法会导致个体陷入极端不良的情绪体验，如耻辱、自责自罪、焦虑、悲观、抑郁的恶性循环之中而难以自拔。例如，一次重要的考试失败了就认为“自己的人生失去了意义”、一次失恋就认为“自己再没有幸福可言”、一次求职失败就认为“父母会非常难过，别人会耻笑自己，没脸活在世上了”等。

糟糕的本意就是不好、坏事了的意思。但当一个人讲什么事情糟透了、糟极了的时候，这往往意味着对他来说这是最坏的事情，是百分之百的坏，是一种灭顶之灾。艾利斯指出，这是一种不合理的信念，因为对任何一件事情来说，都可能有比之更坏的情形发生，没有任何一件事情可以定义为是百分之百的糟透了。当一个人沿着糟透了的思路想下去时，当他认为遇到了百分之百的糟糕的事情时，他就把自己引向了极端的负性的不良情绪状态之中了。事实上，对于任何一件事情来说，都可能有比之更糟的情形发生，与他人的遭遇比，或许只是“小巫见大巫”罢了，何必妄自菲薄呢？

糟糕至极常常是与人们对自己、对他人以及对周围环境的绝对化要求相联系的。即在人们的绝对化要求中认为的“必须”和“应该”的事物，并未像他们所想的那样发生时，他们就会感到无法接受这种现实，无法忍受这样的情景，他们的想法就会走向极端，会认为事情已经糟到极点了。RET 认为非常不好的事情确实有可能发生，尽管有很多原因使我们希望不要发生这种事情,但我们没有任何理由说这些事情绝对不该发生。我们将努力去接受现实,在可能的情况下去改变这种状况,在不可能改变时则学会在这种状况下生活下去。遇到挫折时要相信"天无绝人之路"、坚信"山重水复疑无路,柳暗花明又一村"。

在人们的不合理信念中,往往可以找到上述3种特征。每一个人都或多或少地会具有不合理的思维与信念,而那些具有严重情绪障碍的人,具有这种不合理思维的倾向更为明显。情绪障碍一旦形成,如果自己是难以自拔的,就需要进行治疗了。

二、主要治疗方法

(一) ABCDE 模型

因为合理情绪治疗认为情绪障碍是由于人们的不合理信念所造成的,因此,这一治疗简要地说,就是以理性治疗非理性。帮助来访者以合理的思维方式代替不合理的思维方式,以合理的信念代替不合理的信念,最大限度地减少不合理的信念给他们的情绪带来的不良影响,以帮助来访者减少或消除已有的情绪障碍。

RET 是以改变认知为主的治疗方式,治疗的基本步骤如下:

(1) 直接或间接地向来访者介绍 ABC 理论的基本原理。向来访者指出其思维方式、信念是不合理的,帮助他们搞清楚他们为什么会这样、怎么就变成目前这样了,讲清楚他们不合理的信念与情绪困扰之间的关系。

(2) 向来访者指出,他们的情绪困扰之所以延续至今,不是由于早年生活的影响,而是由于现在他们所存在的不合理信念所导致的,他们应当自己负责任。例如,一个青年认为是父母吵架导致他抑郁,他的错误信念是夫妻应该感情融洽、父母不应该吵架。

(3) 通过与不合理信念辩论(disputing irrational beliefs)的治疗技术,帮助来访者认清其信念的不合理,进而放弃这些不合理的信念,进而产生某种认知层次的改变。这是治疗中最重要的一环,辩论方式有质疑式和夸张式。

(4) 不仅要帮助来访者认清并放弃某些特定的不合理信念,而且要从改变他们常见的不合理信念入手,帮助他们学会以合理的思维方式代替不合理的思维方式,以避免重新产生不合理信念。

(5) 把合理信念,迁移到生活实践中去。

上述5个步骤一旦完成,不合理信念以及由此而引起的情绪困扰乃至障碍即将消除,来访者将会以较为合理的思维方式代替不合理的思维方式,从而较少受到不合理信念的困扰。

在合理情绪治疗的整个过程中,与不合理信念辩论的方法一直是治疗者帮助来访者的主要方法。这一方法几乎不变地应用于每一个来访者,而其他方法则是视来访者情况而选用。

因为辩论一词的英文字头是 D(Disputing),治疗效果的效果一词的英文字头是 E(Effects),加入这两个字母,RET 的整体模型就成为 ABCDE 了。即:

A(Activating events)——诱发性事件;

B(Beliefs)——由 A 引起的信念(对 A 的评价、解释等);

C(emotional and behavioral Consequences)——情绪的和行为的后果；

D(Disputing irrational beliefs)——与不合理的信念辩论；

E(new emotive and behavioral Effects)——通过治疗达到的新的情绪及行为的治疗效果。

(二) 主要治疗技术

1. 与不合理信念辩论技术

采用辩论方法的治疗者要积极主动地、不断地向来访者发问，对其不合理的信念进行质疑。从提问的形式上看，可以分为质疑式和夸张式两种。

(1) 质疑式。

治疗者直截了当地向来访者的不合理信念发问，如“你有什么证据能证明你自己的这一观点是正确的?”“是否别人都可以有失败的时候，而你不能有?”“是否别人都应该照你的想法去做?”“你有什么理由要求事情按你所设想的那样发生?”等。

(2) 夸张式。

治疗者针对来访者信念的不合理之处故意提一些夸张的问题，其落脚点与质疑式提问的目的是一样的，仅仅是方式上略有区别。这种提问方式犹如漫画手法，把对方信念的不合理之处、不合逻辑、不现实之处以夸张的方式放大给他们自己看。治疗者抓住对方的不合理之处发问，这种提问方式往往优于前一种方式，因为对方在这一过程中也会感到自己的想法没有道理、可笑和不可取，因此比较容易心服口服。

2. 合理的情绪想象技术(Rational-Emotive Imagery)

这一技术简称为REI，是合理情绪治疗中最常用的方法之一。它与心理治疗中所用的想象技术既有联系又有区别，也是需要由治疗者进行指导，以帮助来访者进行想象的技术。其步骤如下：

(1) 使来访者在想象中进入他产生过不适当的情绪反应或自感最受不了的情境之中，体验在这种情境下的强烈的情绪反应。

(2) 帮助来访者改变这种不适当的情绪反应并体会适度的情绪。

(3) 停止想象，让对方讲述他是怎么想的，而使自己的情绪发生了变化的。此时治疗者要强化来访者新的合理的信念，纠正某些不合理的信念，补充其他有关的合理信念。

合理的情绪想象技术除像上例那样用于帮助来访者改变情绪体验，认清信念B与情绪反应C之间的关系之外，还可以用于帮助来访者找出他对某事所持有的不合理信念。有时来访者谈到某一事件时，往往只记得自己当时多么气恼，却说不上自己当时的想法，想不起来为何如此气恼了。治疗者可以帮助对方想象当时的情景，重新进入那种最坏的情绪体验之中，此时再进一步探查来访者当时的想法，从而找到其所持有的不合理信念。

3. 认知的家庭作业

合理情绪治疗是在改变人的认知方面下功夫，但要改变人的信念与思维方式是一件非常困难的事。因此，治疗不但需要治疗者的努力，也需要来访者本人的努力，这种努力不仅在会谈时间中进行，也应持续到会谈以外的时间。认知的家庭作业正是为此而设立的。在完成作业的过程中，来访者可以更好地掌握会谈中的内容，并且学会自己与自己的不合理信念辩论。

认知的作业主要有:REBT 自助量表和合理的自我分析(Rational Self—Analysis,简称 RSA)。

(1) 合理情绪治疗的自助量表。

这是由艾利斯在美国纽约创立的合理情绪治疗研究所特制的一种自助表格。其内容为,先让填表者找出 A 和 C,然后再找 B。表中列有十几种常见的不合理信念,填表者可从中找出符合自己情况的 B,若还有其他的不在此列中的不合理信念可单独列出。接下来是请填表者自己做 D,对自己所有的不合理信念,一一进行质疑式的辩论。然后是填写 E,E 是经过自我辩论后的情绪与行为变化,这是对治疗结果的检验。如果变化明显说明治疗有效,变化不明显,说明不合理信念仍在支配着来访者的情绪与行为,应继续进行治疗。最后还可以填写一下获得理性信念之后的感受和行为 F。

合理情绪行为治疗(REBT)自助量表

<table>
<tr><td colspan="3">(A) 诱发事件、想法或感受(发生在我产生困扰或自我挫败行为之前)</td></tr>
<tr><td colspan="3">(C) 后果或状态—困扰的情绪或自我挫败的行为(这事发生在我身上,也是我想改变的)</td></tr>
<tr><td>(B) 信念—非理性信念
导致上述后果的信念。选出与上述事件有关的信念。</td><td>(D) 辩论—针对每项你选出的非理性信念展开辩论。例如,为什么我必须做得非常好呢?为何我必须获得别人的认可或接纳呢?</td><td>(E) 有效的理性信念—用于取代非理性信念。
例如,我希望做得好但不是一定要这样。</td></tr>
<tr><td colspan="3">1. 我必须做得好或非常好。
2. 表现软弱或愚蠢,我就是个没用的人。
3. 我必须获得我重视的人之认可或接纳。
4. 我所重视的人必须爱我。
5. 如果遭到拒绝我就是不好、不可爱的人。
6. 人们必须公平地对我并给予我所需要的。
7. 人们必须符合我的期望,否则,情况就会很糟。
8. 有不道德行为的人就是坏人。
9. 我无法忍受不好的事情或难缠的人。
10. 我的生活必须风平浪静,没有麻烦。
11. 如果重要的事情不顺利,情况就会很可怕。
12. 我无法忍受不公平的事。
13. 我需要理解得到许多满足,如果得不到,我一定会有痛苦伤心。
其他非理性信念</td></tr>
<tr><td colspan="3">(F) 感受与行为—建立起有效的理性信念之后我的体验是:</td></tr>
<tr><td colspan="3">我将在许多场合对自己灌输理性的信念,使现在的情绪不受困扰,及减少今后自我挫败行为。</td></tr>
</table>

资料来源:Coery 著,李茂兴译. 咨商与心理治疗的理论与实务[M]. 台北:杨智文化事业股份有限公司,1997:252.

(2) 合理的自我分析(RSA)。

合理的自我分析与合理情绪自助量表基本类似，当事人要以报告的形式写出ABCDE五项，但它是一种完全由来访者自己完成的报告，它不像自助量表那样有严格规范的步骤，也没有什么特殊的要求与规定，报告的重点也在D上。

合理自我分析案例

事件A：出席一重要会议，突然发现自己已经晚了，心里顿时慌乱起来，抱怨自己无能。

信念B：(1) 我怎么这么差劲儿，连开会时间都会搞错。

(2) 我总是把事情搞糟，真无用。

(3) 别人会认为我是一个大傻瓜。

(4) 在众目睽睽之下迟到，真丢人现眼。

情绪C：紧张、害怕、自责、沮丧等。

驳斥D：(1) 每个人都会出现记错时间这种情况，我只是第一次，以后会准时的。

(2) 错过开会时间，只能说我不够细心，并不能说明我无用，许多事情我还是干得很不错。

(3) 可能有人会认为我真傻，但只是少数人如此，大多数人会对我的迟到持无所谓的态度。

(4) 我迟到了，是不对，别人可能会对我表示不满，但这并非糟糕透顶，我仍然可以继续开会，继续我的工作。

效果E：通过自我辩论，消除了自责，但仍有些紧张、担心。继续自我鼓励，并勇敢的进入会场。

资料来源：王玲，刘学兰. 心理咨询[M]. 广州：暨南大学出版社，1998：56.

事实上，这种自我分析人人都可以做。按合理情绪治疗的观点来看，人人都可能存在不同程度的不合理信念。

第五节　其他治疗理论

一、森田疗法

森田疗法是日本精神病医生森田正马(1874—1938)于1920年创立的一种心理治疗体系，比当今流行的欧美体系早很多年。

森田疗法的一些基本理念，尤其是“顺应自然”的治疗原则，表现出浓厚的东方文化色彩。这与森田正马在老庄、禅学方面有一定的造诣有关，也和森田正马的经历有密切的关系。

森田正马出生于1874年，家境富裕，地处偏僻。幼时极为聪明，体弱多病，父亲的教育非常严厉，学习期间厌学。从青年起，头痛、心悸、伤寒、腰痛等多种病痛缠身。1898年森田考入东京帝国医科大学时，被诊断患有神经衰弱。森田受其神经衰弱症状折磨，学业都难以坚持。这时，家里一时疏忽，连续两个月没送生活费，森田陷入绝境，开始自暴自弃，不再关心自己的身体状况，甚至想到了死。于是放弃了一切治疗，彻夜不眠，拼命地学习。结果考试成绩出乎意料得好，而且身体的各种症状也减轻了许多。森田从这次经历中受到启发，并于毕业时立志从事精神卫生工作。经过20余年的努力，他放弃了药物治疗、催眠等无效方法，取说理、作业、生活疗法的精华，提出了自己独特的心理治疗方法。该方法被他的学生称之为森田疗法。

森田疗法是一种具有独特的东方哲学色彩的认知行为疗法，有自己的理论和具体的实施方法，也有自己的适应症。

（一）主要理论观点

1. 神经症与神经质症

神经症是没有器质性病变，由心理作用引起的，精神或身体或者二者兼而有之的一种功能性障碍，一般呈现慢性固着状态。神经质症是神经症的一部分，森田疗法不能治愈所有的神经症，只有神经质症才是它的真正适应症。神经质症的特点是：患者有患病意识，有强烈的求治动机和克服症状的努力。

常见的神经质症有：恐怖症、焦虑症、强迫症、失眠症、胃肠功能障碍、自卑感、职业性痉挛等。

2. 疑病素质与神经症

森田认为，疑病素质是神经质症发生的基础，是一种担心患病的精神上的倾向性。具有疑病素质的人精神活动内向，内省力强，对自己的身心活动状态及异常很敏感，过分地自我关注，过分担心自己的身心健康。

3. 神经质症的形成

人具有一定程度的不安、恐惧、担心、焦虑心理是很正常的。然而，当人们认为这些不愉快的心理现象是异常的、病态的，并想方设法加以控制和抑制时，反而加强了对它的注意，结果使这些原本正常的心理现象被固定下来，变成了症状，导致了神经质症的形成。

森田认为，“如果把注意力集中于某一感觉上，就会使这种感觉处于一种过敏状态，这种过敏的感觉会使注意更加集中，从而使注意力固定在这种感觉上”。

（二）治疗原则

森田疗法的治疗原则是“顺其自然”“为所当为”。

1. 顺其自然

（1）顺其自然指认识情绪、情感活动的规律，接受不安等情绪。情绪情感有其自身的活动规律，注意越集中，情感越加强；顺其自然，不予理睬，随着时间的推移，情绪会渐渐消退。

（2）顺其自然，要认识精神活动的规律，接受头脑中出现的各种想法和观念。神经质症患者常常主观地认为，自己对某件事物只能有某种想法，而不应该有另外一种想法，有了就不正常、不道德，这种极端的完善欲造成了强烈的劣等感。要改变这一点，就得接受“人非圣贤”这一事实，接受我们每个人都可能出现的邪念、嫉妒、狭隘之心的事实，认识到这是人的精神活动中必然会出现的事情，是一个人靠意志和理智不能改变的，否则就会陷入心理冲突。

(3) 顺其自然，还要认清症状产生和发展的规律，接受症状。神经质症患者原本没有任何身心异常，只是因为他们存在疑病素质和精神交互，导致了症状的产生。所以，要消除症状就要顺其自然，接受症状，把注意力集中在行为上，打破精神交互，症状会逐渐消失。

(4) 顺其自然，还要认清主观和客观的规律，接受事物的客观规律。人之所以患神经质症，疑病素质是症状形成的基础，精神交互是症状形成的原因，而其根源在于人的思想矛盾。思想矛盾的特征就是以主观想象代替客观事实，以“理应如此”限定自身的思想、情感和行为。针对思想矛盾，森田提出了事实唯真的观点，也就是说事实就是真理，人必须承认事实，认清自己的精神实质就是自觉，如实的确认外界就是真理，只有使人的主观思想符合客观事物的规律，才能跳出思想矛盾的怪圈。

2. 为所当为

(1) 忍受痛苦，为所当为。

森田疗法认为，改变患者的症状，一方面要对症状采取顺其自然的态度，另一方面，还要随着本来就有的生的欲望去做应该做的事情。顺其自然，症状通常不会立即消失，在症状存在的情况下，尽管痛苦也要接受，把注意力集中在要做的事情上，努力做应做之事，任凭症状起伏，就有助于打破精神交互作用，逐步建立起从症状中解脱出来的信心。比如对人恐怖的人，该见的人还要见，带着恐惧与人交往，这样做患者就会发现，原来想方设法要消除症状，等症状不存在了再与人接触，其实是不必要的。“为所当为”，要求患者该做什么马上去做，尽管痛苦也要去做，打破过去那种精神束缚行动的模式。

(2) 面对现实，陶冶性格。

森田疗法中的顺其自然，不是对症状的消极忍受，无所作为；也不是对症状的放任自流，听之任之；而是按照事物的本来规律形式，凭症状存在，不抗拒不排斥，带着症状积极生活，为所当为。为所当为有助于使症状得到改善，其中很重要的一点就是在实际生活中把精神能量引向外部，把注意力集中到了要做的事情上，这一过程实际上是使内向型性格产生某种改变的过程。所以，森田疗法认为，意志不能改变人的情感，但可以改变人的行为，通过改变人的行为来改变一个人的情感，陶冶一个人的性格。性格得到改善后，症状产生的基础就不复存在了。

二、沙盘游戏疗法

沙盘游戏治疗是目前国际上很流行的心理治疗方法，被广泛用于心理健康教育领域。在学校和幼儿园用于儿童的心理教育与心理治疗，是老师和学生都非常欢迎的一种治疗方式。

一盘细沙，一瓶清水，几架子各式各样的物件造型，加上治疗师的关注与投入，来访者的自由表现与创造，这就构成了沙盘游戏的基本要素。而就在这简易的设置中，内心的世界得以呈现，心灵的充实与发展，治愈与转化也获得了可能。这就是在国际上受到普遍推崇的沙盘游戏治疗方法。

沙盘游戏疗法，起源于欧洲，最初来自瑞士心理分析家多拉·卡尔夫。她跟随精神分析学家荣格学习了心理分析，同时也深受莱温菲尔德世界技术的启发，最终结合荣格分析心理学的基本理论和中国文化中的哲学思想，在简易的沙—水—容器世界中寻找到了一条心灵治愈的有效途径。

（一）沙盘游戏的过程

1. 沙盘游戏的开始

（1）从沙具入手。

来访者有自发兴趣时，咨询师可以强调给来访者自由表现的机会。可以这样介绍：

“你看，这么多的沙具，共有 18 个大类别，这些‘小玩具’都是用来做沙盘游戏的模型。你看，有各种各样的动物、植物，有不同民族、身份和动作的人物等，你可以按照自己的想法，挑选一些，摆在沙盘里。”

“看看那些沙具吧，看是否有你喜欢的(是否有吸引你的)，愿意的话可以把它们摆放在沙盘中来”。

“看看架子上的沙具，当看到哪个跟你说话的时候，你就把它摆到沙盘上，然后按你的意愿去添加和完成……”

当来访者问“动沙子也可以吗”“只放动物也可以吗”等问题时，只需回答“你想怎么样都可以”或“你按自己的想法去做就可以了”。

（2）从沙盘入手。

当来访者未表现出对沙盘游戏的兴趣时，可以引导来访者感受沙盘：

可以引导来访者将手放在沙盘上，闭上眼睛，感受细沙从手指缝滑过的感觉。

沙盘的底面都是天蓝色的，也可以用手扒开沙子，露出像河、湖、海的底面，引导来访者进入宁静的环境。常用引导语：

“我们在小的时候，都玩过沙，沙子穿过手指缝，细腻而温柔，再体会一下儿时那种无忧无虑的感觉吧！”

2. 制作沙盘

来访者在制作沙盘的时候，咨询师的首要任务是为来访者提供一个接纳信赖、温和与安全的制作环境。沙盘制作过程中，咨询者原则上只需要在旁边坐着或者站着陪伴就可以了，尽量不进行语言交流，更不要对来访者的制作进行干预。咨询师的角色就是容纳性的守护。

咨询师在沙盘摆放过程中的守护与观察：

容纳性守护——在来访者摆盘过程中，咨询师一般在来访者的右手侧，以增强来访者安全感。

参与性观察——在摆放过程中，咨询师应注意观察来访者沙具摆放的过程。如沙具摆放的先后顺序；来访者选取沙具时的表情和感受；摆放沙具的态度；沙具摆放的果断性;沙盘中留下的痕迹。沙具摆放的细节问题,往往能够反映出来访者的人格特质。

(1) 来访者优先选择的沙具,往往在其心目中很重要。

(2) 在沙盘中心位置的沙具或场景,往往在来访者心目中占据重要地位。

(3) 多次沙盘中,反复出现的沙具,往往是问题症结所在。

陪同性探索——沙盘摆放完毕,咨询师与来访者一起分享作品,可以通过沙盘中的一些场景,引导来访者表达出自己摆盘时的想法。表达的过程,就是来访者审视内心的过程,是意识与潜意识对话的过程。咨询师有意识地引导,有助于帮助来访者了解自我,完善自我。

3. 体验沙游世界

制作完成后,让来访者安静地体验自己的内心世界。“这是你自己的世界,请你用一些时间在自己的世界里神游一番,尽可能详细地品味这个世界的一切,不仅仅用眼睛,还要用心去理解自己的这个世界。你可以保持沉默,静静地体验这个世界给你的一切感受。”引导来访者从不同角度去审视和体验自己的沙游世界。咨询师要密切注意来访者在体验过程中的言语和非言语线索。如有必要,可以重新配置。然后,和来访者分享沙盘。

分享过程可以从以下几个方面展开:

(1) 关于第一个沙具可以询问来访者为什么第一个摆放。

(2) 沙盘明显的分为几个场景可以询问每一个的主题,各个场景之间是否有联系。

(3) 沙盘中,有特殊的地方,咨询师可以适当询问。例:“在整个沙盘中,这部分给我的印象非常深刻,你是怎么想的呢?”

(4) 如果沙盘有混乱的感觉或者有明显的矛盾冲突,可以询问来访者:“整个盘面你看的时候,有没有感觉不舒服的地方?”来访者表达之后,可以问:“现在如果有机会,你是否愿意调整一下呢?”往往调整的过程就是来访者内心冲突转化的过程,咨询师往往可以通过这个过程,对来访者进行引导。

(5) 综合以上观察来访者摆盘过程中的情况,咨询师可以适当表达自己的一些感受,但一定要让来访者有安全感,避免给来访者贴上标签。

分享的重要原则,是咨询师不把自己的理解或看法给予来访者,而是让来访者获得自己的感受和理解。

4. 沙盘的记录

(1) 顺序及关键字句的记录:沙具摆放顺序的记录;也可简要记录来访者摆盘过程中的语言、神态。

(2) 实物记录:沙盘摆放完毕后,一般要拍下照片或记录一些影像资料。一方面作为咨询师专业研究所用;另一方面,作为给来访者的一种收藏和留念。沙盘在拍照片时,至少五张:沙盘四周各一张、沙盘上方俯视一张。另外,如果沙盘中有各个独立的场景或主题,可以拍下局部照片;沙盘中有咨询师认为来访者问题症结所在的地方,可以拍下局部照片。

5. 沙盘游戏结束与拆除

一般的个别沙盘游戏治疗,仍然是采用 50 分钟的工作时间。大部分来访者在

15—30分钟内可以完成其沙盘游戏的操作。关于沙盘游戏的结束和拆除，我们可以做如下的分析和讨论。

(1)“自然”的结束。

正常的情况下，来访者自己会告诉我们他已经完成了沙盘的制作，不管是用语言的表达还是非言语的行为。常出现的表达往往是：“嗯，好了。”“好吧，就这样吧。”“你看，我做完了。”对此我们称之为“自然的结束”。

这个时候，一直坐在沙盘旁边守护与观望着来访者的一举一动、观望着整个沙盘游戏过程的分析师，仍然会与来访者一起，再仔细地“阅读”沙盘，与来访者一起感受和体验沙盘中的意义，而不是马上就去询问、解释或评价。

尽管沙盘游戏被称为“非言语治疗”，但并非意味着彼此没有语言的交流。当沙盘游戏自然结束的时候，来访者往往会描述他的感受，讲述沙盘中所包含的故事，或者是询问分析师一些他想进一步了解的象征或意义。

(2)“非自然”的结束。

有两种情况会导致沙盘游戏的“非自然”的结束。一是时间的因素。若是来访者在约定时间结束的前5分钟还没有结束沙盘游戏的迹象，分析师就要用适当的方式“提醒”来访者，让他知道这次的沙盘游戏在5分钟之内需要结束。另外一种情况是分析师觉察到了来访者在沙盘游戏过程中的“过激”反应，或者是被引发了尚不能承受的创伤或无意识内容，这时同样需要用适当的方式中止来访者的沙盘游戏。

若是来访者没有说话，或者是来访者直接向分析师提出了问题，那么根据当时具体的情况，分析师也会给予适当的回应。比如，若是来访者很久没有说话，而分析师认为可以做语言交流了，一般会说：“怎么样，感觉如何?”(一起看着沙盘)“你想对沙盘说些什么吗?”

在沙盘拆除之前，需要拍照记录。可以告诉来访者，若是他愿意，也可以将拍下的沙盘照片送给他。记录下来的沙盘图片，在整个沙盘游戏过程中具有十分重要的作用，它们不仅是分析师工作的需要，也是来访者沙盘游戏心路历程的纪念。

来访者离开之后，且完成了拍照和记录，沙盘拆除的工作一般由分析师自己来做，把所用过的沙盘模型放回原处。尤其需要注意的是，不要把任何物件遗留在沙盘之中；然后抚平沙盘中的沙子，以备下一个来访者使用。

(二) 沙盘游戏的时间

(1) 单个个体每次训练治疗时间为50分钟。

(2) 家庭或团体治疗，可以适当延长沙盘游戏治疗的时间，以100分钟内为宜。

沙盘治疗的周期：

(1) 对于个体的训练，按照心理分析的基本设置，可以每周1次或2次，甚至是3次，视来访者的具体情况而定。

(2) 对于团体训练，一般不宜太过频繁，以每月1—2次为宜。

拓展阅读

1. 李百珍. 青少年心理卫生与心理咨询[M]. 北京：北京师范大学出版社，1998.
2. 郑日昌. 大学生心理咨询[M]. 济南：山东教育出版社，1999.
3. 韩翼祥，常雪梅. 大学生心理辅导[M]. 杭州：浙江大学出版社，2004.
4. 孔屏. 学校心理咨询实务[M]. 北京：中国轻工业出版社，2010.

反思与探究

1. 你是如何理解精神分析疗法的基本理论？
2. 你认为你童年的经验与你现在的人格之间有什么关系？
3. 请用代币制校正某一小学生的行为问题，并写出辅导方案。
4. 请写出生活中最让你苦恼的一件事，并对其进行合理的自我分析。

第三章 小学心理辅导的基本方式

※ 学习目标

1. 理解和掌握游戏辅导、校园心理剧辅导等多种辅导形式的理念和方法
2. 运用常用的心理辅导活动模式与主要内容，设计一节心理健康教育活动课

※ 关键词

游戏辅导；校园心理剧；绘画心理辅导；个别心理辅导；团体心理辅导

第一节 游戏辅导

一、游戏辅导概述

世界上最早提出对儿童进行游戏辅导的是奥地利精神分析师霍尔莫斯（H. Hellmuth），她于1921年提出将游戏引入对儿童的个别心理辅导。早期的游戏辅导主要局限于对心理有问题的儿童进行观察分析和治疗，然而近些年来，游戏辅导更多的应用于学校教育教学活动中。人们通过组织儿童进行各种互动游戏，对儿童的心理素质进行培养与教育，进而促进儿童个性与社会性的良好发展。

（一）游戏辅导的含义

游戏辅导是将"游戏"作为媒介，借助游戏的操练作用，把个体置身于游戏过程中，充分掌握其情绪情感和内心需求，推动个人进行内省与表达，帮助学生练习成长或者获得成长的一类辅导模式。在小学心理健康教育中运用游戏辅导进行团体或个体心理辅导，既能够活跃课堂气氛，也能够充分发挥学生的主体作用。学生借助游戏活动将个人的内心情感充分表达出来，缓解个体的紧张情绪，解决成长过程中出现的各种问题。

（二）游戏辅导的特点

1. 自主性

游戏的本质特点在于其自主性，它能够充分调动人的想象，让人们摆脱现实的束缚从而与外界事物进行互动。游戏能够使游戏者全身心地投入其中并积极参与，在此过程中充分调动人的内在动机，赋予活动独特的意义。游戏辅导过程中根据儿童的表现和反应，可以及时调整游戏的内容和形式，让儿童施展自己的能力，发现自身潜力。

2. 体验性

游戏很多时候是以儿童自己的想象为基础，运用虚拟的人物、事件或表现形式，超越时空的限制来体验现实生活，从而满足自身愿望。虽然游戏大多并非来自真实场景，但游戏者在游戏中获得的体验是真实、生动且具体的。在体验过程中，包含许多的情绪情感色彩。通过游戏辅导，儿童能够身心放松地沉浸其中，释放自己的情绪，表达并实现自身愿望，获得一定的满足感。

3. 发展性

游戏辅导是通过游戏的力量促进个体本我与自我协调发展的活动，是生理、心理、社会性等身心要素健康整合的活动，是满足人安全、平等、情感、尊重、自我实现等发展需求的活动。

游戏体验：画出理想的你

游戏目的：在这个游戏中，你选择了某种代表自己的植物，是因为这种植物有和你相同或者你所希望具备的特质，可以投射出对自己的期望。但是，就像世界上没有两片相同的叶子一样，选择相同植物的人，选择的理由却不尽相同。你可以通过这个游戏看到真实的你、理想的你和独一无二的你。

人员安排：以小组为单位。

游戏准备：画笔若干、白纸若干。

游戏方法：分给每个学生一张纸及一支笔，并提出这样的问题，“如果你是一种植物，你希望是什么？并将这种植物画下来，解释你选择这种植物的理由。”

实例摘录：有两个同学都画了向日葵。其中一个说，她喜欢那种金灿灿的感觉，因为它美丽，始终向着太阳，它能得到更多的关怀与温暖，是幸福的、快乐的。

另一个说，只因为他看见了那金灿灿的向日葵，在蓝天的衬托下，美丽极了，因此被感染。但他谈到，向日葵总是跟着太阳走，显得有些被动。拿他自己来说，当别人要求自己做某件事时，虽说并不情愿，但却不好拒绝，往往原计划被打乱。

有一个同学画了四棵小草。他觉得草有顽强的生命力，“野火烧不尽，春风吹又生”。它们平凡而不张扬。但是，一棵小草太孤独，所以他希望自己是四棵小草，这样大家相偎依，才不孤独。还有同学画了松树。他说松树是平凡的，但又独具个性，它坚强、刚直、平凡又不庸俗，它富于挑战、不甘寂寞、勇于攀登。

资料来源：顾海良．道德与法治[M]．济南：山东人民出版社，2018：31．

二、游戏辅导的分类

(一) 指导性游戏和非指导性游戏

依据心理治疗的作用,可以分为指导性游戏和非指导性游戏。指导性游戏需要教师对学生的心理状况进行初步诊断,基于学生的心理状况和辅导目标,有针对性地设计游戏方案。在游戏过程中,教师需要实时指导,帮助学生摆脱心理困境。非指导性游戏是在游戏中让学生充分表达自己,疏通情绪,化解困惑,帮助学生自我觉察、自我体验、自我反思。

(二) 创造性游戏和规则性游戏

根据心理健康教育培养方向,可以分为创造性游戏和规则性游戏。创造性游戏是通过学生根据自己的内心需求,创设游戏情境,从而进行体验和感悟,包括角色游戏、结构游戏、表演游戏等。规则性游戏则是依照一定的规则进行的游戏,比如体育游戏、音乐游戏和智力游戏等。

三、游戏辅导的实施

学校中的游戏辅导由经过游戏辅导方面专业训练的教师开展。游戏辅导的具体实施包括游戏辅导室的设置与建设、游戏辅导玩具与器材的选择以及具体辅导过程。

(一) 游戏辅导室的设置

游戏辅导室的设置宗旨是:一个属于儿童的地方,是温馨、开放、舒适的空间场所。辅导室的面积通常需要 25—30 m^2,一般安排在不对周围造成干扰的合适位置。天花板最好装置隔音板以减少噪音传播,同时保护儿童的隐私不被侵犯。辅导室的设计在视觉上要具有一定的隐秘性,不能有供人参观室内的窗户,室内墙壁色彩要体现出明亮、温馨或者愉快的气氛。

(二) 玩具与器材的选择

游戏辅导室的玩具和器材的选择,除了考虑耐久牢固因素外,还应当结合儿童的年龄特点,选择的器具能够吸引儿童的兴趣,帮助他们充分表达情绪并进行创造性和探索性游戏。能否帮助他们充分表达情绪、进行创造性和探索性游戏等。适当的游戏玩具及器材可以分为三类:

1. 真实生活玩具

真实生活玩具包括玩偶、房屋、交通工具模型等可以代表儿童生活中的家庭成员及生活用品等,因此这类玩具通常能够促使感情的直接表达。当有负面情绪时,通过人物玩偶的使用,儿童能够更加直接地表达情绪。

2. 行动类玩具

接受游戏辅导的儿童,有许多的负面情绪不能很好地通过语言来描述,而玩具兵、塑料刀、不倒翁、发泄袋等都可以被他们用来发泄不满、表达敌意和挫败感。具有攻击性的儿童在游戏室中能够感受到一定程度上的被接纳,能够感受到被允许发泄攻击性情感,从而感到满足并产生自我增强的正面情感。

3. 创造类玩具

比如纸张、剪刀、黏土、手偶、沙子以及各类画具及绘画材料等。这类玩具可以让儿童在适当的范围内相对自由的创造，为儿童提供一个表达想法的空间。

（三）游戏辅导过程

1. 游戏辅导初始阶段

游戏辅导的第一步是与儿童建立辅导关系，并贯穿整个辅导过程。与儿童的初次见面可以简单做自我介绍，让儿童感受到真诚与被尊重，感受到自己是最重要的。随后，辅导老师需要根据学生的实际心理健康状况，制定游戏辅导目标，并初步选择辅导策略和方法。做好辅导材料的相关准备，安排游戏场所，然后开始暖身运动。暖身运动的目的在于引导学生逐渐放下心理戒备，从而更好地投入到接下来的游戏中，促使学生进行积极的自我表露和探索。

2. 游戏辅导中期阶段

在游戏的过程中，可能会涉及对情绪的深层挖掘、对儿童认知的重新审视与梳理，让儿童面对挫折情绪和挫折事件，增强现场的互动性，并鼓励分享和积极的自我探索，从而引发儿童的感悟。辅导老师要协助儿童积极面对困难，调动儿童自身力量去解决问题。

3. 游戏辅导后期阶段

游戏结束以后是对经验的整合与分享，儿童能够将体验到的情绪和感悟分享给辅导教师或者同伴，并将个人在游戏中获取的新经验与自身已有经验相整合，促使应对行为的生成，确保游戏辅导的成果可以迁移到日常生活中，进而达到真正的成长目标。

四、游戏辅导在小学心理健康教育中的应用

（一）通过亲子游戏实施心理治疗

亲子游戏辅导是一种直接将父母纳入游戏过程的辅导方法。通过专业辅导老师的引导，让家长协助情绪或行为有困扰的孩子，并使其发生转变。随着教育改革的不断深化，家校合作逐渐成为现代教育发展的趋势。为了使亲子游戏能够达到一定的效果，学校的辅导教师应该积极地对家长进行相关培训，定期开展有关游戏治疗方法与技巧的讲座，指导家长更好地参与孩子活动，并能够借助游戏过程帮助孩子解决其自身存在的一些问题。通过亲子游戏辅导，父母获得的游戏辅导技巧不单应用于游戏情境中，还能够应用于每天与孩子相处的生活之中，从而减少孩子的问题行为，增强父母与孩子间的亲密关系。

（二）运用心理游戏实施心理教学

心理游戏是心理健康教育教学中运用心理学原理达到某种教育目的的游戏。在心理辅导课上，心理教师根据教学目标和教学内容，在教学环节中融入心理游戏，引导学生在心理游戏活动过程中不断地体验、学习与观察，从而不断地认识、探讨与接纳自我，有效协调人际关系。心理游戏除了出现在心理辅导课上，还可以合理地应用到日常教学中。在上课之前借助心理游戏的方式导入教学内容，在教学的过程中运用心理游戏提高学生的认知水平和独立思考能力，在教学结束时借助心理游戏丰富学生的情感。

有效的游戏活动可以充分调节学生的情绪，实现其自我发展，同时能够活跃课堂气氛，提升心理健康教育的质量。运用心理游戏实施教学，让学生能够在更和谐、身心愉悦的环境下学习，同时借助游戏教学的特色，也能促进学生的自我发展。

游戏辅导：信任之旅

准备材料：闹铃、眼罩多个。

指导语：接下来请大家做一个游戏，游戏的名字叫“信任之旅”。请大家两人一组，两人中有一人戴上眼罩，另一个人作为保护者。如果你是保护者，你应该带着这个蒙上眼睛的同伴按规定路线走路，要让他感到安全，你需要不时地停下来，让他摸到各种不同的东西，你也可以把他带到一个有好听好闻的东西的地方。在游戏开始前，你们可以商量一下带领的方法：牵手、挽臂等。但是，你们不能交谈。五分钟后，铃声响起，小组两人互换角色。5 分钟后铃声再次响起，然后大家在初始地集合。请大家分享自己的游戏经历。

结束后请大家讨论：

1. 作为蒙上眼睛的旅者，你有何感受？带领你的同伴有没有让你感到安全？

2. 你有没有摸到（感受到）有趣的东西，好闻的或是好听的？

3. 作为带领者，你有何感受？你有没有试着把你的同伴带到一个他特别喜欢的地方？

4. 为了增强同伴对你的信任，你都做了什么？

资料来源：林甲针. 班级团体辅导活动课[M]. 福州：福建教育出版社，2012：104.

（三）利用沙盘游戏实施心理辅导

沙盘游戏作为目前国际上流行的心理治疗方法被广泛应用于青少年心理教育与心理治疗。根据校园实践表明，沙盘游戏不但能够有效地应用于个体辅导当中的成长发展、创伤治愈和修复以及学习困难等方面，同时也能够运用在团体心理辅导当中的自信心提升、班级建设以及交流等方面。在沙盘游戏的过程中，通过模型的象征性启发，通过游戏过程中心理辅导者以及儿童本身共同创造的气氛，以及通过最后完成的沙盘图景，儿童内在的某种积极与健康的心理因素得以唤醒或触动，达到“自我治愈”的作用。沙盘游戏能够

图 3－1　某小学二年级学生沙盘作品

让儿童的想象和象征性表达得到充分的表现，并帮助学生克服语言表达障碍，从而在宽松的环境中自主接受教育。利用沙盘游戏实施心理辅导，能够帮助学生转变消极行为、完善人格，提高自信心。

五、游戏辅导的注意事项

（一）遵循儿童心理发展的阶段性

个体的心理发展是一个从低级到高级，从简单到复杂，从不分化到逐渐分化的过程。对于教育者来说，了解儿童心理发展规律，有助于我们提升教育水平。而教育遵循儿童心理发展规律，能够促进儿童身心更加积极健康的发展。游戏辅导有多种多样的游戏种类和形式，心理辅导者需要依据学生所处心理发展阶段的特点，选择合适的游戏辅导类型，使得游戏辅导的方式与内容满足学生的心理需求，从而获得学生的认可并达到预期的辅导目标。

（二）围绕辅导目标，注重实效

游戏辅导目标是心理辅导目标的主要部分，所以游戏的设计和实施过程必须要紧密围绕辅导目标进行。在游戏辅导的过程中往往具有很强的趣味性和不可控性，辅导教师不能因为学生参与的热情以及现场的热闹气氛，而放任游戏过程的随意延伸和过多变化，而是要充分围绕辅导目标所选编的游戏，把握大的辅导方向，树立强烈的目标意识，开展富有实效的游戏辅导活动。

（三）加强游戏总结，增进观点澄清

游戏辅导之所以是适合儿童的心理辅导方法，是因为游戏过程本身更能降低儿童的焦虑和防卫心理，促使儿童表现出真实的内心活动。但如果在游戏结束后不进行总结，可能使得活动仅仅作为游戏，失去了心理辅导的真正意义。所以在游戏辅导结束后，需加强游戏总结，特别是对于低龄段学生，要结合学生的分享总结提炼出游戏辅导的根本目的，增进观点澄清。只有这样才能让游戏辅导的内容充分内化，达到良好的效果。

第二节　校园心理剧

心理剧自20世纪90年代传入我国以来，广泛应用于心理学领域，并在学校范围内形成了独具特色的心理剧形式——校园心理剧。校园心理剧是依据心理剧原理和技术，解决校园心理问题的一种团体辅导形式，并以其新颖的形式、丰富的内容、鲜活的表演成为学生喜闻乐见的活动形式。校园心理剧的发展对培养学生的心理健康发展具有较强的实用价值。

一、校园心理剧的含义

（一）心理剧

心理剧是由精神病学家雅克布·莱维·莫雷诺(J. L. Moreno)在20世纪初期于维也纳发展起来的一种心理治疗方法。莫雷诺将其定义为"通过戏剧手法来探索真理的科学"。心理剧也是一种治疗方法，它以戏剧的形式，采用团体参与的方式来展示人的心理冲突和情绪问题，从而挖掘出人内在的深层情感体验，使其达到对自身清晰认知的同时，也使观众获得启发和感悟，最终促使自我的成长。

（二）校园心理剧

校园心理剧是以心理剧理论为依据，通常在心理辅导老师的带领下，选择学生需要面对或者解决的问题编写成剧本，由学生扮演当事人或由当事人自己借助舞台，把成长过程中所感受到的各种心理问题和应对方式表演出来，并在心理辅导老师和全体参与演出的同学及观众的帮助下，学会如何应对和正确处理心理问题，最终让全体学生接受教育启发的一种团体心理治疗方法。

校园心理剧主要应用于心理健康教育课、主题班会、家长会及学校公演等场合，因此不宜采用经典心理剧模式，而是利用校园戏剧的形式进行教育。校园心理剧通过角色扮演，让演员们来表达其体验到的现实或想象的事件所引起的心理冲突，进而减少惯性的心理防卫，唤起其自发性和创造性，达到心理治疗的目的。

校园心理剧节选：《我们的荤菜没了》

故事背景：午餐时负责拎菜桶的男生和同学打闹，把主菜菜桶打翻了，全班同学没有肉菜吃了。

生1：啊！（惊慌失措）糟了，糟了，这可怎么办呀？（着急的跺着脚，来回移动）

旁白：楼梯里充溢着牛肉的香味，更加深了大家的饥饿感。

生2：你怎么搞的？你不是说没问题吗？这下可糟糕了！（抱怨、害怕、着急）提着桶准备回教室。

生3：（生3从后面上来，冲着生2说道）叫你偷懒不抬桶，我非告老师不可。（指责、逼问、威胁）

生4：你看你胖的，半天都转不过身子，笨死了！（对着生1大吼道，嘲笑语气）

旁白：生1听到指责声，早就在眼眶打转的眼泪夺眶而出。他飞快地跑到教室里，趴在自己的座位上，抽泣起来。

……

资料来源：张卫利，王丽，赵慧. 校园心理剧：我们的荤菜没了[EB/OL]. [2020-03-28]. https://wenku.baidu.com/view/c4f09575df36a32d7375a417866fb84ae45cc3f2.html.

二、校园心理剧的构成要素

校园心理剧是以呈现学生心理问题为核心的表演剧，带有更多的戏剧色彩，其构成需要具备三大要素，即人物、活动场所、内容。

（一）人物

人物的思维方式、行为习惯、内心冲突正是心理剧研究、探讨并解决的主要问题，心理剧的结构、情节、情景、主题也必须围绕人物来进行。校园心理剧包含四种角色：

1. 心理辅导老师

作为校园心理剧的策划者、组织者，要依据主角所提供的素材将其改编成心理剧。规划心理剧的各个场景设置，在排练中关注每一位参与者，能够把握和控制校园心理剧的进行，在需要时进行点拨。

2. 主角

主角是校园心理剧中的关键性要素，主角的选择通常有以下几种：① 故事本人担当主角。自己亲自演绎面临的心理问题，更贴近事情的本来面貌。② 心理辅导老师指定。在一些具体辅导情况下，故事本人不愿或不适合担当主角，则由辅导老师确定适合剧情、有一定表演能力的成员担当主角。③ 团体推选。可由团体成员投票、推选、商议等方式确定主角人选。当主角确定后，就由他饰演剧中遇到心理困惑并急需解决这些困惑的人物。他们在表演过程中提出问题并获得指导帮助，通过演绎问题来领悟导致问题的原因，从而找到解决问题的方法。

3. 辅角

饰演主角生活中的重要他人，以其所饰演人物的口吻和行为方式同主角互动，并坦诚说出自己的想法。辅角的作用十分重要，他既是心理辅导老师的延伸、探索和引导，同时也是主角的延伸，是协助处理主角问题的角色。

4. 观众

校园心理剧的观众不仅仅欣赏心理剧的演出，更需要体验心理剧的感受，在剧情中起着支持、烘托的作用。当校园心理剧结束后，观众可以与演员分享他们的感悟，交流对剧中观点的理解，为演员们提供解决问题的思路。同时，观众也能够通过观看演出，领悟心理问题产生的实质，从而提高自身的心理健康水平。

（二）活动场所

活动场所是角色活动的地点和事件发生、发展的空间，主要包括舞台、舞台灯光、道具、观众席、背景音乐等。

（三）内容

校园心理剧重在用问题展现学生的心理变化过程。通过对问题感受的表达，探寻事件对个体心理发展造成的影响。校园心理剧的主要内容是对学生心理问题的陈述、辨别和澄清，从而明确问题和调整心态。心理辅导老师利用丰富专业的心理辅导知识，对学生问题的表象进行分析，并将零星的表象进行拼接，找到造成心理问题的深层原因，挖掘隐藏在背后的深层问题和意义。其中包括：

1. 事件

事件是引起当事人内心冲突和造成心理问题的主要因素，是日常生活中发生的并对后续生活和当事人心理造成重要影响的事情。校园心理剧围绕事件展开，通过对事件的演绎，让人们对其进行重新的思考与审视，领悟背后的关键影响因素，最终达到认知改变和行为矫正。

2. 人物关系

人物关系是人在社会交往中所形成的各种关系，不同人物关系的交往构成了生命中不可缺少的部分，对个人成长发展起到重要作用。校园心理剧通过角色扮演，展现事件中的各种人物关系。其中人物关系间的处理是造成心理问题的影响因素，当事人通过体验、领悟事件来调整自己的行为，从而为在现实生活中恰当地处理各种人物关系奠定良好的基础。

三、校园心理剧的实施过程

校园心理剧的实施是一个创造性提出问题、解决问题的过程。这一过程主要经历四个阶段：热身阶段、演出阶段、分享阶段和审视提高阶段。

(一) 热身阶段

1. 选题材，定主题，编写剧本

校园心理剧主要反映学生在校园生活中所发生的各种事件以及学生中存在的心理困惑和问题，如生活、学习、人际交往中的心理冲突、烦恼、困惑等，通过小品表演、角色扮演、情景对话等方式演绎剧本内容。校园心理剧的创作过程体现了"生活即教育"原则，是建立在对学生进行有针对性的心理健康状况调查与研究之上的专业理论加工与艺术创作相融合的过程，把心理健康教育很好地引入到学生的生活中。

2. 选角色，备场景

当剧本确定之后，心理辅导老师需要安排角色分工。首先根据角色需要挑选有表现力和表达能力的演员定为主角，主角可以是剧情本人，也可以是推荐人选。心理辅导老师先向主角(学生)解释本剧的演出目的，然后可询问一些问题，帮助确定要解决的问题和明确需要建立的冲突情绪。校园心理剧的活动场所一般选择教室、学校的报告厅等。要设置好舞台和观众席，包括灯光的设置、明暗，道具的摆放，背景音乐等。舞台布置根据剧情需要并不是固定不变的。通过对场景的布置，一方面可以为造成心理变化的事件烘托出相应的氛围，将问题得以典型的再现；另一方面可以使角色人物产生身临其境的感觉，从而让角色人物有真实感、亲切感。

3. 练习(排演)

练习的主要目的在于对即将演出的校园心理剧进一步把关。经过多次练习，找出难以把握和不合适的部分进行修改和调整，加深理解和把握角色，激活角色的心理状态。同时，为避免对演员可能造成的负面影响，在练习阶段有意识地设计控制和处理，以使正式演出达到最佳效果。练习阶段老师可以随时中途打断，对学生的语言、动作等艺术表现进行指导，和演员们共同探讨事件和场景的安排。通过预演过程的辅导和排练，既能让演员了解他们当中或身边存在的不容忽视的心理问题，又能激发他们的想象力和创造力，增强其自我效能感和团队协作意识。

（二）演出阶段

校园心理剧是探讨和解决心理问题的，以学生在学习生活中遇到的问题为主线展开情节。在心理辅导老师的引导、辅角的协助演出和观众的支持下，主角开始探索自己的生命故事。演出过程中，根据剧情发展和观众的表现，可以随时邀请观众上台表演剧中的某一角色，让观众参与到剧情中，从而产生更深刻的心理体验。

由此我们可以看出，校园心理剧不是简单的背台词，而是一个变化和分享的过程，也是演员和观众共同成长的过程。演出过程中，心理辅导老师需具有洞察力，根据情形需要灵活运用各种技术，控制剧情的发展，同时要注意维持一种真诚、信任、支持性的气氛，防止有害行为的发生，以使活动达到预期的目的。辅导老师要注意调动参与者和观众的自觉性、主动性和创造性，使全体成员最大限度地投入到活动中，使整场演出成为观众主动参与、积极体验的过程。

演出通过角色扮演的方式，把造成心理问题的过程层层揭示出来。在接纳、安全的气氛中，辅角通过投入演出来了解主角内心的感受，对他人的行为做出反应，自由地表达自己的感情和意念。主角通过心理剧表演活动，深入地了解真实情况和他人的感受，增加人际关系敏感度。由于角色扮演在假设、不用负责的情况下尝试发现问题并应对问题，从而使主角可以学习及练习应对问题的技巧。通过演出的过程，主角的内在世界与外在世界搭起了一座沟通的桥梁，寻找出了内外和谐相处的途径。同时，观众也通过观看心理剧提升自身的心理素质，完成一次心理的成长。

（三）分享阶段

演出结束后，校园心理剧的参演者需要分享演出的感受，给观众启示，然后观众分享自己的观后感。这个分享过程，是演员之间、观众之间、演员与观众之间的一种互动与情感交流，是一个能够让团体进行宣泄并整合的机会。分享感受需要在真诚、积极的氛围中，让参与者与观众毫无保留地说出自己的感受、体会和领悟。分享的内容不是分析别人、批评他人，而是将自己生活中的有关经历和体验联系起来，提出建设性的意见和想法。分享活动能够使剧中主角从不同的角度看待问题，了解别人的反应和感受，改变不正确的认知，获得团体的支持和帮助，增强信心和勇气；可以使团体气氛更加融洽，使在场的人感受到团体的力量，从而达到自我教育的目的。

（四）审视提高阶段

心理辅导老师整合之前的所有信息，对此次演出过程进行简短的总结，进一步明确问题实质，强化正确积极的观点，并鼓励学生在演出之后尝试新思想，实现校园心理剧的教育目的。该阶段是校园心理剧功能的升华，对活动的思考与总结有助于提升今后遇到类似事件时的认识，为更好地应对提供了有效的支持，帮助学生提升心理品质，促进心理健康的发展。

四、校园心理剧的常用技术

（一）替身技术

替身技术是指一个配角站在主角的身后与主角同台表演或替主角说话，这个配角即是替身。替身可以模仿主角的内心思想和感受，并时常表达出潜意识内容。替身帮助主角觉察到内部心理过程，引导主角表达出非语言的思想和感受。替身可以发挥整合作用，加强主角与配角的相互影响。替身既表演出主角的动作、姿势，也表演出主角的态度、体验，从而帮助主角更清楚地觉察到自己的内心冲突和被压抑的情感，甚至帮助主角表达情感。

（二）角色扮演技术

角色扮演技术即主角和舞台上的其他人互换角色。当主角与他有冲突的个体在达成协议上有所收获时，导演一般会采用角色互换技术。在这一技术中，主角通过扮演与他有冲突的其他人的角色，可以更加深入地了解真实情况和对方的感受，增加人际关系的敏感程度。同时，对方人际关系的歪曲信念也可以得到解释、探究和进行行为矫正。

通过角色互换，主角可以重新整合、消化和超越束缚他们的情景。角色互换可以充分表达他们对现实的理解，从团体中的其他人那里获得关于他们的主观态度的反馈，从而在一定程度上，修正他们发现的歪曲认知。

（三）独白技术

独白在校园心理剧中是特别常用的技术，指主角直接面对观众说话，表达一些未觉察的感受和思想。独白使主角有机会表达他自己或他人正在思考和体验而未直接表达的感受。这让主角可以总结概括他的思想，表达他的情绪，同时还可以帮助其他角色以及观众更深层次地探索自我情感。

校园心理剧《转弯》剧本片段

……

纪律委员：我想他肯定是不能接受别人比他强，他的自尊心受到了打击，我们是他的朋友，应该去开导他。

学习委员：他平时那么强，会因为那么点儿小事就受打击吗？

副班长：人的忍受程度都是有限的嘛，就是因为他平时都表现得很坚强，所以这次我才觉得他的状态很不对劲，我们还是去慰问慰问他吧。

（三个人走下场，班长走上场，纪律委员，叫住了他）

纪律委员：班长……我们都发现你最近的情绪不太对劲，到底怎么了？上次考试的时候，我们无意中发现了，你是不是……作弊了啊（有些犹豫地说）

班长：你们看到我了吗？（很没面子，但故作理直气壮）你们告诉别人了吗？

副班长：我们不是想告诉别人，只是关心你，你是不是因为上次的那几件小事就失去了自信了啊，我们都……

班长：这是我的事，不用你们管！

（说完转过身，甩手离开）

（三个人很无奈的相望，走下场去）

（班长走上场，做到长椅上，思索状）

班长心内心独白：小事!! 那些事情对我来说是小事吗？他们太不理解我了，那对我有多大影响啊！不过，我刚才那么做是有些过分了，他们也是关心我，为了我好，可我还不领情的那么凶地说了他们。（想了一会）其实都是我自己的错，自从上次那件事之后，我上课总走神回答不上问题，让我多丢脸啊，我可是堂堂的班长啊，（站起，边走边说）他们都做辅导书，学习比我努力，我怕他们会超过我，所以……唉！说实话，其实都是我的虚荣心在作怪。（稍停）我不该这么小肚鸡肠，身为班长要起带头作用，而且是我的错就要勇于承认和面对，不能做缩头乌龟。嗯！我是个勇敢的人，我要重新找回自信！（做出信心十足的动作和表情）

五、校园心理剧辅导在小学生心理辅导中的应用

（一）顺应小学生的个体发展

英国幼儿游戏与戏剧理论家彼得·史莱德认为，小学阶段学生发展出“是非对错”的道德感，形成较为密切的同伴关系，言行上则体现出了进一步的即兴与自由式表现。戏剧式游戏是儿童发展的重要方式和途径，通过编写故事和演故事，可以借此表达自己，展现自己与他人沟通的技巧，是非常适合小学生的一种辅导方式。

（二）符合小学生的心理特点

小学阶段校园心理剧的取材通常为小学生的情绪困扰、人际交往问题、行为偏差等。心理辅导老师需要了解小学生发生的行为问题和情绪问题之间的关联性，熟悉小学生在家庭、学校与班级生活中所要面对的问题，了解小学生日常的喜好，喜欢的游戏和话剧形式。舞台上很多玩偶式的道具也适用于小学生，比如具有标志性的面具，纸做的戏服，标识角色特点的适当化装等，都有利于小学生在角色与自身之间进行平衡，也有利于他们投入地进行演出。

（三）采用多种形式广泛运用

校园心理剧也是团体辅导的一种表现形式，对于校园心理剧的创作也可以作为团体辅导主题的一个组成部分。除此之外，将学生真实生活中所表现出来的困惑和问题变成学生爱看的短剧、舞台剧，通过适当的排演并组织演出、其间演员与观众的互动以及演出结束后参与者的分享，都能够对小学生的心理健康知识进行一定的普及。

第三节 图文作品辅导

很多小学心理辅导教师发现，在进行最初的心理辅导环节中很难与儿童建立心灵上的亲密关系。儿童的胆怯、缺乏安全感等表现会阻碍心理辅导老师对来访儿童主观世界的了解和理解，使辅导产生一定的沟通障碍。而借助于线条、色彩、书面文字等可以真实地呈现出作者的内心世界。与此同时，通过图画、文字等形式的表达，能放松儿

童对心理辅导的防御，真实自如地表达自己。从而为辅导者提供了解儿童的途径，帮助其在较短时间内与孤僻、不善言辞或受到伤害的儿童建立良好的咨访关系。

一、图文作品辅导概述

（一）图文作品辅导的概念

图文作品辅导是以来访者的绘画作品、写作作品等作为心理辅导的媒介和工具，帮助来访者在内外环境中找到和谐关系的一种心理辅导模式。图文作品辅导主要包含绘画辅导、写作辅导、阅读辅导等。

案例 3-1

铭铭是一个小学三年级的 9 岁男孩，平时胆小，不爱说话。最近因为和同学间发生了些摩擦，产生了焦虑的情绪和退缩的行为表现，在家长的陪同下来到学校的心理辅导中心咨询，但面对辅导老师时，铭铭低头不语，表现出胆怯、退缩和不信任。心理辅导老师亲切地对铭铭做了简短的自我介绍，并在铭铭面前放了一些小玩具和画具，待铭铭稍微放松下来之后，心理辅导老师趁机引导铭铭："铭铭，老师还不是很了解你，你能给我画个自画像介绍一下自己吗？"铭铭接受老师的提议画了一幅画：一个很小的人物站着，双脚很瘦小，难以支撑上身，整个人物被画在纸张下方的边缘……

（二）图文作品辅导与其相关的辅导技术

1. 艺术治疗

指治疗师用创造性的表达方式，让来访者通过非口语的表达及艺术创作的经验，去探索个人的问题及潜能。从而提高来访者自尊心，做好其内心建设，并提升其与外界相处的技能。艺术治疗主要运用音乐治疗和绘画治疗。图文作品辅导中的绘画辅导，便是借鉴绘画疗法的操作原理和技术运用于心理辅导的过程中。

2. 叙事治疗

指咨询师通过倾听来访者讲述自己的生命故事，运用适当的对话，帮助来访者找出生活故事中被遗漏的部分，使问题外化，引导来访者重建具有正向意义的生命故事，唤起来访者做出改变的内在力量。叙事治疗方式主要有阅读治疗和写作治疗。图文作品辅导中的写作辅导和阅读辅导就是借鉴阅读疗法和写作疗法的操作原理和技术运用在心理辅导过程中。

二、绘画心理辅导

（一）绘画心理辅导

绘画治疗是以来访者的绘画作品为媒介，帮助来访者分析、处理心理问题的一种心理咨询与治疗形式。在儿童时期，学生通过绘画来表达他们的想法。绘画作为非语言的表达形式，能够启发儿童的心智，激发儿童的兴趣。相较于其他辅导方法，绘画心理辅导更适合年龄较低的小学生，它不但可以成为师生间交流的方式，还能够作为知识学习的媒介。

(二) 儿童绘画发展的阶段

1. 涂鸦期(1.5—4 岁)

此阶段主要是无目的地乱笔画。从最初的杂乱线条到有控制的涂鸦，然后能画出圆形涂鸦，最后能够进行命名涂鸦(图 3-2)。

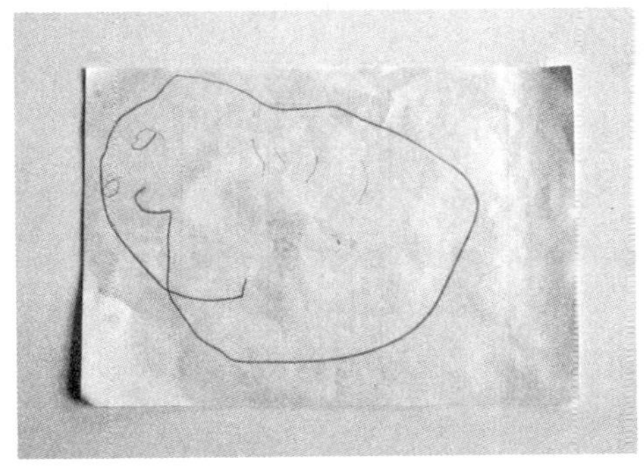

图 3-2 雪人儿(女，2 岁 1 个月)

图 3-3 让我们一起来刷牙(女，5 岁)

2. 前图式期(4—7 岁)

这一阶段儿童思维特点是直觉的、泛灵论的，充满了好奇与幻想。在绘画上喜欢将内在心像的模型和外在实物之间的关系表现出来，具有丰富的想象力。他们喜欢在画中运用象征性符号描绘出物体大致的外部轮廓，借助所画的图像来表达自己的意图(图 3-3)。

3. 图式期(7—9 岁)

该阶段儿童画出的可能是一种心理图片，他们在画中展现的可能是一种内心的知觉和经验，也可能是他们所要的和所感觉到的但却不符合实际事物的时空关系，没有透视感(图 3-4)。这一阶段儿童在绘画手法上会有很多特别的形态，比如：透明画法、并列式画法、展开画法等。

图 3-4 旅行(男，8 岁)

图 3-5 春色家园(女，10 岁)

4. 写实萌芽期(9—11 岁)

这一阶段的儿童基本能够根据具体实物的特点来描绘图画，并且能够勾画出三维空间的立体图。他们的图画虽然还是以非现实的想象为主，但已经能够结合实物在视觉经验中构成。此外，这时儿童作画逐渐摆脱自我中心的认知特点，开始表现出社会关系，体现“社会性独立”的特殊意义(图 3－5)。

5. 拟写实期(11—13 岁)

图 3－6 房屋（女，12 岁）

该阶段的儿童可以做简单的逻辑推理，进行较为智慧的思考，绘画中加入了理性色彩(图 3－6)。画中可以比较客观的描绘外部环境，从注重整体再到注重细节。与此同时，画中还能表现出自己的经历和感受，表达主观的经验和情绪，也能够表现出儿童在人格上的分化。

（三）绘画辅导的实施流程

1. 建立良好的辅导关系

在心理辅导中，第一步就是建立辅导关系。良好的辅导关系能促进学生积极的自我探索。在辅导的初次建立中，辅导教师可以先向学生介绍绘画，告诉学生这并不是完成一项美术作业，也没有成绩的评定，可以用平和的心态进行绘画活动。在辅导初期，让学生感受到友善、尊重和信任的氛围，为深入开展下一步工作打下坚实的基础。

2. 进入绘画活动

当学生放下防御心理，可以在自由轻松的状态下开始作画。开始通常进行自由作画，随着辅导的深入进行规定作画。通过规定作画的内容可以了解学生表达出的内心某方面的想法、情绪、情感，呈现出学生的心理状态，让后续辅导更有针对性。

3. 交流与探索

辅导教师针对学生的绘画内容、绘画时的动作和状态等外在表现，和学生进行交流与沟通。

4. 诊断、评估阶段

儿童通常通过绘画来进行心理赋意，在绘画过程中通过象征、投射和升华进行内心世界的外化表达。通过构图比例，辅导教师可初步判断学生是否具有攻击倾向或者缺乏安全感；通过线条的轻重、笔触的方向和质感，初步判断儿童的心理特点，是胆小、害怕还是武断、坚强；通过着色可以初步判断来访者的性格是热情、压抑、还是冷漠；通过笔触可以初步判断来访者是自信还是柔弱、自卑等；通过画作内容组织的不同，可以初步了解儿童的成长环境、心理状态、情感需求、来访者迫切需要解决的问题等。从而辅导教师可以有针对性地制定辅导方案。

5. 绘画辅导的发挥

此阶段，辅导教师将传统的谈话疗法与绘画辅导相结合。通过对绘画作品的分析和对儿童的了解，在辅导中唤醒儿童内在的心理力量，通过对其认知的引导和学生自身的转变，使其心理朝着积极的方向发展。在这一阶段，来访者还可以通过不断的绘画活动，以及与辅导教师的不断交流沟通，使自己能够不断地抒发、宣泄内心的情绪情感，正确面对自己所面临的问题，进而巩固治疗效果。

三、写作心理辅导

（一）写作心理辅导

写作是青少年学校生活的一种重要学习活动，完全可以成为学校开展心理治疗与辅导的一种有效且便利的方式。在小学生写作心理辅导中，主要关注儿童的写作过程而不是写出了什么，在写作的起始阶段要鼓励写出个人的、隐私的东西，而不管评论、语法、句法和任何他人的意见。只有让学生无拘无束地写，才能够尽情地表达。

（二）写作心理辅导形式

小学生心理健康辅导中的主要写作方式有：

1. 日记写作

日记记录着当天发生的重要事情，以及当事人对事件的思考，其中不乏有关内心的真实想法。日记面对的交谈对象通常是自己，所以能够在没有外在压力和顾虑的情境下尽情地表达，宣泄自己的情感并同时审视自己。日记的写作可以作为个体成长的见证，通过学生的日记我们可以看到学生的所思所感，对于了解和掌握学生的心理健康状态有一定的参考价值。

2. 通信写作

通信写作最初以信件为主要形式，是辅导老师与学生之间的书面对话。因为信件的传递需要一定的时间间隔，所以非即时性是信件写作的主要特点。这使得辅导双方在写作中都有了更加充裕的反思时间，所以表达出来的内容会更加客观，情绪表达相对缓和。随着互联网的普及，如今的通信更多的是通过QQ、短信、微信等手段，辅导可以不受地域限制进行，能够做到一定程度的即时性回复，这使得通信写作的辅导效果得到一定的增强。这种非直接的交流方式较之传统的面对面的咨询对话，能够给害羞的来访者带来更多的帮助。网络方式也使信件治疗更为便利、及时。

3. 自传写作

书写个人的亲身经历。它是对记忆的整理，通过审视自己的过往故事，可以获得人生新的感悟。大多数人都拥有某些在回忆时会释放出强有力感情的记忆，表达这些感情本身就是积极的。某些记忆还会发掘出深层次的、尚未解决的痛苦，这一痛苦确实需要在职业治疗师的帮助下进行更持久的反思。

4. 想象写作

通过脑海中想象的虚构人物或故事情节，获得情感上的宣泄以及表达出现实中无法得到的心理满足。辅导者可以通过学生的写作感受到其内心的需求与渴望。

5. 主题写作

主题写作是结合学校的教育教学活动开展的一种写作方式。通常是辅导老师针对学生的具体问题而布置的命题作文，让学生在写作的过程中梳理自己的经历从而进行更深层次的思考。

在小学心理健康辅导中，学生可以通过辅导者或教师的平等对话性书面评语、回信，得到引导和启发，从而积极建构自己的人生故事。写作文本是可以在事后被重新阅读、考虑和评估的，是可以不断修改完善建构出新的意义的载体。对于共同性问题进行反思的文本，在尊重和保护隐私的前提下，辅导者可以通过群体分享达到互相启发的效果。

四、阅读心理辅导

（一）阅读心理辅导概述

通过印刷或非印刷品媒介，经由读者与媒介的互动，产生内在变化的历程。心理辅导中的阅读强调“读者与媒介的互动”，也就是说仅有媒介还不够，仅阅读媒介也起不到作用，重要的是在阅读过程中探索媒介中的内涵，联系个人实际，使自己在媒介阅读中获得启迪并能改善心理状态、改变生活实际。

（二）阅读辅导的主要形式

阅读辅导在小学阶段主要采用绘本阅读、课上阅读教学以及家庭阅读的形式对小学生心理健康进行维护和积极引导。

1. 通过绘本心理活动课维护心理健康教育

绘本心理活动课指的是借助绘本中的文本故事和图画信息，以班级为单位，以学生心理发展需求为目标，结合故事治疗及其他心理健康教育的原理和方法，在故事分享、问题讨论和言语交流的过程中，促进学生的认知、情绪、行为等健康发展的心理健康教育课形式。绘本心理活动课一般要经过暖身、故事分享、问题讨论和延伸活动四个环节。通过暖身游戏，激发学生的参与动机，激活团体的心理氛围，集中学生的注意力，促进团体动力的形成并引入团体辅导主题。随后，教师在课堂上用多媒体呈现相关的 PPT 或 Flash，并且声情并茂地朗读，将绘本故事分享给学生，让学生熟悉故事中出现的人物、故事发生的时间以及背景、故事是如何进展的、故事中的核心冲突在哪里、故事的结局如何等。接下来重要的环节就是问题讨论。针对不同年龄的学生设计的问题应有所不同，遵循渐进层次。问题都是开放性的，没有标准答案，教师要鼓励学生说出自己的想法。最后，延伸活动包括完成学习清单、体验练习等，将绘本故事引出的学生心理成长目标，通过课后练习和体验的方式进一步强化，实现情感内化和技能迁移。

2. 运用阅读教学渗透心理健康教育

传统的小学课堂中关于文章主旨、人物性格的理解都是进行心理健康教育渗透的良好契机。只是由于对心理教育的重视程度不足，一些教师不能从细微心理变化处着手进行恰如其分的渗透，使得一些理性的思考僵化，导致学生厌学。因此，在新课改中，教师要努力寻找合适的“度”：一方面设法增强目标性，使学生能走出自我中心的圈子而进入教师精心设计的心育氛围；另一方面还要保证“了无痕”式的轻松与自由，避免因刻意而引发的逆反心理。

一位小学老师在讲授《狐狸和乌鸦》这篇课文时，与学生产生如下交流：

当屏幕上打出字幕：狐狸叼起肉钻进洞里，乌鸦心中会想……我对学生说："小朋友，让我们来想一想，当狐狸叼起肉钻进洞里时，乌鸦会想些什么呢？"学生们稍加思考后，纷纷举起了胖胖的小手。

陈佳琳说："乌鸦伤心极了，心想：唉！都怪我爱听好话，才会上狐狸的当。"

秦嘉颖说："我就是喜欢听甜言蜜语，才上了狐狸的当，我一定要记住这个深刻的教训。"

我正想总结，毛凯珏同学举起了手，他不但是个"皮大王"，而且是个"小后腿"。我要请他回答吗？望着他渴望的眼神，我微笑着对他说："你说！"

毛凯珏清了清嗓子说："从小到大，每当我在练歌时，没有一个人夸我；每当我展翅飞翔时没有一个人夸我。今天我终于听到狐狸夸奖我了，我特高兴！我再去找一片肉来！"

听了毛凯珏的回答，教室里传来了阵阵哄笑，我的心里不由自主地微微一颤。是啊，每当毛凯珏成绩不理想时，每当毛凯珏调皮捣蛋时，我虽然没有过多地批评和责怪，但确实对他缺少鼓励，他的话不正说明了这一点吗？

我定了定神说："要是狐狸再向乌鸦说同样的话，那片肉还会再被狐狸骗走吗？"

毛凯珏笑着说："乌鸦不会上第二次当的。"

"同学们，从大家的答案中，我知道你们已经领会了寓意：爱听好话，容易上当。当然，毛凯珏的答案跟大多数同学不一样，但是，他的答案是充满想象力的。这也说明了毛凯珏同学善于思考，只要他保持下去，他的成绩一定会提高的！"

笑容写在了毛凯珏的脸上。

教师应注意文本的选择与改造。合当的文本是进行心理教育的前提。因此，教师要充分发挥主观能动性，既要注意到已有文本的心育价值，又要用独特的视角选择新文本，还要注意结合教学的实际需要对文本进行加工改造，创设民主、和谐的教学平台，渗透心育的理念。这样的课堂氛围有利于心灵与心灵的撞击，有利于学生心无芥蒂地去体验积极情感，进而形成自己乐观开朗、积极奋进的心理取向。教师应注意课堂的语言、行为艺术，甚至连一处微笑、一句评语都不可轻视。

3. 利用家庭阅读助力心理健康教育

家庭阅读的重要性不仅仅体现在小学语文学科学习阶段，而应该贯穿于人的整个成长过程。家庭阅读是激发孩子阅读兴趣，培养孩子良好阅读习惯的方法之一，选择好的书籍可以让孩子受益终生。家庭阅读能够营造积极向上的家庭氛围，家长与孩子一起享受阅读的快乐和幸福，学会尊重生命，学会喜爱生命的自由和喜悦，并享受生命。心理学研究发现，长期阅读、接触正面的积极的文字信息，对人的心理健康会产生重要影响。

(三) 阅读辅导的实施步骤

1. 自我探究阶段

该阶段是自助过程,指儿童在辅导老师的引导下阅读有关图书,结束后进行探究。探究的主要问题有:该书哪些地方引起了我的兴趣?书中的人物和我有哪些相同与不同之处?我从书中获得了哪些启发?今后我该怎么做?通过自问自答,儿童在思考中提升认识,形成一定的领悟,进而在之后的行动中付诸实践。

2. 帮助与挑战阶段

指辅导老师干预儿童的心理并调整和改变其行为,这是辅导过程中的一个重要阶段。具体分为以下步骤:

(1) 挑战图书。

对书中的主要内容进行复习。其中包括:主角是谁?故事的主要内容是什么?故事中提到的重要事件是什么?在复习过程中,辅导老师要澄清儿童对故事中的人物和行为的感觉和观点。之后,引导儿童进行想象:故事中的人物的观念和行为引出了哪些结果。辅导老师可以用"假如……会发生……""有哪些方法可以解决这个问题?"等方式提问。

(2) 挑战现实。

指儿童把图书中的人物引导到自己身上,对现状提出挑战。辅导老师应该鼓励儿童联系自身经历,审视自己生活中的经验。与此同时,辅导老师可以对儿童进行提问,例如:"你有没有书中主人公的经历呢?""你的经历和他的经历有哪些相同和不同?""你在经历类似事情的时候感觉如何?""现在回忆起这段经历感觉如何?"。儿童向辅导老师袒露自己的经历和故事之后,辅导老师可以与儿童讨论如何改变目前处境,并帮助儿童制订行动方案,使其能够更顺利地实施。

(3) 评估。

当儿童按照制订的方案开始行动之后,辅导老师需要不断地分阶段对儿童进行评估。在儿童采取行动的过程中要以鼓励为主,肯定每一次小的进步;同时指出不足之处,分析其原因;并找到修正的方法,必要时对计划进行调整。

(四) 阅读辅导的注意事项

1. 辅导教师方面

阅读辅导的实施在很多情况下是需要引导的,阅读故事过程中的情景分享和问题讨论,是学生产生认知和行为改变的重要催化剂。教师在课堂教学实施过程中能否敏锐地捕捉到学生的情绪、感受并给予及时的同理、支持和认同,对于促进学生的认知和情绪发展至关重要。因此,通过阅读辅导这一形式实施心理健康教育的教师,要具备儿童心理学的基本知识和心理辅导的基本理念和技巧,熟悉儿童各阶段心理发展需求及可能出现的危机问题,能够借助绘本故事设计课堂教学,引导儿童在认知、情绪和行为等各方面积极探索。

2. 书籍选择方面

阅读辅导中书籍选择的基本原则是:根据不同年龄段儿童心理发展的共性需要和潜在性危机来选择绘本,做到发展和预防相结合。书籍选择要注意三点:一是书中的主人公和情景真实可信，故事情景能符合儿童这一阶段身心发展的共同特点，能够引起儿童的共鸣；二是故事内容积极向上，能促使儿童对有关问题做出正向的思考和选择；三是注意故事文化背景的差异。由于国内绘本创作的相对局限性，目前我们在市场上能看到的绘本多以欧美日韩以及我国台湾地区引进的品种为主，有些故事中跨文化的背景十分明显。教师要根据儿童年龄的特征对故事做一定修改或特别解释，打消儿童对故事文本的疑惑。

第四节　个体辅导

个体辅导和团体辅导是小学开展心理健康教育的主要途径。而与团体辅导不同的是，心理教师通过个别辅导，针对学生的身心发展特点，积极开展入学适应性调节、学业发展、人际交往技能指导、情绪调控等活动，使学生能够认识自我、完善自我，帮助学生充分认识自己的个性能力特点，以利于学生健康成长。学校心理辅导教师需要能够接待有心理辅导需求的学生；对有一般心理问题的学生进行个体辅导，帮助他们解决心理困扰；发现和鉴别出具有较为严重和严重心理问题的学生，向家长或监护人提出建议，将其转介到有关专业的心理咨询和治疗机构。

一、个体辅导概述

（一）个体辅导的含义

个别辅导是通过鉴别、诊断、分析和干预，解决学生个别心理困惑的一种辅导形式。学生的心理问题有共性的一面，同时也表现出个性化的一面。个体辅导针对出现心理困惑或心理问题的学生设计方案、实施辅导，帮助学生解决问题，促进学生的个性健康发展。与团体辅导相比，个体辅导需要辅导教师具备更高的专业知识和技能水平。

（二）个体辅导的分类

1. 发展性辅导

发展性辅导是以发展为主，面向正常学生所进行的辅导活动。发展性辅导是基于学生成长发展的需要，为学生提供最佳的学习环境，促进学生整体的发展。它更加注重学生的自我接纳、自我了解和自我强化，关注学生的成长过程而非结果，重在引导学生潜能的发挥。通过与教师、家长的密切交流，帮助学生学会解决成长过程中遇到的困扰和问题，排除正常发展的障碍，帮助学生实现最佳发展。

2. 预防性辅导

预防性辅导是以预防为主，对可能会出现问题和正在遭遇问题的学生进行辅导。预防性辅导主要以问题为中心，为了防止问题的发生发展，而进行的辅导活动。预防性表现在辅导要采取主动性，辅导教师要善于观察那些社会环境不利、生活发生重大变故以及自我调节能力差、屡遭挫折的学生，发现症候重点实行早期干预。

3. 治疗性辅导

指以治疗为主的辅导，面向特定的学生，重点在于对学生的问题进行诊断和治疗。通常会对他们使用相关的心理测验和其他评价工具，并对结果进行专业的评估，然后进行个体咨询式辅导。

二、个体辅导的技术与方法

（一）接纳

在辅导过程中，不管学生表现出来的情感和态度是积极的还是消极的，辅导教师都要予以接受。在此期间，辅导教师可以用简单的应答声或点头等非言语行为给予回应。辅导学生可以通过辅导过程感受到辅导老师是真的尊重自己还是形式上应付自己。所以教师一定要对学生表示出真正地接纳，将焦点集中在关注学生的内在情感，与学生共情，从而促进学生的自我探索和自我发现。

（二）释意

释意是指辅导教师用自己的话简要概括出学生之前所表达的内容，并反馈给学生听。释意在辅导中通常表达三层含义：一是核实自己对学生的了解是否正确；二是暗示学生我在听你说，我的思维在跟着你走；三是学生从辅导老师口中再次听到自己讲述的事件或想法，可以借此机会审视一下自己的想法，并重新组织语言。

（三）情感反应

辅导教师用言语来表达学生所谈到的和体验到的感受，帮助学生明确自己感受到但并未意识到的情感。通过情感反应，辅导老师帮助学生察觉自己的情感被接纳，以及进一步了解自己。

（四）自我表露

自我表露是指在适当的情况下，辅导教师公开关于自己的类似经验与学生分享，以此帮助学生加深对自己的认识和了解，有助于学生的自我接纳，从中获得积极的启示。

学生：最近班里的活动很多，而我又是班长，所以理应为班级多做些事情。可是没想到疏忽了期中考试，这次期中考试我第一次考到了班级前十名之外，而且英语还成了班里的中下水平，真是越想越难过。这次考试应该说不难，主要原因是我最近没有好好听课。班主任老师已经找我谈话了，他对我的成绩非常不满意。其实我也很委屈，是不是我真的没办法兼顾班级的管理和学习成绩呢？

辅导老师：我在像你这么大的时候，当时是班上的纪律委员。很多时候老师会因为我不能帮他维持好纪律而找我谈话，那段时间很影响我的心情，成绩也十分不理想。我的经历跟你现在的遭遇有些相似，或许我们能一起探讨解决。

（五）沉默

在辅导过程中，学生因为种种原因无法继续正在讲的内容而停了下来，表现出沉默。事实上，沉默作为非言语信息在辅导过程中是心理辅导环节中的“重要时刻”，学生的沉默可能为辅导老师提供一些信息，以便于分析沉默的原因。

学生：我昨天和妈妈吵架了，情绪特别的激动，说了很多难听的话。当时我妈脸色特别难看，特别反常的一声不吭扭头回了卧室。

辅导老师：你能说说你都说妈妈什么了吗？

学生：我当时说……（欲言又止，沉默）

辅导老师：刚刚这个问题，我看你回答起来吞吞吐吐，又沉默了一会儿，能不能告诉我，你在沉默的时间里，都想了些什么呢？

（六）总结

总结可以看作是一次谈话快要结束时，辅导老师将两人先前的谈话要点进行整理归纳，并反馈给学生的一种形式。这种总结能给学生一种辅导的进度感，让学生有机会回顾。在总结过程中，教师不要任意增添新东西，而应留心学生的情绪和传达出的想法，用概括的语言表达出来。

三、个体辅导的实施过程

（一）开始阶段

1. 建立辅导关系

建立良好的辅导关系，是指辅导教师和来访学生之间建立相互信任、相互尊重、彼此坦诚的人际关系，以利于辅导工作的顺利开展。良好的辅导关系不但是实施辅导的基础和条件，而且其本身就具有某种辅导的功效。辅导者要遵循真诚、尊重、共情和积极关注的原则，切实做到原则性与技术性的统一。

2. 收集信息

当建立辅导关系后，接下来要确定需要处理的问题。辅导老师要对来访学生的困扰有清晰的认识，此时需要花费一些时间来收集相关资料，并对资料进行分析和整理。收集来访学生的基本信息是心理辅导活动的基础。相关信息主要包括：① 来访学生的基本情况，包括姓名、年龄、性别，来访者初次见面的精神面貌、言谈举止等特征。② 来访学生的主要问题。③ 问题的背景材料，包括相关的量表结果，来访学生的生活环境、成长经历、目前身心状态等。

3. 心理诊断

综合观察到的整体印象和来访学生的自述，再结合量表测试结果，辅导教师要做进一步的诊断分析，对来访学生出现的问题进行判定，以便确定辅导目标和接下来的干预措施。

（二）制订方案与实施

该阶段为心理辅导的核心阶段。将学生的问题做出诊断后，就要制订辅导目标和辅导方案。主要任务是探究问题的实质，帮助来访学生了解自身尚未意识到的问题，并协助来访学生制订自我改善行为的步骤。在此期间，辅导教师给予学生阶段性评估、调整和支持。实施过程十分具有挑战性，来访学生的内心冲突在此辅导阶段最为强烈。

制订方案前，辅导教师需要根据前期的资料收集，全面评估来访同学的问题，制订明确、具体并切合实际的辅导目标。辅导目标的制订能够确保辅导方案有计划地进行。当辅导方案制订完成后，辅导教师就要实施辅导干预。学生在辅导教师的帮助和支持下，积极进行自我探索，产生理解、领悟，克服不良情绪，修正认知偏差及不良行为。在辅导方案的实施过程中，辅导方法的选择要根据实际情况灵活选择并随时调整，直至问题解决。

（三）结束与反馈

当辅导结束时，辅导教师向来访学生指出已取得的成绩，显著的进步，说明辅导已经基本达到既定的辅导目标。并与来访学生一同对于其心理问题和辅导过程做一个回顾性总结，并通过交谈、家庭访问、问卷调查等方式进行及时的反馈。目的是帮助来访学生巩固已有的进步，将获得的经验运用到日常生活中去。

第五节　团体辅导

心理辅导的形式可分为个体辅导和团体辅导。团体辅导有别于个体辅导的"一对一"特点，采用团体活动的形式以保证帮助大量学生重返健康发展的轨道。团体辅导具有感染力强、影响广泛、辅导效率高、省时省力等特点，对帮助学生的成长和发展有积极的作用。现如今，团体辅导已经在学校心理健康教育中受到重视，成为学校心理健康教育常用的辅导方法之一，普遍应用于学生的情绪管理辅导、适应性辅导、人际关系辅导、学业辅导等。

一、团体辅导概述

团体辅导是在团体情境下进行的一种心理辅导形式，是指成员在共同活动中彼此交往、互相作用，通过一系列心理互动过程来探讨自我、尝试改变行为，学习新的行为方式，改善人际关系，解决生活中的问题。

团体辅导一般由一位或两位教师主持（称为团体领导者），多名学生参加（称为团体成员）。团体的规模因学生的问题性质与辅导目标而定，通常为十人左右，多则几十人。经过多次团体活动，成员之间进行交流与相互支持，加深对自己和他人的了解，从而提升社会适应和人际交往能力，促进其健康成长。

二、团体辅导的前期准备

团体辅导开展前，需要进行精心的设计与准备，包括以下步骤：

（一）确定辅导目标

辅导教师首先要确定一个合适的团体辅导目标，这是整个团体活动的中心，今后的所有活动都围绕此目标展开。目标必须具体、明确，具有可操作性，为整个活动奠定良好的基础。

确定活动目标后，需要为活动起一个好听的名字。名字要富有创意，具有吸引力、独特性和可理解性，还要考虑到学生的接纳程度，不必都写上"心理辅导"字样，比如起名为"点亮希望，悦纳自我""沟通，从心开始"等。

（二）设计辅导计划

合理、有效的团体辅导计划能够使得团体辅导活动顺利、有序地开展，也能够使活动取得预期的效果。计划内容包括：① 团体规模。团体辅导以集体的形式展开，团体人数过少，成员会觉得乏味、有压力；人数过多，成员间不易沟通，参与交流的机会受限。所以，必须确定一个较理想的规模，一般来说，6—12 人较为适当。② 活动时间、次数及频率。学校开展团体活动是定期且持续的，每周 1—2 次，每次 1—1.5 小时，持续 4—10 周。活动具体时间要充分考虑学生的方便。③ 活动场所。团体的活动场所可选用学校的教室、团体活动室等，要求安静、隔音效果好，且有足够空间。

（三）准备活动材料

根据活动需要准备彩色纸、笔、卡片、收录机、磁带、摄像机、电视机、照相机、音响等。

（四）组建团体

（1）招募团体成员的途径。团体成员的招募遵循自愿参加的原则。主要有两条途径：① 通过海报、校园广播、校园网、校刊校报等各种宣传途径，让学生报名参加；② 教师根据平时个别咨询时的情况，建议某些学生参加。其中宣传招募是最常用的。

（2）筛选成员。通过面谈，了解应征者来参加团体的真实意图，并确定其是否适合参加本团体。同时用相关量表进行前测，并备案。

（3）组成团体。向未来的成员宣布团体纪律并签订团体契约。

团体活动"优点漂流"

说到优点，每个人都有，但有的优点我们自己知道，有的优点自己却发现不了。接下来，就让我们一起漂流我们的优点。

1. 出示"优点漂流卡"，给出填卡说明：

（1）发现自己的优点（至少写两个自己的优点）

（2）发现他人的优点（越多越好）

（3）用真诚换真心，不写伤害话语的同时，在你接过的每一张"漂流卡"上尽量多地留下你的发现，可用词语概括，如真诚；也可用短语评价，如发言积极。

以音乐为始终，音乐停，停止漂流，漂流卡返回主人手中，开始交流。

2. 发放"优点漂流卡"开始自我填写。

3. 随意发放“优点漂流卡”，漂流填写优点。

4. 交流。

师：看着“优点漂流卡”上的优点你想说什么？

生1：原来我有这么多的优点！

生2：我很高兴，因为我知道了我自己很受同学欢迎。

生3：老师，有人说我字写得很漂亮，数学成绩很优秀。

设计意图：通过优点漂流，强化自信心，并学会正确对待缺点，发挥优点，使学生更勇敢、更自信。

资料来源：林甲针. 班级团体辅导活动课[M]. 福州：福建教育出版社，2012：60.

三、团体辅导的实施步骤

（一）团体的起始阶段

团体创建初期，团体成员最重要的心理需求是获得安全感。辅导教师需要协助成员之间尽快熟悉，增进彼此了解，澄清团体目标；制订团体规范，建立安全和信任关系。这是团体得以正常进行的前提条件。

从一开始的相互陌生到随着活动的逐渐深入，成员之间关系加深，变得愿意表达情感、打开心胸，对团体的目标表示认同，团体的凝聚力和信任感慢慢形成。

（二）团体的过渡阶段

这一阶段团体成员的心理需求是被真正接纳和有归属感。辅导教师主要负责提供鼓励与挑战，使成员能够面对并解决冲突事件和消极情绪，使团体成员获得进步，从而进入建立有效成熟的关系阶段。

团体发展到过渡阶段时，会出现各种不同的抗拒心理，成员的焦虑程度提高，自我防御加重。一方面他们因想冒险说出自己内心的话而表现出跃跃欲试；另一方面他们又担心自己不被他人接纳，为寻求安全而把自己包裹起来。成员会用心审视辅导老师是否值得信赖，通过多种方式试探辅导老师能否恰当处理问题。此时的辅导老师要沉着、冷静地面对，主动、真诚并积极地关心每一个成员，协助他们了解自我防御的行为方式及处理冲突情境的方法，鼓励大家分享自己内心的想法，学习接纳自己和他人。

（三）团体的凝聚阶段

团体经过冲突后进入一种平稳的状态，是工作阶段的重要基础。在这一阶段，随着团体成员彼此互动、尊重和接纳的增加，团体形成共识，凝聚力增强，成员获得更多的满足感、有更多的积极性参与活动。成员在活动过程中愿意主动利用团体来达到自助和互助的目标。

（四）团体的工作阶段

这一阶段是团体咨询的关键时期。团体辅导的根本目标是通过团体互动与分享解决个体的心理问题。团体发展到这个阶段，团体凝聚力和信任感已达到很高的程度。成员充满了安全感、归属感，互相接纳与倾诉，开放自我，表露出更多的内心想法和个人信息，并愿意探索问题和解决问题。同时也表现出真诚关心他人的行为。这一阶段团体领导者的主要任务是协助团体成员解决问题。领导者不仅要示范，而且要善用团体资源，在充满信任、理解、真诚的团体气氛下鼓励成员探索个人的态度、感受、价值与行为，深化对自我的认识；使成员将领悟化为行动，进一步增强成员之间的相互支持和帮助，鼓励成员尝试新的行为。

（五）团体的结束阶段

这一阶段团体成员需要对自己的团体经验做总结，并向团体告别。辅导教师的主要任务是让成员能够面对即将分离的事实，给予成员心理支持，协助成员整理归纳在团体中学到的东西，肯定成长，鼓舞信心，将所学的智能应用于日常生活中，使其改变与成长继续。辅导教师要借机把握好这个机会，在安抚成员情绪的同时，认真总结整个团体过程，协助成员做出个人的评估，鼓励成员充满信心地面对生活，将团体所学用于实际生活。

四、团体辅导在小学心理辅导中的运用

（一）对教师进行规范系统的培训，加强对团体的领导能力

小学的心理健康教师往往在师资中占比较少，很多兼任教师并不具备足够专业的心理学知识，仅凭个人经验以及碎片知识对学生进行辅导。为开展有效的心理健康教育，在团体辅导之前学校应安排心理健康教师集中进行系统化的培训，邀请专业的心理学专家或讲师来校开展讲座，让学校教师对心理学知识有更加丰富的储备和更为准确的理解，为之后更好地开展团体辅导奠定基础。加强对辅导团体的领导能力，科学解决辅导团体当中的普遍问题，引导小学生心理健康发展。

（二）对学生进行恰当的分组，提高辅导效率

开展团体辅导，首先要将有共同特征、共同问题或面临相同困境的学生进行合理分类。在具有共同特征的团体当中，教师通过分析学生的共同问题，制定相应的辅导方法或教学设计，准确解决学生的共同问题。另外，合理的分组既可以减轻教师的辅导压力，也可以避免有不同问题的学生在共同的学习环境中产生新的问题，或造成更加复杂的状况。合理的分组在避免学生出现心理并发问题的同时，也能更加高效地解决学生的心理问题。在不同的辅导内容当中，学生能够在适合自身的活动中逐渐敞开心扉，在潜移默化当中摆脱不健康的心理状态。

（三）营造不同的辅导环境，缓解学生不良情绪

在个案辅导当中，心理辅导教师很难营造温馨的环境，让学生放下心理戒备。甚至由于一对一的辅导，会加重学生的问题意识，不断提醒自己是有问题的学生，导致不仅没有得到良好的心理辅导，反而加重自己的心理问题。但是在团体辅导当中，教师可以有意识地去问题化，不提醒学生自身存在的心理问题，而是通过实际的辅导活动，让学生在开放的活动和舒适的环境当中忘记自身问题，放下心理戒备，投入到教师设置的情境或者开展的活动当中。并且，教师可根据不同学生的心理问题营造适合他们的辅导环境。比如，面对自闭的学生群体应营造温馨的团体氛围，让他们主动敞开心扉，与人交流；针对自卑的学生群体，应营造积极向上的氛围，时常对他们进行表扬，肯定他们的做法或成果，让他们逐渐建立自信；面对有暴力倾向的学生，可以营造和谐的氛围，让他们从照顾小植

物或小动物开始学会尊重生命，从而学会与人和谐相处，改掉暴力倾向。

（四）与个案辅导相结合进行跟踪辅导，巩固辅导效果

团体辅导虽然辅导范围广，能够照顾到更多的学生，但是也存在一定的局限。单纯的团体辅导难以照顾到学生个体，很难深入了解每个学生的心理发展变化，不利于巩固团体辅导的效果。对此，教师则要将团体辅导与个案辅导相结合，对一部分问题较为严重或辅导效果不明显的学生进行跟踪辅导，一对一地巩固辅导效果。让学生感受到辅导教师的温暖与关怀，让他们在团体辅导当中得到的改善能够不断保持下去，而不至于在脱离了团体辅导的氛围之后学生的状态又回到原点。团体辅导的实施并不是与一对一的个案辅导背道而驰，而是互相弥补，建立起更加完善的辅导模式，让小学生能够在辅导过程中改变不良习惯，养成良好的心理健康品质，提高自身的综合能力，为成长为全面发展的人打好基础。

拓展阅读

1. 牧新义，白世国，安莉娟. 小学生心理健康教育[M]. 北京：北京师范大学出版社，2017.

2. 陶勑恒，郑洪利. 小学生心理辅导[M]. 北京：高等教育出版社，2018.

3. 郭黎岩. 小学生心理健康与辅导[M]. 北京：高等教育出版社，2014.

4. 徐光兴. 儿童游戏疗法心理案例集[M]. 沈阳：辽宁教育出版社，2012.

反思与探究

1. 进行游戏辅导需要注意哪些问题？

2. 校园心理剧的实施步骤分别有哪些？

3. 小学阶段的阅读辅导主要采用哪些形式？

4. 以小学中年级学生常见的心理问题为例，按照个别辅导的阶段写出辅导的大致过程。

5. 请根据学习内容，拟订一份团体辅导计划。

第四章　小学心理辅导的常用技术

※ 学习目标

1. 掌握共情、尊重与真诚等心理辅导关系的建立技术
2. 掌握倾听、提问、释义、情感反应等心理咨询的会谈技术
3. 了解心理测验的特点，并理解应用心理测验技术的要求
4. 了解常用的心理危机干预技术

※ 关键词

辅导关系、咨询会谈、心理测验、心理危机干预、心理技术

第一节　辅导关系建立技术

罗杰斯认为，心理辅导关系是一种协助关系，其本质是助人成长，来访者中心疗法强调来访者的成长能力，认为所有人生来就有一种向着成长、自我实现和自我引导而努力的倾向。而建立良好的辅导关系，有利于来访者对自我内心的探索，有利于心理辅导顺利而有效的开展。建立心理辅导关系的技术主要有共情、尊重和真诚等。

一、共情

共情，又称同感、同理心等，是指设身处地，像体验自己内心世界那样去体验来访者内心世界的能力。共情强调从来访者的角度，而不是辅导者自己的参考系去理解来访者，表达理解和接纳。共情可以帮助建立融洽的辅导关系，帮助来访者正视自己，讲述自己的问题。

在我们成长的过程中，总会遇到各种各样的创伤，而当我们的需要没有被满足或受到阻碍的时候，他们并没有消失，只是被阻止了，所有被压抑的能量都影响着我们看待

自己与世界的方式。科胡特认为共情的核心在于为来访者提供“修正性情绪体验”，共情最重要的是辅导者对来访者及其情绪的接纳，允许来访者发现自己那些过去被埋藏或割裂的部分，并在咨询中以整体的方式整合起来。辅导者需要创造一种轻松包容的氛围，使来访者以前被压抑的自我被发现、被接纳、被整合。在这个过程中避免使用任何让来访者听起来像是批评的言论，而是让来访者感受到，他们看待自己和世界的方式是可以被接纳的。

不管是罗杰斯的以来访者为中心，还是科胡特提出的将共情视为一种修正性情绪体验，都是为了创建和维护具有促进作用的助人关系，给来访者提供一种安全的抱持性环境。抱持性环境意味着“辅导者能够接受并抱持来访者的情感，而不是避开来访者或其情感。这样做时，辅导者就像一个容器，他们对来访者情感的探索和宽容，帮助并抱持了来访者容纳各种曾被他看作是不安全的情感”。辅导者抱持着来访者，帮助其面对过去生活中那些难以单独面对的恐惧或不安。

共情的表达是有不同层次的。有研究者将共情分为两种类型：第一种是初步的共情，主要是通过倾听、理解对方内心的体验并反馈这种理解；第二种是深层准确的同感，辅导者捕捉来访者语言背后的潜在意义，发掘来访者深层次不为人知的情绪，并有效地传达给来访者。

辅导者在使用共情技术时，需注意以下几点：

（1）辅导者应该从来访者的角度，而不是自己的角度看待来访者及其存在的问题。

（2）共情不是要有与来访者相似的经历和感受，而是要设身处地地理解来访者。

（3）辅导者要善于把握辅导者—来访者的角色转化。角色转化应能进能出，灵活自如。对于角色转化的理解是，辅导者要永远“如同”来访者，但并非“就是”来访者。

（4）表达共情应考虑来访者的性别、年龄、受教育程度、风俗文化等特征因素。

（5）表达共情应善于使用躯体语言，如姿势、目光、声音、语调等的表达。

（6）辅导者应不断验证是否共情，得到反馈后要及时修正。

二、尊重

尊重是指把来访者看作一个有价值有尊严的人，辅导者与来访者在人格上是平等的。尊重是建立良好咨询关系的基础和重要内容。罗杰斯认为尊重对于咨询关系有非常重要的意义，他提出辅导者应该“无条件尊重”来访者，并将尊重视为来访者人格产生建设性改变的关键条件之一。

为了更好地理解尊重的意义，恰当合理地对来访者传递尊重，应注意以下几点：

1. 尊重意味着对来访者无条件地接纳，对来访者持非评判的态度

无条件地接纳意味着辅导者将毫无保留地接受来访者及其所做的一切：既要接受来访者积极、阳光的一面，也要接受来访者丑陋、阴暗的一面；既要接受与自己相同的一面，又要接受与自己完全不同的一面。这种接纳是完全中性的接纳，不对来访者做价值上的评判。而做好理解、接纳各种各样的来访者对有些辅导者来讲是非常困难的，尤其是接纳那些与自己的价值观差异较大的来访者，如强奸犯、出轨者。总而言之，无论来访者是一个什么样的人，无论他做出何种偏激的行为，拥有多么扭曲的价值观，辅导者

都应该接纳来访者的一切。

2. 尊重意味着平等，一视同仁

辅导者与来访者在人格、尊严、价值观等方面是平等的，辅导者应该主动放弃双方在社会地位、受教育程度、性别、信仰等方面的差异，建立平等的辅导关系。

3. 尊重意味着信任

辅导者只有信任来访者，才能尊重来访者，才能帮助来访者解决问题。信任来访者表现在辅导者要相信来访者有改变的愿望与动机，且有改变的潜能；来访者能够通过自己的调节，自我发现，自我探索，最终可以解决自己的问题。

4. 尊重意味着真诚

尊重并不是毫无原则地妥协，毫无主见地迁就，尊重意味着真诚，尊重应立足实事求是，辅导者应该根据咨访关系的建立情况，表明自己的观点与意见等。

5. 尊重意味着保护来访者的隐私

对于来访者的隐私或秘密给予保护，切不可因好奇而窥探，也不可随意地评价与传播。

三、真诚

真诚就是辅导者真实的向来访者展示自己，表里如一，言行一致，坦诚地对待来访者。真诚意味着真我，没有虚假和做作。在辅导关系中，辅导者越是不把自己藏在专业的角色下，能够卸下防御式伪装，来访者就越是可能获得建设性改变和成长。

辅导者对来访者真诚的意义在于：首先，真诚可以给来访者提供一个安全、自由、开放的环境，可以缩短辅导者与来访者之间的距离，帮助来访者认同辅导者，使来访者感觉到自己是被接纳、被信任的。进而使来访者感受到可以向辅导者打开自己的内心世界，没有顾虑地吐露自己的问题，因此真诚有利于形成有效的辅导关系。其次，辅导者的真诚给来访者提供了一个榜样，来访者向辅导者学习真诚，真诚地与辅导者沟通交流，真诚地对待自己和他人，真诚地探索自己的内心世界，并逐渐做出改变。

辅导者在向来访者传递真诚的时候，应注意以下问题：

(1) 真诚不等于实话实说。真诚并不是辅导者在面对来访者的时候想说什么就说什么，想怎么说就怎么说，辅导者应本着既对来访者负责，又有利于来访者成长的原则，那些可能伤害辅导关系的话虽不能实话实说，但应真诚地表达。

(2) 真诚不是辅导者的自我发泄。有时来访者的问题会与辅导者的问题相似，辅导者可以适度的自我暴露，有利于拉近两者之间的距离，但不能过度的自我发泄，滔滔不绝，这样不仅喧宾夺主，还会让来访者怀疑他对面的辅导者是否有能力帮助自己。

(3) 真诚还体现在辅导者的坦诚方面，辅导者不能过分强调自己的角色、学识等，这样会拉大与来访者之间的距离。真诚的辅导者应“不以辅导者的角色而逃避”，与来访者自然舒适的相处。另外，辅导者在面对自己不懂的问题时，应该实事求是，不能不懂装懂。

(4) 真诚体现在辅导者的言行与情感的一致性上。一致性意味着辅导者的言行举止应该与他的情绪情感保持一致，如果来访者的言行引起了辅导者的极大不适，辅导者要承认这种不适，不要试图掩饰，或装作没关系，这样会使来访者感到极大的困惑。

(5) 可以恰当地使用支持性非言语行为来表达真诚。这些非言语行为包括目光接触、点头、微笑、身体前倾、平和的语调等。

第二节　咨询会谈技术

咨询会谈指辅导者与来访者面对面交流的过程，辅导者通过每次会谈，获得关于来访者的信息，并对此做出反应，以此来了解、影响、帮助他的来访者。有效的咨询会谈需要恰当的咨询技巧支撑，在咨询会谈中，主要用到的技术如下：

一、倾听

“倾听是一种艺术，通过倾听，我们使用共情穿越我们之间的距离，真诚的倾听意味着悬置记忆、欲望和评价——并且，至少是在一小段时间内，是为另一个人而存在。”尼克尔斯如是说。倾听是心理咨询与辅导中非常重要的一个技术，是辅导得以进展的先决条件。倾听是指努力地、认真地、全身心地去感受和理解来访者，走进来访者的内心世界，去感知、去陪伴。

倾听能够引导来访者说出自己的故事，因而从某种程度上来说，倾听就是一种治疗。辅导者在倾听来访者故事的时候，可以帮助来访者认识到这些故事所包含的意义，揭示这些故事对于他们自我发展的促进或妨碍作用。当来访者的故事中包含了背后隐藏着的“困难”或“羞耻”时，倾听的治疗作用就更加明显。在倾听来访者的故事的时候，要注意三个层面的问题：一是，来访者说的故事是什么，故事讲述了什么内容，想要传达什么样的情感；二是，来访者是怎么讲述这个故事的，来访者组织这个故事的方式，以及伴随的非言语行为是什么；三是，来访者为什么这么说，来访者对故事的理解以及他在故事中扮演的角色是什么样的。辅导者一定要相信，来访者的故事在传达着某些信息，辅导者要帮助来访者重述他们的故事，挖掘故事背后的潜在意义，并顺着这些线索，逐步走进来访者的内心。

在使用倾听技术时需要注意以下几点：

(1) 倾听是以接纳为基础的，只有无条件地接纳来访者才能更好地倾听。辅导者应该抛开自己的价值观，对来访者不带偏见、不加评判，真诚地接纳，而后才能做到用心的倾听。

(2) 倾听是一种关注的听。要求辅导者全神贯注，关注来访者的一切。关注来访者的言语、行为、情绪、内心体验，以及非言语动作等。

(3) 倾听时还要有简单言语的适度参与。倾听并不是安静的一言不发，而是对来访者的讲述做出简单的反应，如“嗯”“是的”“然后呢”“我能明白，请继续”，这些简单言语的参与，并不是为了打断来访者，而是鼓励来访者继续讲下去。

(4) 倾听不仅仅是用耳朵听，更重要的是用心听。倾听时不仅要听懂来访者通过言语、表情等表达的意思，还要听出来访者省略的、没有表达出来的意思，甚至是来访者自己都没有意识到的含义。

二、提问

提问有两种方式，一种是封闭式提问，一种是开放式提问。封闭式提问技术是指辅导者提出的问题带有预设的答案，来访者的回答不需要展开，从而使辅导者可以明确某些问题。封闭式提问所提出的问题经常使用“是不是”“对不对”“要不要”“有没有”等词，而回答也是“是”“否”类的简单答案。抑或者是“你有几个好朋友?”之类的问题，答案只能是一个具体的数字。

开放式提问是指辅导者提出的问题没有预设的答案，来访者也不能简单地用一两个字或用一句话来回答，一般需要展开回答，从而可以尽可能多地收集来访者的相关信息。如“你能不能谈谈让你苦难的事情”“你不愿跟爸妈沟通的原因是什么”等，开放式提问，更像是一种邀请，邀请来访者说出自己的故事，打开自己的内心。

在使用提问技术的时候，要注意以下几点：

(1) 封闭式提问一般不能过多地使用。过多使用封闭式提问，会让来访者陷入被动回答之中，剥夺了来访者自我表达的机会，使其产生压抑、被审问的感觉，可能导致来访者的沉默，阻碍辅导的进展。因此一般采用多种方式进行提问，尽可能多地挖掘来访者的信息。

(2) 使用开放式提问，应建立在良好的辅导关系基础上。如果没有良好辅导关系的铺垫，来访者不信任辅导者，这时使用开放式提问，会使来访者产生一种被询问、被窥探、被剖析的感觉。

(3) 开放式提问，要慎用“为什么”。主要是为了避免来访者感觉受到指责而产生对抗咨询的情绪。有些流派认为，用为什么提问，是从辅导者的感受出发，侵犯了来访者的隐私。这时可以用“什么”来代替“为什么”。

(4) 不要连续提问。一次只提一个问题，并且给来访者留下充足的时间用以回答。如果提问后来访者讲述了一些重要的信息，辅导者应该做出共情反应，而不是接着提问。因为共情可以帮助来访者进一步地自我探索。

(5) 提出的问题要围绕来访者的关注点。提问是为了让来访者陈述更多的有效信息，而不是为了满足辅导者的好奇心。

三、释义

释义，又称内容反映技术，是指辅导者把来访者陈述的主要内容经过概括、综合与整理，用自己的话反馈给来访者。释义不是鹦鹉学舌，不是简单地重复，在组织语言反馈的过程中最好引用来访者最具有代表性、最敏感的词语，以便引起进一步的讨论。

释义一般有如下三个目的：第一，通过释义可以让来访者知道，辅导者已经理解他的信息，达到加强理解、促进沟通的作用；第二，释义可以鼓励来访者再次剖析自己的困惑，重新组合零碎的事件，来深化会谈内容；第三，可以帮助那些需要做出决定的来访者。因为重复关键词会使问题的本质显露出来，使来访者陈述的内容更加明朗，更加清晰地知道自己该如何处理自己的问题。

有以下五个恰当使用释义技术的步骤：

第一，辅导者要在心中重复或回忆来访者所提供的信息，即他告诉了我些什么？第二，辅导者要辨别来访者所提供的信息中的内容部分，如来访者正在讨论的是什么人、物体、思想或情景。第三，选择适当的语句进行释义，如“你所说的是……”“我听到你再说……”等。第四，运用所选择的语句，将来访者所提供的信息的主要内容用自己的语言表达出来。尽量使自己的语调听起来像陈述句而不是疑问句。第五，通过倾听和观察来访者的反应来评价释义的效果。如果辅导者的释义是准确的，来访者会以某种方式进行回应和确认。

四、情感反应

情感反应是指辅导者把来访者所表达的情绪、情感经过概括、归纳与整理，用自己的话反馈给来访者，使来访者更加清晰、深刻地认识自己。情感反应与释义看起来很相近，都是辅导者将来访者所表达的信息，经过整理再反馈给来访者，但两者有所区别。释义关注的是内容，关注的是来访者陈述了什么事件，而情感反应关注的是来访者情绪情感的表达。

使用情感反应技术的目的主要有以下几个：第一，情感反应可以用来鼓励来访者，促使他表达出更多的情感。有的来访者不会表达情感，有的来访者抑制自己的情感，不去表达自己的情感，这时辅导者的情感反应是一种接纳、一种肯定，鼓励来访者更深层次的表达更多的情感；第二，情感反应可以帮助来访者处理情绪。当来访者体验到强烈的情绪时，如愤怒、恐惧等，学会处理这些情绪是非常重要的，可以提高来访者的幸福感；第三，情感反应可以帮助来访者正确的区分、命名自己的情绪感受；第四，正确的情感反应会让来访者感受到辅导者理解自己了，能够促进来访者不由自主地与辅导者交流。

有以下六个恰当使用情感反应的步骤：第一，注意倾听来访者陈述信息中的情感词汇，如积极的、消极的、模棱两可的。第二，注意观察来访者陈述过程中伴随的非言语行为。因为非言语行为更不容易控制，在揭示情绪方面可能更可靠。第三，辅导者要选择合适的词汇，用自己的语言将来访者言语与非言语线索获得的情绪传达给来访者。选择用于情感反应的词汇，不仅要与来访者传达的情绪在性质方面一致，在强度上也要保持一致。第四，选择一个合适的句子开始情感反应。第五，在进行情感反应时还要加上情绪发生的情境，类似于简洁的释义。第六，辅导者要评估自己的情感反应是否有效，是否准确地反映了来访者的情绪。

五、具体化

具体化技术指辅导者协助来访者清楚、准确地表述他们的观点以及他们所使用的概念、体验到的情感和经历的事情。来访者因为各种各样的原因，所陈述的概念、情感、事件等有时是模糊、混乱、矛盾、不合理的，这些也常常是引起来访者困扰的重要原因之一。辅导者对于来访者陈述的那些模糊的地方进行具体化，澄清他们所表达的模糊不清的观念及问题，帮助来访者厘清自己的问题，也可以帮助辅导者把握真实情况。

当来访者出现以下问题时需要用到具体化技术：第一，问题模糊。由于来访者的年龄、分析问题的能力等，可能对自己的问题认识不到位，或是不清楚自己的问题是什么，就会使用一些笼统概括的词汇来陈述，如："我快愁死了""我对我爸妈特别失望"等，这时就需要使用具体化技术，帮助来访者进一步叙述，明确上述模糊的问题。第二，过分概括。过分概括是使用以偏概全的思维方式去思考问题，将个别事情的结论上升为一般性的结论，把"有时"变为"经常"等。如"我同桌昨天没有跟我说话，她一定是不喜欢我，不想跟我玩了""我这次数学没考好，我简直太笨了"。第三，概念不清。由于小学生理解能力的差异，可能对于一个概念的内涵与外延的理解存在一定偏差，如"考试考了第一名也不能开心，因为笑就代表着骄傲"。这时候就需要对来访者的问题进行具体化，帮助来访者看清自己对于概念的误解。

六、面质

面质，又称对抗、对峙等，是指辅导者指出来访者身上存在的矛盾、冲突的地方，并与其进行讨论，帮助来访者进行自我探索，澄清冲突与矛盾，最终实现统一。面质的目的在于帮助来访者认识到自己所言所行中存在的矛盾，因为矛盾常常意味着未被解决的内心冲突与被压抑的情绪情感，当来访者开始正视这些矛盾，也就是来访者发生改变的开始。另外，面质给来访者提供了一个认识自己的新方法，辅导者与来访者一起挑战"来访者没有看到或不愿看到的思维和行动中的自我局限性"，最终帮助来访者战胜这些盲点，重新认识自己。

当来访者出现以下矛盾时需要进行面质：

1. 理想与现实不一致

指来访者想做的与实际做的是对立矛盾的，如"快开学了，我的作业还没有写完，感觉写作业的时间都不够，好慌啊，真的太烦了，真想扔了作业去游乐场玩。"辅导者要帮助来访者认识到自己矛盾的地方，通过思考，达成统一。不过，不管来访者是统一到扔了作业去游乐场玩，还是快马加鞭赶快写作业，并不重要。

2. 言行不一致

来访者所陈述的，与他的行为出现矛盾，造成了来访者的痛苦。如"我认为小学生不应该谈恋爱"，接着又说，"我谈对象了"。

前后言行不一致。如一边说"马上要期末考试了，这个周末我要好好复习"，一边又说"这个周末我要约小伙伴去逛街"。

3. 来访者与辅导者的意见不一致

如来访者诉说自己的同桌每天捉弄她，她很生气。而辅导者却发现来访者说起她同桌时嘴角上扬、眉飞色舞，表现出很开心的样子。

4. 言语与非言语行为之间的不一致

如来访者表述"我一点也不紧张"，一边卷着自己的衣角。

使用面质技术时的注意事项如下：

1. 面质要建立在良好辅导关系的基础上

面质技术其实具有一定的威胁性，只有在建立良好的辅导关系基础上，才能打消来访者的防御，减弱面质的危害成分。

2. 面质要避免个人发泄

面质是为了帮助来访者自我探索，实现内心的统一，不可将面质当成是辅导者发泄情绪的环节。

3. 可用尝试性面质

在良好的辅导关系建立之前，可采用尝试性面质，如“我不知道我是否误会了你的意思……”。

七、解释

解释是辅导者依据某一理论或个人经验，对来访者的问题、困惑做出合理的说明和分析，使来访者能够从一个新的角度认识自己和自己的问题。有效的解释可以帮助来访者进行自我剖析，促进来访者的领悟，提高辅导者在来访者心中的可信度，有利于建立积极有效的辅导关系。解释与释义不同的地方在于，释义是将来访者陈述的信息整理后反馈给来访者，是从来访者的参考系出发；而解释是从辅导者的参考系出发，给来访者提供一种认识自身问题的新思维与新方法。

在使用解释技术时应注意以下几点：

1. 解释要建立在辅导者与来访者沟通良好的基础上

辅导关系的质量影响着解释能够在多大程度上帮助到来访者。

2. 解释应因人而异

有些来访者的逻辑思维能力强，理解能力好，解释可以深入一点；而有些来访者的理解能力没有那么好，解释就可以通俗易懂一些。

3. 解释不能强加于人

辅导者要在来访者做好了心理准备的时候再解释，不能匆忙地、敷衍地随便解释给来访者。

4. 解释不能过多

“更多不一定更好”，提供给来访者需要的、有说服力的、恰当的解释，才能更好地帮助来访者从另一个角度审视自己。

八、指导

指导是指辅导者直接指示来访者怎么说、怎么做。指导是影响力最大的一种咨询会谈技术。行为主义流派常常会指导来访者做各种训练，如系统脱敏疗法、放松训练等。但有一些流派不赞同在咨询会谈中使用指导技术，这些非指导型辅导者认为在咨询中应避免代替来访者做出决定，任何时候都应该让来访者自己决定，他们反对把辅导者的意愿强加在来访者身上。但对于小学生来访者，他们的人生观、价值观、思维水平等尚未发育成熟，必要的时候对小学生进行指导与建议也是可以的。

在使用指导技术时应注意以下问题：

1. 指导时的指令应清晰可操作

来访者应十分明确自己对来访者指导了什么，以及效果怎样；叙述应清楚，让来访者真正理解指导的内容，并可以重复出指导的指令。

2. 不能将指导强加给来访者

不能以权威的身份出现，强迫来访者执行，指导要在来访者愿意接受的基础上进行。

3. 指导不能过多

如果辅导者一直在告诉来访者应该怎么做，即使都是好的建议，也会让来访者感到反感。

九、自我开放

自我开放也称自我暴露，是指辅导者公开暴露自己的某些经历、经验、思想、情绪情感等，与来访者分享。自我暴露可以拉近辅导者与来访者之间的关系，有利于良好辅导关系的建立。自我开放可以给来访者提供榜样，像辅导者那样说出来。“如果你希望来访者可以谈出关于他们自己的全部事情，你必须要吐露自己的一些事情”，但在这样做的时候，注意不要让谈话的焦点转移到辅导者身上，自我开放的作用是为了让来访者在咨询会谈中更多、更深地暴露自己。

自我开放有两种形式，一种是辅导者把自己对来访者的体验告诉来访者，如“我很高兴你可以把这些说出来”；另一种形式则是告诉来访者自己过去的有关经历和情绪体验，如“你刚说的一上台演讲就紧张，我以前也有这样的经历……”。但要注意，这时自我开放的目的不在于谈论辅导者过往上台演讲就紧张的事情，而是真诚地向来访者表明，辅导者可以理解来访者，使来访者感受到有人分担了他们的忧愁，有人正在帮助他们，给来访者带去希望，鼓励来访者更多的自我开放。

在使用自我开放技术的时候，应注意以下问题：

1. 自我开放应建立在良好的辅导关系基础上

自我开放时机的选择要恰当，若过早自我开放，来访者可能还没有做好心理准备，会使来访者感觉受到了威胁而退缩。

2. 中等程度的自我开放有更积极的治疗效果

自我开放的广度要适度，辅导者提供的信息量太多或太少，都不一定有效果。

3. 严格控制自我开放的时间量

辅导者的自我开放是为了让来访者更多的自我开放，辅导者不应占用来访者太多的时间。

4. 辅导者应使自己暴露的内容与情感同来访者的相似

辅导者暴露信息的深度与亲密性应与来访者的陈述有紧密的关联，这样才能获得来访者的信任与认同。

十、即时化

即时化是指辅导者在咨询中对此时此刻发生状况的描述及处理。使用即时化技术处理咨询中可能出现的不同寻常的状况，对来访者此时此刻的情绪、行为模式进行即时化，让来访者有所觉察。即时化也涉及自我流露，但是它只与当前情感的自我流露有关。在辅导过程中，辅导者要对以下三个方面做出即时化处理：一是辅导者的即时化，也就是辅导者将自己的想法、情感或行为表达出来；二是来访者的即时化，辅导者要给来访者一些反馈，将来访者正在表现出的想法、情感、行为告诉他；三是两者之间关系的即时化，辅导者要表达出他对辅导关系的看法和情感。

即时化反应本身不是目的，而是帮助辅导者和来访者之间进行更好配合的手段。使用即时化技术的目的，一是公开表达辅导者对自己、对来访者或对辅导关系的即时体验。辅导者如果不及时处理当下相互间的感受，尤其是消极的感受，有可能会阻碍辅导关系的进一步发展。二是辅导者与来访者针对此时此刻相互关系的某些方面展开讨论或提供反馈。将那些正在发生的，可能影响来访者对辅导者感受的事情加以公开的讨论。三是帮助来访者进一步认识自己与他人的关系，以及这种人际关系出现问题的背后原因。通常来访者与辅导者之间的相处模式就是辅导者在日常生活中与他人相处模式的投射，即时化可以向来访者示范如何讨论与解决他们在辅导之外的人际关系问题。

使用即时化技术时应注意以下事项：

第一，不可延时使用即时化技术。辅导者要即时描述出他看到的与感受到的此时此刻正在发生的事情，如果等到辅导结束或下次会谈的时候再描述以前发生的事情，那么其效果就会大打折扣或消失。

第二，为了表达此时此刻的体验，即时化技术应该采用现在时态。如“我现在感到有点难过”，而不是“我刚才感到有点难过”。向来访者示范如何表达此时此刻的感受，而不是过去的感受。另外，若谈到辅导者自己的情感时，要使用代词“我”或“我的”等来强调突出“我”这个主体。如“我现在对你有点担心”，而不是“你使我感到担心”。用“我”来表达此时此刻的感受，会增加来访者对辅导者即时化反应的接受程度。

第三，即时化技术的使用要建立在辅导者与来访者之间已经建立起了一种很牢固的辅导关系的基础上。若在辅导的前期，过多使用即时化，不仅会让来访者感到有压力，而且会使辅导者与来访者都产生焦虑。

第四，用中性和描述性的语言而非评价性的语言去叙述此时此刻的情境或行为。

第三节　心理测验技术

一、心理测验的含义及其特点

（一）心理测验的含义

心理测验是根据一定的心理学理论和统计学原理，按照一定的操作程序对人的心理行为进行标准化测定的技术，是通过观察人的少数具有代表性的行为，对于贯穿在人的全部行为活动中的心理特点做出推论和数量化分析的一种科学手段。通过心理测验可以获得更多相对科学、专业、清晰的信息，是对小学生进行心理辅导与心理健康教育的重要环节。

我们可以通过多种方式去了解他人，如观察、交谈、相处、自评与他评等，但以上都取代不了心理测验。心理测验可以对我们想要了解的某种心理特点进行系统的评定，将所得到的结果与常模进行比较，从而获得相对客观的信息。应用心理测验法可以同时对大批的小学生进行测量，省时又省力，并且其客观性和科学性都相对较高。

(二) 心理测验的特点

由于心理现象复杂多变，人们对心理现象的探索变得尤为困难，而心理测验技术使得这种复杂有迹可循。心理测验的特点如下：

1. 心理测验的间接性

科学技术迅速发展的今天，我们仍然无法直接对人的心理活动进行测量，只能通过观察人的外显行为间接推测人的心理活动。也就是说，测验测量的是人的行为，测验项目也就是引起人某种行为的刺激，通过测量一个人对这些刺激的反应来推论他的心理特质，所以心理测验永远是间接的。由此可见，在运用心理测验对学生的心理特质进行测查的时候，绝不能以心理测验的结果为唯一依据而下定论，心理测验只是工具，只能起到辅助作用。

2. 心理测验的相对性

测验的结果没有绝对的标准，只是把一个人的测验结果同其所在团体的绝大多数人的结果或是同某种人为确定的标准相比较而言的结果。简而言之，就是看一个人在其所在的团体中处于什么样的位置，如一个人智力的高低、焦虑的程度等。

3. 心理测验的客观性

客观性是一切测验的基本要求。心理测验最大的特点是标准化，在量表的编制、施测、评分和解释等方面依据一套系统的程序，由此使得心理测验的客观性与科学性变为现实。首先，测验使用的项目、施测说明、主试的言语、态度及施测时的物理环境等，均经过标准化，测验的刺激是客观的。其次，评分计分的原则和手续经过了标准化，对反应的量化是客观的。最后，分数的转化和解释经过了标准化，对结果的推论是客观的。

二、心理测验的种类

心理测验种类繁多，依据不同的分类标准，有不同的测验分类系统。

(一) 按测验功能分类

1. 能力测验

能力测验又可以进一步分为普通能力测验与特殊能力测验。前者即通常所说的智力测验，旨在测量个人智力水平的高低。这是心理测量最早涉及的领域，也是目前发展的相对成熟的一种测验，如斯坦福—比内量表、韦克斯勒智力量表、瑞文推理测验等。后者多用于测量个人在音乐、美术、体育、机械、飞行等方面的特殊才能。

2. 成就测验

成就测验主要用于测量个人(或团体)经过某种正式教育或训练之后对知识和技能的掌握程度。因为所测得的主要是学习成绩，所以称作学绩测验，最常见的是学校中的学科测验。

3. 人格测验

人格测验主要用于测量个性心理特征中除能力以外的部分,如气质、兴趣、态度、品德、情绪、动机、信念等。人格测验主要分为两类,一类是自陈人格问卷,如著名的明尼苏达多相人格调查表、卡特尔16PF测验、艾森克人格问卷等;另一类是投射测验,如罗夏克墨迹测验、主题统觉测验等。

(二) 按测验对象分类

1. 个别测验

个别测验每次仅以一位被试为对象,通常是由一位主试与一位被试在面对面的情形下进行。此类测验的优点在于主试对被试的行为反应有较多的观察与控制机会,尤其对某些人(如幼儿及文盲)不能使用文字而只能由主试记录其反应时,适合采用面对面的个别测验。个别测验的主要缺点是时间不经济,不能在短时间内经由测验收集到大量的资料,而且手续复杂,主试需要较高的训练与素养。

2. 团体测验

团体测验是在同一时间内由一位主试(必要时可配几名助手)在短时间内收集到大量资料,因此在教育上被广泛采用。团体测验的缺点是被试的行为不易控制,容易产生测量误差。

(三) 按测验材料的性质分类

1. 文字(纸笔)测验

测验的内容是通过文字的形式表现的,被试也用文字作答,由此称为文字测验或纸笔测验。文字测验实施起来方便,其缺点是容易受被试的文化背景影响,从而降低测验的效度。

2. 非文字(操作)测验

测验的内容是对图形、实物、工具、模型的辨认和操作,由此称为非文字测验或操作测验。操作测验无需用文字作答,不受或少受文化背景的影响,也适用于测量学前儿童及文盲的心理特质。有些测验,如斯坦福—比内量表、韦克斯勒智力量表,既包括了文字测验的项目,也包括了操作测验的项目。

对测验的正确态度

测验自问世以来,人们对其褒贬不一,存在两种极端的看法:测验完美论及测验无用论。测验完美论者高估测验的效能,单纯依靠测验做出决策,而忽略其他信息,他们过于夸大分数的意义,认为分数能说明一切。测验无用论者完全否定测验的功效,认为测验对实际工作毫无帮助。上述两种极端看法都是错误的,作为心理测验的使用者,我们应当端正态度,正确地对待测验。

(一) 测验是心理学研究的一种重要方法和做决策的辅助工具

测验法是继实验法之后,在心理学研究中应用较广的一种方法,但它和其他的许多方法一样各有优缺点。心理测验采用客观的量化技术将心理现象量化，这无疑是十分科学的，但并不是在任何场合心理测验都是最有效的。因此，在使用测验时，应将其看作一种工具，同时还应考虑其他方法的可行性，而不应盲目崇拜心理测验。

另外，许多人往往将心理测验的结束看作研究的结束，而忽略测验的工具性。测验是手段，而不是目的。如在一次智力测验之后，发现了学生的优点和弱点，是我们了解学生的开端，然而这并不意味着结束。测验是一个起点，我们应该依据测验的结果改进教育，因材施教，这才是目的。

(二) 测验作为一个研究手段和测量工具尚不完善

测验发展至今，在理论和方法上都存在不少问题。它的精确度同物理测量相比远远不够，这是由测量对象的复杂性、主观性所决定的。同时，心理学本身理论体系的薄弱也是心理测验尚不完善的原因。作为测验的使用者，应当看到这一点，不能认为测验分数绝对可靠和准确，它只是对一般水平的最佳估计而已。但是，不能因为测验的不完善而否定测验的功用。测验作为一种工具，能提供许多有用的信息，因此我们应取其精华弃其糟粕。世界上任何东西都不是十全十美的，如果我们在使用测验时及时发现错误，不断地改进和完善它，它将会给人类带来更大的帮助。

资料来源：郑日昌，蔡永红.心理测量学[M].北京：人民教育出版社，1999：105－106.

三、心理测验的注意事项

(一) 测验量表的选择

心理测验量表不是拿来就用，而是需要经过慎重的比对、筛选出最合适的量表，才能保证测验的科学性与客观性。在心理测验量表的选择过程中应注意以下问题：

1. 注意心理测验量表的适用性

每个量表的测量对象、测量目标、测量用途，是在编制这个量表的一开始就决定的，因此只有最大程度地契合量表的测验目的才能较好的发挥该量表的效度。

2. 所选测验必须符合心理测量学的要求

心理测验量表的品质参差不齐，要选择一个质量高的量表，需考虑以下因素：

第一，测验的信度。信度是指测验结果的可靠性，即同一被试在不同的时间内用同一测验(或用另一套相等的测验)重复测量，所得结果的一致性程度。一般的能力测验和成就测验的信度系数都在0.90以上，有的可以达到0.95；而人格测验、兴趣、态度、价值观等测验的信度在0.80—0.85或更高。信度系数的可接受水平：当信度系数大于0.85时，才能用来鉴别或预测个人成绩或作为，当信度系数在0.70—0.85时，可用于团体比较。

第二，测验的效度。效度是指所测量的与所要测量的心理特质之间的符合程度，即心理测验的准确性。效度是科学测量工具最重要的条件，一个测验若无效度，则无论其具有其他任何优点，一律无法发挥其真三的功能。

第三，测验的常模。常模是一种供比较的标准量数，由标准化样本测试结果计算而来，它是心理测验时用于比较和解释测验结果的参照分数标准。在选择测验的时候，要考虑常模样本的大小、常模样本的代表性、常模的时效性等。

第四，测验的标准化。一个测验的好坏，取决于该测验的标准化水平。标准化测验必须经常修订，使测验内容、常模样本、分数解释更加适应变化了的时代。在选择测验时，要考虑是否符合我国国情，不能使用许多年前的老版本，也不能将国外的测验直接翻译过来使用。

（二）测验的实施程序

心理测验的基本原理是通过观测受试者在测验情境中的行为样本推断其平日的一般行为。但测验分数不仅取决于测量工具本身，也受测验过程的影响。因此，主试应该了解哪些因素会影响测验分数，并进一步对这些因素进行适当的控制。

1. 准备好测验材料

主试必须把在施测中所要用到的材料按顺序放在适当的位置，便于被试看到和找到。如果不事先熟记放置的顺序，到时必定会手忙脚乱。

2. 熟练掌握施测手续

必须对主试进行必要的训练，训练内容包括：熟悉测验内容，掌握施测步骤，掌握记分方法。

3. 熟练使用测验指导语

熟记测验指导语，并能清楚而流利地说出来，凡是要求念读的指导语都不应念错、停顿、重复或结结巴巴。

4. 尽量避免施测环境的影响

心理测验对环境的要求很高，主试须对测验时的光线、通风、温度及噪音水平等物理条件做好安排。

5. 控制主试的态度对测验的影响

主试的微笑、点头、眉头紧锁或说暗示的话语都会影响被试的测验结果。

6. 帮助被试克服测验焦虑的情绪

被试的测验焦虑会影响测验的真实性，主试应注意稳定被试的情绪，可以用保证测验结果绝对保密或鼓励被试等方法来消除测验焦虑。

7. 主试与被试建立良好的协调关系

这是主试与被试之间一种友好的、合作的，能促使被试最大限度地做好测验的一种关系。

8. 保证评分的标准化

评分是将被试的反应数量化的过程，只有评分客观，才能把分数的差异归于被试自身的差异。

（三）测验结果的解释

对测验结果的解释，是将被试的反应赋予意义的过程。若错误的解释或报告分数，不仅前功尽弃，并且会对被试的身心发展造成不良的影响，因此正确解释测验结果就变得尤为重要。测验分数的解释涉及两个问题：一是如何看待测验分数的意义；二是如何将测验分数的意义告诉受测者。下面将重点分析这两个问题。

1. 如何看待测验分数的意义

第一，永远把测验分数视为一个范围而不是一个确定的点。由于测验误差的影响，被试的测验分数会在一定范围内波动，测验分数只是真实分数的最佳估计值。

第二，不能把分数绝对化，更不能依据一次测验的结果轻易下结论。一个人在任何一个测验上的分数，都是他的遗传特征、测验前的学习与经验以及测验情境的函数，应该把测验分数看成是对被试目前状况的测量。

第三，必须充分估计测验的常模和效度的局限性。为了对测验分数做出确切的解释，只有常模资料是不够的，还必须有测验的效度资料。没有效度证据的常模资料，只能告诉我们一个人在一个常模团体的相对等级，不能做出预测或更多的解释。即使有效度资料，由于测验效度的概化能力有限，在对测验分数做解释时也要十分谨慎。

第四，对于来自不同测验的分数不能直接加以比较。即使两个测验名称相同，由于所包含的具体内容不同，建立标准化样本的组成不同，量表的单位（如标准差）不同，其分数也不具备可比性。

2. 如何向被试报告测验分数

第一，使用来访者所理解的语言。测验像其他特殊领域一样，具有自己的专业术语，因此要避免使用专业词汇，使用来访者所理解的语言去解释测验结果。

第二，保证来访者知道这个测验测量或预测什么。这里并不需要做详细的技术性解释，例如，并不需要向来访者解释职业兴趣调查表的编制过程。而是让他知道，职业兴趣调查表就是把他的兴趣与从事各种职业的人加以比较，如果他在某一方面得了高分，就意味着如果他参加了这个工作，可能会觉得更有兴趣。

第三，告诉来访者分数解释的参照体。如果分数是以常模为参考的，就要使来访者知道他是和什么团体在进行比较。

第四，告诉来访者分数不是一个精确的值。由于受到测验信度、效度等的影响，分数可能存在误差，要使来访者认识到分数只是一个“最好”的估计。

第五，分数只是决策的依据，而不是决策本身。要使来访者知道将会如何运用他的分数。

第六，充分预估分数可能给来访者造成的影响。防止受测者因低分而悲观失望，或因高分而骄傲自满。设法理解来访者的心理感受，做好思想工作，必要时采取适当的措施加以引导。

第七，测验结果向无关人员保密。分数的报告应以采用个人解释为宜，不宜采用团体解释或公告通知的方式。

心理测验工作者职业道德规范

（中国心理学会，2015.05）

凡以使用心理测验进行研究、诊断、安置、教育、培训、矫治、发展、干预、选拔、咨询、就业指导、鉴定等工作为主的人，都是心理测验工作者。心理测验工作者应意识到自己承担的社会责任，恪守科学精神，遵循下列职业道德规范：

第 1 条　心理测验工作者应遵守《心理测验管理条例》，自觉防止和制止测验的滥用和误用。

第 2 条　心理测验工作者必须具备中国心理学会心理测量专业委员会认可的心理测验使用资格。

第 3 条　中国心理学会坚决反对不具有心理测验使用资格的人使用心理测验；反对使用未经注册或鉴定的测验，除非这种使用出于研究目的或者是在具有心理测验使用资格的人监督下进行。

第 4 条　心理测验工作者应使用心理测量学品质好的心理测验。

第 5 条　心理测验工作者有义务向受测者解释使用测验的性质和目的，充分尊重受测者的知情权。

第 6 条　使用心理测验需要充分考虑测验结果的局限性和可能的偏差，谨慎解释测验的结果和效能，既要考虑测验的目的，也要考虑影响测验结果和效能的多方面因素，如环境、语言、文化、受测者个人特征、状态等。

第 7 条　应以正确的方式将测验结果告知受测者。应充分考虑到测验结果可能造成的伤害和不良后果，保护受测者或相关人免受伤害。

第 8 条　评分和解释要采取合理的步骤确保受测者得到真实准确的信息，避免做出无充分根据的断言。

第 9 条　应诚实守信，保证依专业的标准使用测验，不得因为经济利益或其他任何原因编造和修改数据、篡改测验结果或降低专业标准。

第 10 条　开发心理测验和其他测评技术或测评工具，应该经由经得起科学检验的心理测量学程序，取得有效的常模或临界分数、信度、效度资料，尽力消除测验偏差，并提供测验正确使用的说明。

第 11 条　为维护心理测验的有效性，凡规定不宜公开的心理测验内容如评分标准、常模、临界分数等，均应保密。

第 12 条　心理测验工作者应确保通过测验获得的个人信息和测验结果的保密性，仅在可能发生危害受测者本人或社会的情况时才能告知有关方面。

第 13 条　本条例自中国心理学会批准之日起生效，其修订与解释权归中国心理学会心理测量专业委员会。

资料来源：中国心理协会. 心理测验工作者职业道德规范[J]. 心理学报，2015(47)：1418.

第四节　心理危机干预技术

一、心理危机的概念

危机是指人类个体或群体无法利用现有的资源和惯常应对机制加以处理的事件和遭遇。危机往往是突发的、超出人们的预期。危机如果不能得到很快控制和及时缓解，就会导致人们在认知、情感和行为上出现功能失调以及社会的混乱。

心理危机是一种个体运用自己寻常的方式，不能应对所遭遇的内外困扰时的反应。它一般发生在个体遭遇到无法避免的、强度较大的应激性事件，动用所具备的应付手段失败时，存在明显的急性情绪、认知及行为上的功能紊乱，个体处于心理失衡的危机状态。心理危机主要经历以下四个发展过程：① 冲击期，发生在危机事件发生后不久或当时，感到震惊、恐慌、不知所措。② 防御期，表现为想恢复心理上的平衡，控制焦虑和情绪混乱，恢复受到损害的认识功能。但不知如何做，会出现否认、合理化心理防御机制等。③ 解决期，积极采取各种方法接受现实，寻求各种资源努力设法解决问题。焦虑减轻，自信增加，社会功能恢复。④ 成长期，经历了危机变得更加成熟，获得应对危机的技巧。但也有人消极应对出现种种心理不健康的行为。

二、心理危机干预

心理危机干预是指对处于心理失衡状态的个体进行简短而有效的心理救助，使他们度过心理危机，恢复正常的生理、心理和社会功能水平。

（一）心理危机干预的目的

心理危机干预的目的是通过适当释放积蓄的情绪，改变对危机性事件的认知态度，结合适当的内部应付方式、社会支持和环境资源，帮助来访者获得对生活的自主控制，度过危机，预防发生更加严重及持久的心理创伤，恢复心理平衡。心理危机干预的主要目的有以下几个方面：

（1）稳定情绪。尽力阻止灾后悲痛情绪的进一步扩大和蔓延，防止过激行为，如自伤、自杀或攻击行为等。

（2）提供适当医疗帮助，处理昏厥、情感休克或激动状态，缓解急性应激症状。针对出现灾后应激问题的个人和群体进行心理方面的支持与治疗。鼓励来访者充分表达自己的思想和情感，鼓励其重新树立自信心和正确的自我评价，提供适当建议，促使问题得到解决。

（3）重建个体的各项心理和社会功能以及恢复对生活的适应，这是灾难心理危机干预的最终目标。

（二）心理危机干预的步骤

危机干预的步骤没有统一固定的程序，但吉里兰德和詹姆斯提出的危机干预的六个步骤较为具体：

1. 确定问题

从受助者的角度，了解受助者的危机境遇，确定和理解他们认识到和面临的问题，并获得他们的认同，作为此后工作的重点。

2. 保证受助者安全

无论什么情况，保证受助者的安全是第一位的目标。具体说是注重稳定受助者的情绪，将受助者的身心及自我的危险性降至最小。在整个过程中，保证他们的安全是首要的关注点。

3. 给予支持

依据受助者的状况给予恰当的心理支持，让他们意识到辅导者是心甘情愿提供关心和帮助的人，并接受和信任辅导者。

4. 提出并验证可变通的应对方式

澄清受助者已经采用的一些方法，肯定其积极的力量，协助受助者看到自己和环境中可能的多种选择，主要在三个方面：环境支持、已用和可能的应对方式、建设性思维方式。

5. 制订计划

与受助者一起制订行动计划，主要在于保护自己与恢复平衡，调动既往功能，必要时还需重建一些新的功能。无论采用哪种干预方式，都要注意让受助者感受到计划是自己的计划，不是辅导者要求的。

6. 得到承诺，采用积极的应对方式

在受助者已能自己应对的前提下，考虑结束危机干预，此前要从受助者那里得到诚实、直接、明确和适当的承诺，受助者愿意也能够继续以积极的方式去应对。

危机干预的阶段和步骤不是绝对的，比如，始终都要重视安全和支持，而共情、真诚、无偏见地倾听在任何步骤中都是前提条件。受助者的行为出现反复是很正常，一个真实的危机干预过程中会多次重复这些步骤。

（三）心理危机干预的技术

个体心理危机干预主要应用两大类技术，即支持技术与干预技术。

1. 支持技术

支持技术的应用旨在尽可能解除危机，使当事者的情绪得以稳定，尽量地恢复到危机以前的状态，可以应用暗示、宣泄、环境改变、镇静的药物等方法。危机干预工作人员应以真诚的心态听取并理解受害者的处境，给予受害者以适当的支持与鼓励，帮助受害者振作精神、鼓起勇气，提高应付危机的信心。支持技术包括沟通接纳技术、心理支持技术和影响技术等，这些在本章前两节均已讲述。需注意的是，支持是指给予情感上的支持，而不是支持受害者错误的观点和行为。

2. 干预技术

干预技术亦称解决问题的技术。危机干预技术是以来访者的认知为前提，主要目标包括：第一，疏泄被压抑的情感；第二，认识和理解危机发展的过程及与诱因的关系；第三，学习问题的解决技巧和应对方式；第四，帮助来访者建立新社交，尤其是人际交往关系，鼓励他们积极面对现实和注意社会支持系统的作用。围绕目标，在危机干预过程中可以使用不同的心理治疗方法。常用的心理干预治疗技术包括认知治疗、行为治疗（放松训练和生物反馈等）、来访者中心疗法、表达支持治疗、家庭治疗等等。

（四）群体心理危机干预及作用

群体或集体、团体危机干预是为了某些共同的目的，将来访者集中起来进行的心理干预，它是一种相对于个别心理咨询形式而言的咨询形式。通过群体内人际交互作用，促使个人在人际交往中观察、学习、体验、认识自我、分析自我、接纳自我、改善和调整人际关系，学习新的态度与行为方式，从而减轻或消除心理问题，增进适应能力，激发个体潜能，预防或解决问题。

群体心理危机干预的作用如下：

(1) 团体治疗让成员在倾诉中获得情感宣泄。辅导者会鼓励小组成员说出自己的困惑和心事，在咨询过程中，他们可以将许多无奈、压抑、痛苦、坎坷、曲折的人生经历和心路历程完全倾吐，获得情感上的宣泄。

(2) 团体治疗会让成员在相似情境中获得支持。刚刚进入团体治疗的成员总认为自己的不幸是独一无二的。此时，孤立感被放大，亲密关系也难以形成。通过团体治疗，当他们听到别人在用相同的语言叙述同样的感受时便会减轻孤独感。

(3) 团体治疗会让成员重新点燃希望的火焰。通过交谈，成员们可以获得许多痊愈的信息，激发希望的信念，认为自己会与其他康复的伙伴一样，找回曾经的健康。

(4) 团体治疗会让成员在指导中学习和成长。团体治疗时，辅导者会为成员创造一个相互学习的氛围，使他们学到疾病的发生、过程、症状方面的知识，也可以获得如何面对困难，如何处理好人际关系方面的启迪。

(5) 团体治疗会让成员在团体的凝聚力中感受温暖。成功的团体治疗会产生团员间强烈的凝聚力。成员们会感觉到温暖和舒心，产生归属感。

(6) 在团体治疗中，什么都可以发生，什么都可能成为成功治疗的因素。很多有价值的做法是组员自己创造的，或是大家互动的结果。每个成员都会在这个团体中获得帮助，而每个成员也都在帮助其他人。

三、校园危机干预

小学阶段是国家义务教育的阶段，小学生需要在校园中度过约 6 年的时间，而后进入青春期，校园的安全以及学生的身心安全是保障其他各种教育活动发挥其效能的前提和基础。如果小学生遭遇到危机，无论是对学生还是教师，都会带来伤害或者影响；而小学生尚未成年，若不能帮助小学生顺利平稳地度过危机，不仅会影响眼前的生活，还有可能成为学生成长过程中的创伤性事件。小学生校园危机干预的领域主要包括自杀、居丧等。

（一）自杀

自杀是指一种有意识、自愿地直接结束自己生命的行为。根据自杀发生的情况，一般把自杀分为自杀意念、自杀未遂、自杀死亡三种形式。自杀意念是指有寻死的愿望，但没有采取任何实际行动；自杀未遂是指存在有意毁灭自我的行动，但并未导致死亡；自杀死亡则是采取有意毁灭自我的行为，并导致了死亡。

关于小学生自杀的误区,有人认为小学生年龄尚小,不会出现自杀行为,然而近年来全国各地越来越多地涌现出关于小学生自杀的新闻报道。相关研究发现,中小学生的自杀死亡率正在上升,小学生自杀的现象不容小觑。

1. 自杀的影响因素

第一,负性生活事件。重大负性生活事件可能成为自杀的直接原因或诱因。研究发现,自杀者在自杀行动前的3个月内,负性生活事件的发生频率明显多于正常人。这些生活事件大多具有"丧失"的特点,容易引起个体明显的情绪反应,如人际冲突、被拒绝、名誉受损、家庭矛盾、失恋、学习困难、考试或晋升失败等。如果学生不能妥善的处理每天发生在自己身上的负性生活事件,它们堆积起来将有可能对自己的身心健康造成极大的威胁。

第二,精神疾病。许多研究发现,精神疾病是自杀的危险因素,抑郁、精神分裂、心境障碍、述情障碍等精神疾病都与自杀有显著相关。"抑郁症是自杀的头号杀手",在自杀人群中,有将近八成的人患有抑郁症。抑郁症典型症状为终日悲伤、苦闷;对生活失去兴趣;食欲不振;入睡困难;早醒;无价值感;绝望感;找不到生命的意义,因此有些抑郁症患者想要寻求死亡,获得解脱。

第三,家庭因素。许多学者的研究表明,家庭类型、家庭亲密度、家庭是否和睦、家庭功能、父母管教方式等与自杀的关系尤为密切。

第四,"维特效应",即感应和模仿会引起传染性自杀。"维特效应"就像情绪上的"流感",媒体对自杀新闻的大肆渲染对于一些徘徊在生死边缘的人具有强大的暗示、诱导性。例如,在媒体报道了玛丽莲·梦露的自杀新闻之后,那一年全世界的自杀率增长了10%;三毛、张国荣等名人的自杀也引起了不少人模仿。

抑郁症状消除的十四项法则

美国学者托尔(Thor)认为,不同的人进入不同抑郁状态,只要遵照以下十四项法则,抑郁症状便会很快消失。这十四项法则包括

(1) 必须遵守生活秩序。与人约会要准时到达,饮食休闲要按部就班,从稳定规律的生活中领会自身的情趣。

(2) 留意自己的外观。自己身体要保持清洁卫生,不穿邋遢的衣服,房间院落也要随时打扫干净。

(3) 即使在抑郁状态下,也绝不放弃自己的学习和工作。

(4) 不得强压怒气,对人对事要宽宏大度。

(5) 主动吸收新知识,按照"活到老学到老"的格言,尽可能去接受新的知识。

(6) 建立挑战意识,学会主动解决矛盾,并相信自己可以成功。

(7) 即使是小事,也要采取合乎情理的行动。即使心情烦闷,也仍要特别注意自己的言行,使之合乎生活情理。

(8) 对待他人的态度要因人而异。患抑郁症的人,对外界反应几乎相同。如果你也有这种倾向,应尽快纠正。

(9) 拓宽自己的兴趣范围。

(10) 不要将自己的生活与他人做比较,如果时常把自己的生活与他人做比较则表示已经有了潜在的抑郁,应尽快克服。

(11) 最好将日常生活中的美好事物记录下来。

(12) 不要掩饰自己的失败。

(13) 必须尝试以前没有做过的事,要积极地开辟新的生活园地,使生活更充实。

(14) 与精力旺盛又充满希望的人交往。

资料来源:史辽旺.消除抑郁的14法[J].青少年心理健康,2006(6):39.

2. 自杀的危险性信号

自杀通常是一个人的烦恼和苦闷发展到极端,对事态产生恐惧,对生活失去信心,对现实感到绝望而采取的唯一的、最后的"保护"手段。识别出潜在的自杀者,对防止他们实施自杀计划至关重要。自杀行为的发生并非是突然的和不可预测的,大多数自杀行为的发生存在一定的预兆,可以通过对有关因素的分析和评估,提高对自杀行为的预测和防范。自杀危险性评估的基本线索有:

(1) 以前有过自我伤害或自杀未遂的行为,患有重病且有失败的治疗史,说过要自杀或有过自伤行为。

(2) 通过各种途径流露出消极、悲观的情绪,表达过自杀意愿者。

(3) 近期遭受了难以弥补的严重丧失性事件。

(4) 近期内有过自伤或自杀未遂行为,其再发生自杀行为的可能性非常大。

(5) 有特别的行为或情绪特征改变。

(6) 慢性难治性躯体疾病患者突然不愿接受医疗干预,或突然出现"反常性"情绪好转,与亲友交代家庭今后的安排和打算时。

(7) 躯体症状和精神疾病患者,特别是抑郁症、精神分裂症患者。

(8) 拜访或打电话向亲友流露眷恋之情,或者突然向亲友告别,向人说过如果他走了,不要想念他之类的话。

(9) 对绝望、无助或无价值感发出议论,反常哭泣,反复诉说遭遇,流露出绝望无助以及对自己或自己存在于这个世界感到气愤。

(10) 将死亡或抑郁作为谈话、写作、阅读内容或艺术作品的主题。在日记、绘画中流露出对人生的悲观情绪。

(11) 非常关心自杀的有关消息,谈论自杀计划,包括自杀方法、日期和地点;与有医学知识的人讨论自杀的方法,收集与自杀有关的资料并与人探讨。

(12) 有抑郁情绪的人,如出现情绪的突然"好转",行为明显改变,对生活麻木且冷漠的人好像突然变了一个人,变得敏感又热情,应警惕自杀的可能。

3. 自杀的干预

当辅导者发现有自杀意念并有自杀危险的学生,一定要安排人陪在他身边,不要让他独处，并立即告诉学生的父母或者其他监护人。自杀干预的四个基本步骤如下：

第一，注意稳定学生的情绪。自杀者通常都处于极不稳定的状态，内心矛盾，有剧烈的冲突和挣扎。辅导者应当给予自杀者充分地理解，支持性倾听，千万不要评判或指责自杀者的行为，不要拒绝和否认他们的想法。第二，进一步帮助学生与现实建立联系。辅导者要随着学生的表达，以支持性回应为主，促使他们表达出生活中的烦恼、困惑、困难等，这样就和现实联系起来了，帮助学生由想要离开现实转向面对现实。第三，寻找可变通的方式。当学生渐渐稳定下来之后，可以协助他们寻找其他可能的解决方式，而不是自杀。第四，决定接下来的行动，并获得承诺。当学生做出不自杀的决定后，通常会想接下来做什么，其实只要不会造成危害自己及他人的后果，不是很积极的行动也是可以的。辅导者要获得学生无论如何不用自杀方式来解决问题的承诺，以及如果又很难受，甚至又想到死，一定会再来找辅导者的承诺。

对自杀干预的研究表明，以下10条自杀干预中的“十不要”，几乎适用于自杀干预的任何对象，小学生自杀干预也是如此：

第一，不要对来访者责备或说教。

第二，不要对来访者的选择、行为提出批评。

第三，不要与来访者讨论自杀的是非对错。

第四，不要被来访者告诉你的危机已经过去的话所误导。

第五，不要否定来访者的自杀意念。

第六，不要让来访者一个人留下，或者因为周围的人或事而转移目标。

第七，在急性危机阶段，不要诊断、分析来访者的行为或对其进行解释。

第八，不要让来访者保留自杀危机的秘密。

第九，不要把过去或现在的自杀行为说成是光荣的、浪漫的或神秘的。

第十，不要忘记追踪观察。

弗雷德里克自杀危机干预程序

这种干预程序由弗雷德里克(C. J. Frederick)在1973年首先提出，并得到了广泛的认可。当临床心理专业人员第一次与有自杀念头的人接触时，应注意以下的干预程序。

第一，倾听。任何一个处于心理危机中的人，他最迫切的需要就是有人能倾听他所传达出的信息。对有自杀可能的人的指责只会阻碍有效的交流。专业人员应努力去了解有自杀可能的人的潜在情感。

第二，对处于危机中的人的思想和情感进行评估。对任何自杀的想法都要认真对待。如果处于危机中的人已对自杀做了详细的计划，那么自杀的可能性要比仅仅想到自杀时大得多。在做出自杀行动之前，他们既可能表现得很安静，也可能表现得情绪激动。如果既处于明显的抑郁之中，又伴有焦躁不安，这时出现自杀的危险性最大。

第三，接受所有的抱怨和情感。对处于危机中的人的任何抱怨都不应轻视或忽视，因为这可能对他们是非常严重的问题。在某些情况下，处于危机中的人可能以一种不经意的方式谈到他们的不满或抱怨，但内心却有着剧烈的情感波动。

第四，不要担心直接问及自杀。处于情绪危机中的人可能会隐约涉及自杀问题，但却不一定明确提出来。根据过去的经验，在适当的时候直接询问这一问题并不会产生不良的结果，但一般应在与处于危机中的人建立良好的协调关系后再问这一问题的效果会更好。处于危机中的人一般比较喜欢被直接问及自杀的问题，并能公开地对此进行讨论。

第五，要特别注意那些很快"反悔"的人。处于危机中的人经常会因为讲出了自杀的念头而感到放松，并且容易错误地以为危机已过。然而问题往往会再次出现，这时的自杀预防工作更为重要。

第六，做他们的辩护者。处于危机中的人，在他们的生活中需要有坚定、具体的指导者。这时，咨询师要向他们传达这样的信息：他们所面对的问题已处于控制之中，并且咨询师会尽全力阻止求助者自杀。这样可以让求助者有力量感。

第七，充分利用合适的资源。每一个体都既有内部资源（个人的、心理的），又有外部资源（环境中的，家庭、朋友的）。如果这些资源缺乏，问题就很严重，必须有外界的支持和帮助。

第八，采取具体的行动。要让求助者了解你已做好了必要的安排，例如，在必要时安排来访者住院或接受心理治疗等。对于一个处于危机中的人来说，如果他觉得在咨询会谈中一无所获，他会感受到一种挫折感。

第九，及时与专家商讨和咨询。根据问题的严重程度，要及时与有关专家取得联系。任何事都由自己一个人去处理是很不明智的，但同时要在处于危机中的人面前表现得沉着，让对方感到他的问题已完全处于控制之中。

第十，绝不排斥或试图否认任何自杀念头的"合理性"。当有人谈到自杀时，绝不能把这一问题看作是"操纵性的"或并不是真的想自杀。如果这样做，处于危机中的人会真切地感受到这种排斥或谴责，这是很不明智的。

第十一，不要认为"大喝一声"就能使试图自杀的人幡然醒悟。公开向试图自杀的人讨论并劝告他停止自杀，并相信这种评论会使对方认清自己的问题，这种想法是很危险的，可能会导致悲剧的发生。咨询师应该指出如果来访者的选择是去死，那么这样的决定就是不可逆的。只要生命尚存，就有机会解决存在的问题；而死亡的同时也终止了任何出现转机的机会。同时也应强调情绪低落的阶段是会过去的，情绪低落虽然是对自我的限制，但它也是有周期的。当抑郁症状再次出现时，人们也应看到它不久又会消失。若正处于自杀或其他的情绪危机中时，不能自己一个人单独去面对。当一个人孤立无援或缺乏人际接触时，自杀的危险性会大大提高。

资料来源：李祚，张开荆. 心理危机干预[M]. 大连：大连理工大学出版社，2012.

（二）居丧

居丧是失去所爱的人后的一种自然反应，与死者关系越密切的人，产生的悲伤反应也就越严重。亲人如果是猝死或是意外死亡，如突然死于交通事故或自然灾害，引起的悲伤反应最重。让丧亲者“不哭”“坚强”在危机发生后的短期内或许是有用的，但是从长期看，还是要引导丧亲者宣泄自己的情绪，这样才能帮助丧亲者走出心里的阴影，面向新的生活。在对丧亲者进行心理干预的过程中，要注意安抚生者的情绪，让他们明白这不是他的错。哀伤辅导强调在悲痛面前，不能沉溺于痛苦，而应让丧亲者感受和经历痛苦，发泄情绪，接纳事实，找到生命的意义。哀伤辅导的重要任务是帮助丧亲者接受失落的真实性；经验悲伤的痛苦；重新适应一个逝者不存在的新环境；将情绪从已逝者身上转移到生活上。

帮助丧亲者对已逝亲人的告别是非常重要的，这是一个了结、承认事实的过程。尽管有时从承认到接受事实还需要时间，但承认是接受的必经之路，对死者的告别，对于生者来说，不是逃避现实，而是一种情绪宣泄的重要途径。如放飞风筝，把想对死去亲朋说的话写在风筝上放飞，或者埋葬小纸条、在石头上刻字、画画等。

空椅子技术

空椅子技术是完形心理治疗常用的一种技术。其本质是一种角色扮演，是使来访者的内射外显的一种方式。空椅子技术的目的就是帮助来访者全面觉察发生在自己周围的事情，分析体验自己和他人的情感，帮助他们朝着统整、坦诚以及更富生命力的存在迈进。此技术运用两张或多张椅子，要求来访者坐在其中一张椅子上，扮演内心冲突情境的一方，再换坐到另一张或几张椅子上，扮演内心冲突情境的另一方，让来访者所扮演的双方持续进行对话，以逐步达到自我的整合或者自我与环境的整合。当我们的治疗陷入困境，无法取得进展时，运用空椅子技术，往往能带来峰回路转、意想不到的效果。空椅子技术的三种形式是：倾诉宣泄式、自我对话式、他人对话式。

倾诉宣泄式，来访者可以把内心的未完成事件，例如想对某人说，却没机会、没来得及说，或不便直接倾诉的话，表达出来，从而使内心趋于平和。对曾经伤害、误解或者责怪过来访者的人，也可以通过对空椅子的宣泄、指责，甚至谩骂，来发泄郁积在内心的负面情绪。

自我对话式，如果来访者心中有很大的冲突无法解决，辅导者可以采用双椅子技术，让来访者去扮演自己矛盾冲突的两个子人格。通过两张椅子的代表，使得来访者更能进入当下场景中，进而更能真切感受到自己的潜意识，使潜意识意识化，体会、接纳、整合矛盾的两种子人格，促其和平共处，达到此时此刻的整合。

他人对话式，来访者可以通过空椅子技术进行自己和“他人”的对话，从而站在他人的角度考虑问题。对以自我为中心，不能体谅、理解或宽容别人的来访者，通过与“他人”展开对话，可以设身处地地理解他人。另外，对于存在社交恐惧，不敢或者害怕和他人交往的来访者，通过模拟人际交往的场景，可以让来访者在类似真实的情境中减轻恐惧和焦虑，学会与人交往的技巧。

空椅子技术主要任务在于帮助来访者提高自我觉察能力，这种觉察能力是来访者了解自我，积极与外界交流的基础。透过空椅子技术，帮助来访者释放未释放的能量，完成未完成的事件，达到内心的平静与人格的整合。

资料来源：郑庆友. 空椅子技术的应用：以特殊社交恐怖症个案咨询为例[J]. 心理技术与应用，2014(1).

案例 4－1

小李，男，12 岁，小学六年级学生，身材偏瘦。家里有一个姐姐，跟奶奶、爸爸、妈妈住在一起。父母均在本地工作，较忙，李某经常看不到父母。每天父母早出晚归，忙于生计。家族无精神病史。来访者性格较孤僻、寡言，常打人，经常边打边哭，或者他人指责他的时候哭，不跟人辩解。解决问题的应对方式很消极，宣泄情绪的方式也很单一，经常只有动手打人和哭泣这两种方式。

小李主诉：平时遇到事情，就是打人和哭，自己也知道打人不好，哭也解决不了问题，但也没有办法。家里爸妈、奶奶不管自己，每天吃完饭，写完作业，就睡觉了。睡觉前也看不到爸妈。早上很早就上学了，也看不到爸妈。

辅导者与小李交谈了之后，明确了小李的问题，想要帮助小李宣泄掉内心积压的情绪，学会换位思考，理解他人。在建立良好的辅导关系的基础上，辅导者与小李一起商讨制订辅导方案，决定使用空椅子技术。辅导者通过营造气氛，引导小李通过放松、想象，假设父母分别坐在这两张椅子上，想象父母的样子，让小李说出平时没有说出的话，发泄平时压在心底的情感。而后转换角色，小李坐在代表父母的椅子上面，与小李进行对话。重复交换角色环节。在这个过程中小李表达了对父亲的愤怒与怨恨，对母亲无法陪伴的伤心痛苦。而后在结束与辅导者讨论的过程中小李表示，我知道父母挣钱是为了这个家等。表明通过空椅子技术与父母的对话，虽然痛苦了好几次，但感觉自己心中特别舒服。

【案例分析】 要解决小李的问题，就一定要宣泄掉积压在小李心中的情感。小李在成长过程中父爱与母爱的缺失让他没有安全感，安全感的缺失让他感觉到委屈，总是想哭。内心压抑了太多太多关于自己成长过程中的情感想要跟父母分享，想要得到关注，想要得到爱，而这些被压抑的情感找不到合适的排泄出口，就转化成了爱打架的小李。

通过空椅子技术与父母的对话，给小李尘封已久的伤痛凿开了一个出口，将自己所有的委屈、愤怒、痛苦发泄出来，说给父母听，让自己不再做这些负面情绪的奴隶。通过交换角色，小李也学会了站在他人的立场上思考问题，整合问题，逐渐培养了善解人意的品质。

资料来源：陈萍. 爸妈，请多陪陪我吧——空椅技术的应用[J]. 中小学心理健康育，2018(1).

拓展阅读

1. 科米尔,纽瑞尔斯,奥斯本. 心理咨询师的问诊策略[M]. 张建新,等译. 6 版. 北京:中国轻工业出版社,2000.

2. 张艺馨. 小学生心理辅导与咨询[M]. 北京:北京师范大学出版社,2013.

3. 郑日昌,蔡永红,周益群. 心理测量学[M]. 北京:人民教育出版社,1999.

4. 戴海崎,张锋. 心理与教育测量[M]. 广州:暨南大学出版社,2018.

5. 李祚,张开荆. 心理危机干预[M]. 大连:大连理工大学出版社,2012.

反思与探究

1. 什么是共情技术,表达共情时需要注意的事项有哪些?
2. 什么是面质技术? 当来访者出现哪些矛盾时需要进行面质?
3. 如何看待测验分数的意义? 如何向被试报告测验分数?
4. 心理危机干预主要有哪些技术?

第五章　小学低年级学生心理问题与辅导

※ 学习目标

1. 明确小学生低年级学生心理健康教育的内容
2. 理解小学低年级学生的心理发展特点
3. 理解小学低年级学生的心理问题
4. 掌握小学低年级学生心理辅导方法

※ 关键词

小学低年级学生；心理特点；心理问题；适应辅导

案例 5－1

小王老师眼中的学生

小王是一位新入职的教师，承担一年级一班的语文学科教学任务。

在教学过程中，小王老师发现新入校的小学生对学校、环境、老师、同学、课堂、学习等，都感觉特别新鲜有趣，表现出较强的好奇心和求知欲。

上课时，学生好动、易兴奋、易疲劳，注意力容易分散，40 分钟的课堂学习对于他们来说真的很难坚持！但他们对能引起自己兴趣的事物，注意力就能保持相当长的时间。如，看动画片时，大多数同学都能全神贯注，别人叫他们的名字都没反应。

当学生在观察教材插图时，往往只对其中的色彩、人物等感兴趣，而且在观察过程中，常常显得杂乱无章，观察事物零乱、不系统，没头没尾。

学生在做作业时往往看错题，或者把方位搞错，如：常常把毛写成手，把 b 写成 d。

入学对小学儿童而言是生活中的一大转折，即从过去以游戏为主导性活动转变成为以学习为主导性活动，这对六七岁的孩子来说需要一个“适应”过程。小学低年级学生，必须在带有强制性的要求下履行小学生行为规范，在老师和父母的监控下克服随意性、非规范性，把对学校生活的好奇和兴趣及热情迁移到有一定约束性的学习过程中，尽快适应入学后的各种新要求。他们在短短的一两年时间里，需要养成良好的行为习惯，需要适应新的环境、规范、老师、同伴、集体，需要掌握突然增加了难度和数量的各学科知识、技能，并且接受比较严格的考核和评价，需要承担一种前所未有的社会义务，学习那些自己可能还不甚感兴趣的内容，并由此体验一系列或积极、或消极、或痛苦的情绪、情感体验等。

这些对于小学低年级学生来说，是一种全新的挑战、发展的契机、巨大的推动和促进。他们必须在与同伴、老师的交往中适应学校的规则，完成小学生的学习任务；正确处理个体的认知与行为方式之间的冲突，例如有良好的愿望但自我约束力不够、有独立性要求但依赖性较强，解决因适应不良而带来的多种矛盾，适应小学教育教学的需要。

第一节　从幼儿到小学低年级的发展

小学低年级是儿童从学前期迈入学龄期的开始，是儿童心理发展的一个重大转折期。

一、学前儿童的游戏和学习

（一）学前儿童的游戏

学前儿童由于动作和言语的发展、生活范围的扩大、独立性的不断增加，更重要的是渴望参加社会实践活动的需要和从事这些活动的经验和能力之间的矛盾，决定了游戏是学前儿童的主导活动。

游戏活动是最适合学前儿童身心发展的活动形式。通过游戏活动，儿童身心发展方面许多新的变化就能更好地产生和形成。游戏活动对学前期儿童身心发展具有不可忽视的作用。

第一，游戏是适合学前儿童的一种独特的活动形式，是想象和现实活动的一种独特结合，是人的社会活动的一种初级形式。学前儿童身心发展的特殊性决定了游戏这种活动形式最为适合他们。

第二，游戏是促使学前儿童心理发展的最好的活动形式。在游戏活动中，儿童的心理过程和个性品质能够得到更快更好的发展。这种作用不是自然而然地实现，而是需要成人特别是教师的正确组织和指导，同时不要包办代替，更不要随意打断儿童的游戏。

在游戏过程中，儿童既可以体验到开放、自由、宽松的心理环境，又可以发展适应生活和解决问题的能力。儿童在游戏中学习，在游戏中成长。通过各种游戏活动，儿童不但可以练习各种基本动作，使运动器官得到很好的发展，而且认知能力和社会交往能力也能够更快、更好地发展起来。游戏还可以帮助儿童学会表达和控制情绪、处理焦虑和内心冲突，对培养良好的个性品质有着重要作用。

（二）学前儿童的学习

学前儿童也有自己的学习活动，是与幼儿发展相关的任务，如讲故事、做手工、唱儿歌等，幼儿园的教学正是以这些有目的、有系统的教学形式来进行的。由于儿童身心的发展特点，成人有可能向幼儿提出一些基本的学习任务，并且逐渐教会他们有系统地去完成这些任务，从而掌握一定的知识、技能，以及进而形成个性品质。

二、小学生的学习和游戏

（一）小学生的学习

由于学习本身的性质，正规的学习活动，或者说，以学习为主导的活动是从儿童进入学校后开始的。

随着儿童步入小学，学习逐步成为儿童的主导活动。学习是在教师的指导下有目的、有系统地掌握知识、技能和行为规范的活动，是一种社会义务。这种活动的特点是在教师的指导下，儿童有系统地掌握必要的知识、技能，并培养其优良的个性品质。

在学习过程中，儿童不仅要学习自己感兴趣的知识，而且要学习虽然不感兴趣但必须学的知识。这就是说，学习和游戏比较起来，不但具有更大的社会性、目的性和系统性，而且从某种意义上讲具有一定的强制性。在小学的教学过程中有时也包含游戏部分，但游戏是为教育教学服务，为更好地完成教育教学任务。

在学校的生活条件下，儿童的学习和心理是相互促进、交互发展的。儿童的心理发展为儿童的学习提供了可能性，儿童的学习又促进其心理发展。

（二）小学的教学与幼儿园的教学

幼儿园教学和小学教学的区别主要表现在：

第一，对上课要求不同。小学儿童上课被看作是一种社会义务。上课的时候，教师不仅向儿童进行教学，还要对他们的学习进行检查、提问和记分，并且把儿童完成这些学习义务的情况作为对他们评价的重要依据。幼儿园的教学没有严格按照这种规则，过分的要求会约束幼儿的自由发展。

第二，对作业要求不同。由于学前儿童身心发展的特点，作业不是儿童的主要活动，而且完成作业的时间不能过长、内容不能过难。作业与游戏相比，儿童要付出较大的体力和脑力劳动，时间过长，内容过难，容易使儿童疲劳。

第三，教学形式不同。一般来说，幼儿园里的教学还不能像小学的教学一样跟游戏严格分开，幼儿园教师经常通过游戏的方式进行教学。

三、小学低年级学生的心理发展

（一）小学低年级学生注意发展特点

儿童入学后，随着年龄的增长，神经系统进一步成熟，在学习活动的要求下，注意力有很大的提高，主要表现在小学生注意的有意性和注意品质的发展。

1. 注意发展的一般特点

第一，无意注意在认识中的地位和作用不容忽视。在个体发展过程中，无意注意的发生先于有意注意。小学低年级学生的无意注意已相当成熟，一切能引起成人无意注意的对象也能引起小学低年级儿童的无意注意。因此，他们的认识活动常依赖无意注意。同时，无意注意的效果也优于有意注意。小学低年级儿童的注意，在很大程度上会被教学的直观性、形象性和教师创设的情景所吸引。

第二，小学低年级学生的有意注意缺乏自觉性。表现为自己不会主动确立目标，需要教师或其他成人给定目标；在注意的进程中不会组织自己的注意，需要他人不断提醒和关照。一旦没有外在的帮助，儿童常常会不清楚或忘掉他人给定的目标，导致注意中止或分散。

2. 注意品质的发展

第一，注意广度的发展。小学儿童注意广度较小。刘景全、姜涛的研究表明，用速示器在 1/10 秒时间内呈现圆点图，二年级儿童能清楚地知觉到的圆点数一般少于 4 个，成年人可以达到 8 个或 9 个。如果呈现的是有意义的语句，低年级儿童的注意广度更加显著低于成人。

第二，注意稳定性的发展。李洪曾、胡荣查发现，小学低年级儿童的注意稳定性很差。通过观察发现，一年级儿童聚精会神学习的状态，往往不能持久，他们的注意常常会从老师的讲课中“滑到”一些不必要的地方去。初入学儿童的注意是很容易动摇的，因此常常会出现破坏秩序的行为，并影响学习的进行。

第三，注意分配的发展。儿童上小学后，在学习过程中，注意分配能力有了迅速发展。姜涛等学者(1993)使用“注意分配仪”研究小学儿童注意分配的发展。结果表明，大部分小学生具备注意分配能力。二年级和五年级学生的差异不大，男、女生之间无显著差异。说明注意分配是发展较慢的一种注意品质。

第四，注意转移的发展。刘镜秋(1988)的研究表明，小学二年级年龄组的学生，注意转移的速度很慢(即转移能力很低)，而小学五年级年龄组的学生，注意转移的速度已有较大的提高。

(二) 小学低年级学生认知发展特点

1. 小学低年级学生观察品质发展

王唯(1985)对小学一年级、三年级、五年级儿童的观察品质进行实验研究，结果表明：

第一，关于观察的精确性方面。一年级儿童的观察水平很低，不能全面、细致地感知客体的细节，只能说出客体的部分属性。

第二，关于观察的目的性方面。一年级儿童目的性较差，排除干扰能力较差，集中注意使观察服从于规定的任务要求的时间较短，观察的错误较多。

第三，关于观察的顺序性方面。低年级儿童没有经过训练，观察事物凌乱、缺乏系统，看到哪里就是哪里。

第四，关于观察的判断力方面。低年级儿童对所观察事物做出整体概括的能力很差，表述事物特征缺乏系统性，分不清主次，往往注意各种无意义的特征而忽略了有意义的特征。

2. 小学低年级学生思维发展特点

初入学的小学生思维基本上属于具体形象思维。低年级小学儿童所掌握的概念大部分是具体的、是可以直接感知的，要求他们指出概念中最主要的内容，常常比较困难；低年级小学儿童虽已学会一些概念，并能进行判断、推理，但还不能自觉地调整、检查或论证自己的思维过程。他们常常能够解决某种问题或任务，却不能说出自己是如何思考、如何解决的。

朱玉英(1965)通过对小学一年级第二学期的学生解答算学应用题产生错误的思维特点进行研究，导致学生解题错误的思维方面的原因主要表现为：

第一，不是在对题目的实质(即条件与条件、条件与问题的内在联系)进行分析、综合的基础上进行运算，而是孤立地以题目中一些表面的、个别的外部因素为依据列出算式进行解答；

第二，遵循机械的联系，套用熟悉的方法，思维不能随题目性质的变化而灵活地迁移；

第三，思维只能顺着生活经验中接触到的事物发展的常见顺序由原初条件推向结果，不能由结果返回原初条件；

第四，不能对题目进行确定的、前后一贯的分析，不能进行整合思考；

第五，在解题过程中儿童的思维过分拘泥于具体形象的情节之中，甚至以主观想象出来的具体形象代替对题目本质的分析与综合，以至解题时产生了错误；

第六，思维容易接受外界的暗示，不能批判地对待自己的运算结果以及根据题目的本质联系来检验自己的思维过程和结果，也是使学生解答应用题产生错误的原因。

(三) 小学低年级学生情感发展特点

张光富(1998)通过研究发现，随着小学生的入学，情感具有以下特点：

1. 稳定性

一般来说，小学低年级学生的情感还不是很稳定，控制自己情感行为的能力还不太强。表现之一是情感经常变化和反复无常，当一种刺激迅速激起学生的某种情感时，很快会被另一种刺激引起的情感所代替。表现之二是情感的迅速转化，当出现新异刺激时，最初学生会产生强烈的情感，但随着这类事物的反复出现会逐渐减弱，甚至产生相反的情感。

2. 丰富性

儿童入学以后，学习成为他们的主导活动。较好地完成各项学习任务(写作业、背课文、练书法等)成为小学生最主要的需要。学习获得了成功，会获得愉快的情感体验。小学生在集体中完成学习任务时，导致他们在集体中所处的地位变化，集体对个人的要求和评价的改变，这些都能引起种种复杂的情感体验。

3. 深刻性

小学生的情感与学前儿童相比，不但在内容上丰富了，出现了以前没有过的情感，而且在质量上也更加深刻。

(四) 小学低年级学生意志发展

傅安球等学者(1983)认为，小学儿童的各种意志品质随年级升高而不断发展。其中小学低年级阶段发展最为迅速，中年级阶段发展较为平缓，高年级阶段又到了一个新的发展水平。

一年级小学生入学半年左右是儿童生活发生重大转变的阶段：由以游戏为主导的活动转向以学校学习为主导的活动。在意志力方面由自控力为主转向意志品质全面发展的初级阶段。有研究通过综合家长和教师问卷的平均结果发现，在各项意志品质上，45%左右的儿童发展较好，40%左右的儿童正处于过渡期，还有15%左右的儿童发展较差。总而言之，一年级小学生正处在意志力全面发展的初级阶段，多项意志品质已形成雏形。

（五）小学低年级儿童个性和社会性发展

1. 小学低年级学生自我意识发展

研究者通过问卷调查发现，小学一年级到三年级这一时期儿童的自我意识发展较快，三年级以后发展速度较为缓慢。这说明从学龄前期到学龄期，儿童进入学校这一节点是其心理发展的重大转折。在中小学生自我意识发展水平方面，城乡学生无显著差别，男生与女生之间也未表现出显著的性别差异。

2. 小学低年级学生人际关系发展特点

儿童入学后，主要是与教师和同学交往。

第一，建立新的同伴关系。刚入学的小学生，在共同学习的活动过程中，通常只需要几个星期，就能克服初始时的腼腆、胆怯或孤僻、好说大话的表现，注重相互观察和了解，同其他儿童建立友谊。低年级儿童间的友谊常常建立在外部条件或偶然兴趣一致的基础上，随着时间的推移，他们建立了新的友谊标准，把朋友能为自己做什么作为评价的基础。研究表明，随着儿童社会交往的发展，他们对维持交往的情境能够提出有效而恰当的策略，言语沟通、提供利益和分享物品是小学儿童特别是低年级儿童维持交往的主要策略。

第二，乐于接近教师。小学生很重视与教师的交往，对教师充满了崇拜和敬畏，教师的要求比家长的要求更有权威。对小学低年级学生来说，教师的话是毋庸置疑的，这种绝对服从的心理有利于他们很快地学习、掌握学校生活的基本要求。

第三，班级中小团体的发展。对于儿童来讲，同龄同伴通常是理想的交往对象。小团体的形成是在其共同的活动中形成的。同伴之间合作的稳定性和有效性逐渐提高，便发展成为小团体。小团体的雏形产生于小学低年级，团体中通常有一个核心人物，并有自己团体的利益、兴趣和行为规范。

3. 小学低年级学生自觉纪律的发展

研究发现，初入学的儿童虽然有遵守纪律的良好愿望，但是由于他们还不善于记住和运用规则，而且有好模仿的倾向，以及易疲劳的特点，以致常常违反纪律。同时，在教师的细心指导下，一年级儿童是有可能自觉遵守纪律的。

4. 小学低年级学生学习态度的发展特点

学习态度是指对学习及学习情境所持有的一种比较稳定的心理倾向，包括认识、情感和行为倾向三种成分。小学阶段是学习态度初步形成的时期，小学生的学习态度包括对教师的态度、对班集体的态度、对作业的态度以及对评分的态度等几个方面。

第一，小学儿童具有“向师性”。刚入学的儿童，几乎都对教师充满了崇拜和敬畏，教师在儿童心目中是绝对的权威，教师要求他们做到的一切，几乎都会无条件地服从。同时，小学儿童常以教师的是非标准为自己的是非标准。师生关系在这个时期比较平稳，儿童对教师的绝对服从心理有助于他们很快地学习，掌握学校生活的基本要求。

第二，小学低年级学生对班集体的态度。根据调查，学生能认识到班集体有明确的共同基础、统一领导、共同纪律和舆论的百分比分别为：一、二年级不满40%，三、四年级占55%，五、六年级约占70%。可见，小学生对班集体的认同是随年级的增长而逐步提高的。一般来说，低年级学生通过彼此相互认识、相互交往、相互关心、相互帮助等为班集体的形成打下初步的基础。

第三，小学生对作业的态度。调查结果显示，在教师的正确教育下，一年级学生能逐渐形成对作业认真负责的态度，对各科作业的完成率达91%，每次作业都完成的学生占78%。另外有研究发现，刚入学的一年级学生多数能够完成教师布置的作业，一些学生还没有把作业当作学习的重要组成部分，有时能完成作业，有时因贪玩就忘了做作业。

第四，小学低年级学生对评分的态度。小学生对分数越来越感兴趣，评分对小学生的学习以及心理上的影响也越来越大，小学生对评分的态度构成了小学生学习态度的重要方面。低年级学生虽然能够逐渐了解分数的客观意义，但对分数的理解还不够确切。比如，一些学生认为得高分就是作业做对了或者考试答得好，得高分就会得到父母和教师的喜欢、表扬和奖励，得高分的学生就是听教师的话的好学生。

随着儿童入学，小学低年级学生的主要活动方式由游戏转变为学习，心理方面也在不断发展。

第二节　小学低年级学生的适应问题与辅导

小学低年级学生需要尽快适应学校教育的新环境、新要求、新任务，成为一名合格的小学生。小学低年级学生在适应过程中，常常会面临学校生活适应、学习适应、学校人际适应等问题。

《中小学心理健康教育指导纲要(2012年修订)》规定，针对小学低年级学生的心理发展特点，心理健康教育的主要包括：帮助学生认识班级、学校、日常学习、生活环境和基本规则；初步感受学习知识的乐趣，学习习惯的培养与训练；培养学生乐于与教师、同学礼貌友好的交往的品质，在谦让、友善的交往中感受友情；使学生有安全感和归属感，初步学会自我控制；帮助学生适应新环境、新集体和新的学习生活，树立纪律意识、时间意识和规则意识。教育工作者应该针对小学低年级学生身心发展特点，做好以下心理辅导工作。

一、小学低年级学生的学校生活适应与辅导

（一）小学低年级学生的学校生活适应问题

学校生活适应是指学生通过积极的身心调节，和学校环境相互作用。实现学校生活适应的学生，能够更好地胜任自己的学习任务，适应各项规章制度。小学低年级儿童的学校生活适应问题主要分为以下几方面：

1. 环境适应问题

幼儿园与小学的不同之一就是环境方面的差异。幼儿园有大量的区角活动区，提供各种各样的活动材料，有与主题活动相一致的墙面装饰等，整个教室的布置更注重丰富性、游戏性与形象性，还有各类大型娱乐运动器械的户外活动场地。相比较而言，小学的环境布置就较单一，功能性较强，教室以成排的桌椅为主，户外娱乐器械较少。儿童从幼儿园进入到小学，第一个要面临的就是环境的转变。而能否适应好环境关系到儿童在小学的整体适应，是适应的第一步。通过观察得知，许多小学低年级学生不能很好地适应学校环境。

2. 作息制度适应问题

入学后，新的学习阶段必然带来生活作息上的调整，能否适应好新的生活作息是入学适应的一个重要方面。从家长问卷反馈中了解到，有 85.7%的家长在进入小学前就会有计划地调整孩子的生活作息，以适应小学的学习生活。有调查发现，入学前有 32.1%的家长担心自己的孩子会不适应新的生活作息制度。在开学适应一段时间之后，仍然有 19.2%的家长觉得自己的孩子在生活作息方面适应得不够理想。

入学后，不仅存在生活作息制度适应问题，而且还有上课作息制度的适应问题。幼儿园没有严格规定上、下课的时间，上课的时候也没有严格要求必须认真听讲，作息时间相对比较宽松自由；而上了小学就要严格遵守时间安排，早上不能迟到，上课时不能自由活动，也不能提前放学。对这一变化，学生并不能一下子就接受，有的学生表现为上课精神不集中，玩弄文具等。

3. 自理能力方面问题

自理能力是需要发展的一种独立能力，不能自理的学生往往难以自立，自理是学生逐渐走向自立的必由之路。小学低年级儿童的自理包括个人用品管理、个人生活需要管理、生活常规。通过观察得知，一年级学生自理能力水平不够，常见的现象有个人用品丢失、上学遗漏学习用具、个人用品摆放不整齐、穿戴不够整齐、不会整理自己周围环境卫生、随手乱扔杂物等。

（二）小学低年级学生学校生活适应问题辅导

1. 引导小学低年级学生尽快熟悉学校环境

在学生入学之初，教师应带领学生熟悉与自身密切相关的环境坐标，包括教学楼、班级、座位、厕所、食堂和饮水机等，从而使学生在入学后的前半周时间能够独立找到与自身密切相关的环境坐标。

教师在第一周内还可以通过有目的的活动设计，使一年级新生能够在两人合作的情况下找到办公室、阅览室、广播站等学生平日接触不多的地方。例如，可以在开学的

第一周,学校开展"校园探秘"活动,每两位学生为一组,要求快速、准确地找到纸条上写的学校地标。通过这些活动可以使学生在开学第一周内基本熟悉学校的整体环境。

2. 培养小学低年级学生的自理能力

在学生进入小学以后,老师就需要着重培养学生的自理能力,并对其进行有针对性的常规训练。

第一,布置实践性任务。对入学之初的小学生,可以通过布置锻炼学生独立能力的实践性任务,锻炼学生的自理能力。例如对于书包的整理,入学之初成人可以帮助学生列出清单,最初几次跟学生一起收拾书包里的物品。一两周以后,学生对书包里要带的物品熟悉了,就可以在成人的监督下整理物品,一旦有所遗漏,提醒即可。再过一两周,学生对此项活动非常熟练了,成人就可以放手给学生自己整理,不过多的包办代替,培养学生的自理能力。

第二,引导学生制订计划。从学生进入一年级的第一天开始,老师和家长便可引导学生制订相关的学习和生活计划。在开始阶段,老师可以安排一些让学生自由支配的学习时间,例如写家庭作业、读课外书。在课后,老师对能够合理利用时间的学生提出表扬,并告诉学生可以自己有计划地安排学习时间。后期老师可以与家长合作,将学习计划引申至生活计划,引导学生自主安排周末的部分时间,在这段时间里可以做什么以及怎么做都让学生自己决定。

值得注意的是,在对学生进行独立能力训练时,避免使用简单的重复性命令,防止学生产生厌烦心理。根据学生的年龄特点,尽量使任务游戏化。

二、小学低年级学生的学习适应问题与辅导

(一) 小学低年级学生学习适应问题

学习适应指个体克服困难取得较好学习效果的倾向,即学习适应能力。小学低年级学生学习适应方面主要存在以下问题:

1. 学习态度适应问题

观察研究表明,我国达到入学年龄的儿童,一般都有认真学习的愿望和要求。他们每天怀着自豪而又好奇的心情,背着书包来到学校。他们上课认真听讲,按照教师的要求按时完成作业。另一方面,有些儿童向往学校生活常常不是为了学习,而是被一些外在现象吸引,如学校的校舍、墙上的图画、很多同学在一起等。也有一些儿童不能或不愿按教师的要求进行学习,不按时完成作业,或粗枝大叶地去完成。也有些儿童还保留着学前儿童的特点,把学习和游戏混在一起,对学习抱着游戏的态度,喜欢学就学,不喜欢学就不学,甚至在上课时玩耍,在作业本上乱画。所有这些,都说明这些儿童还没有形成对待学习应有的正确态度。

正确学习态度的形成并非在儿童入学时就一次完成的,而是在整个小学阶段,甚至是在整个学龄期内需要长期培养的。

2. 课堂适应方面问题

邓祎(2010)通过查阅资料以及与小学各科教师的座谈会,了解到小学低年级学生在课堂上最大的适应问题,一是注意力不集中,二是不会倾听。

在注意力方面，小学低年级学生整体处于一个较低的水平。从动态情况来看，在入学的第一个星期，注意力不集中行为的频数较高。这是因为刚入学，一切都较为新鲜，很多课堂的常规还不是很清楚，暂未适应课堂教学。

在倾听方面，小学低年级学生的倾听问题主要集中在三个方面。第一，由于注意力不集中等原因，没有注意到教师的指令，但在教师重复后或者看到其他同学的动作时，能反应过来。第二，听到了教师的指令，但记不住，尤其是较为复杂的指令时，只能靠教师的重复或者看其他同学，才能做出正确的行为反应。第三，听到了，记住了，但却不知道要怎么做。前面两种较为常见，第三种比较少见。

案例 5－2

一直翻不到的书

一次课上，教师要求学生将书打开，翻至第几页。大多数学生都将书打开并翻到指定页数了，有一小部分学生可能只听到一个大概，或者记不住要翻到第几页，就看旁边的学生，然后照着做。然而有一个学生依然在座位上出神。教师看到了，又重复了一遍指令，她好像有点明白了，赶紧从课桌里面掏东西，结果却拿出了一本作业本。教师看着她又重复了一遍指令，她显得有点慌，赶紧将作业本打开。教师不得不直接对她说："请你将课本拿出来。"她这才反应过来，赶紧将书拿出，可却不知道要翻到第几页。

作为老师，遇到这种情况你会怎么做呢？

3. 课外学习适应问题

初入学的儿童还未把作业看成学习的主要部分，还不能以负责任的态度来对待作业。在查阅相关研究资料时，发现很多学生作业完成情况不理想，并不是由于作业本身不会做，而是根本记不住到底有哪些作业。一方面是因为本身学习态度不够认真，老师在布置作业时没有认真听；另一方面是老师布置作业的时候虽然能够认真听，但由于作业较多或者记忆能力不够，导致记不清楚作业，出现不做或者漏做的现象。

（二）小学低年级学生学习适应问题辅导

对小学低年级学生进行学习适应辅导，可以从以下几个方面入手：

1. 学习态度辅导

对小学儿童来说，单凭认知因素促进积极学习态度的形成，其作用是有限的。情感因素发挥着更重要的作用，行为训练是培养和巩固小学儿童积极的学习态度的重要措施。

有些初入学的儿童之所以不执行教师的要求，一般来说，不是他们故意不做或存心捣乱，而是他们不善于按照教师的要求去做。这时教师不应急躁、埋怨，而应耐心地考虑如何教会儿童学习。

可以从以下几方面端正学生的学习态度：

第一，培养儿童对学校的热爱和对教师的尊敬，鼓励儿童对入学产生向往的心情，不要恫吓儿童。

第二，培养儿童认真学习的态度，鼓励儿童认真做功课。为儿童安排固定的做功课的地方。要求儿童做功课时细心、不潦草。及时对儿童是否完成作业以及完成的质量进行必要的检查和指导。

第三，提醒儿童在上课时集中注意听讲，用心完成作业。鼓励儿童在遇到学习困难时，能努力克服困难，坚持完成学习任务。

第四，用儿童能够理解的正当理由来鼓励儿童学习（如学习好了才能建设祖国），而不应用责骂的方式（如儿童得了坏分数就横加责骂）或用物质奖励的办法（如用物质引诱来鼓励儿童获得好的分数）。

形成正确的学习态度是整个学龄期的长期工作，而不是在儿童入学时可以一次完成的。在教育的影响下，随着年龄的增长，儿童学习态度的水平也在不断提高和发展。

2. 课堂适应辅导

（1）准确区别多动与注意缺陷多动障碍（attention deficit hyperactivity disorder，以下简称 ADHD）。

甄鹏对 145 名小学生进行了注意力测验和学业成绩的相关研究之后发现，6—12 岁学龄儿童的注意品质与其各学科的学习成绩呈正相关。由此可见，有必要提高小学低年级学生的注意力水平。

准确区别多动与 ADHD，是对小学低年级学生进行注意力辅导的第一步。多动是 ADHD 的显著特征。但是，儿童的活泼好动甚至顽皮都是儿童的天性。因此，多动不等于就是 ADHD，也不等于就是多动症。北京大学精神卫生研究所杨晓玲的研究表明，儿童活动过度与儿童多动症有着本质的区别，具体体现在以下四点：

一是注意力集中的差别。多动症的孩子无论何时何地，都不能较长时间集中注意力，即使是一般孩子最喜欢看的动画片、连环画、棋类游戏等，也不能专心欣赏；学习时注意力更不能集中，或活动过多、分心、思想开小差，或少动、发呆、磨蹭。一般同学只需要半小时就能完成的作业，ADHD 儿童可能花两个小时也做不完；但顽童（正常的多动儿童）却截然不同，在做自己喜欢的事情时，能够全神贯注，不喜欢别人的干涉和影响。

二是意志力的差别。正常的多动具有一定的目的，并有一定的计划及安排，具有较强的意志力；而 ADHD 儿童意志力薄弱，没有耐心，做事有始无终，常常是这件事没做完又做另一件事，整日忙忙碌碌，效率很低。

三是自我控制力的差别。在严肃的、陌生的环境中，顽童有较强的自我控制能力，安分守己不胡乱吵闹；ADHD 儿童则自控能力差，在一些严肃的场合也能做出越轨的事情来，常常违反纪律和游戏规则，不受同伴的欢迎。

四是动作灵活性的差异。正常儿童做快速、反复和轮换动作时，表现得灵活自如，而 ADHD 儿童却表现得很笨拙。

（2）增加课堂教学中游戏与儿歌的比重。

对于小学生而言，在课堂教学过程中，适当增加游戏与儿歌比重有利于学生的学习适应，同时也具有积极的意义，主要体现在：一是帮助学生熟记相应的学习常规；二是调节课堂气氛，让学生有机会放松肢体；三是辅助学生温故知新。同时，对于整个幼小衔接的工作来说也有着积极意义，它与学习准备期所强调的放缓教学进度、降低适应坡度的价值取向相匹配，在一定程度上减缓了幼小衔接之间的坡度。

(3) 培养小学低年级学生注意力集中与倾听习惯。

注意力集中与倾听习惯的培养是小学学习适应的关键所在。有研究发现，不同学科的教师都反复提到注意力集中与倾听习惯的重要性，并指出学生在课堂上的主要适应问题也表现在这两方面的薄弱。针对这种状况，一方面，通过运用重复、儿歌、游戏、高频繁的提问等策略来帮助学生集中注意力；另一方面，可以运用有针对性的注意力训练方法，例如，视觉训练（视觉分辨训练、视觉搜索训练、视觉记忆训练）、听觉训练（听觉分辨训练、听觉记忆训练）、正念训练、协调动作训练和舒尔特方格训练。

关于提高学习效果的儿歌

1. 翻书歌：左手轻轻扶，右手轻轻翻，眼睛看页码，顺着往后翻，翻到第几页，轻轻按一按。

2. 读书歌：左手按，右手指，眼睛跟着看，字字都过目。

3. 课前准备歌：上课铃声叮铃响，小朋友们进课堂，学习用品放放好，认认真真把课上。

4. 写字歌：写字准备（这句由教师说），准备写字，身垂直，脚放平。

5. 表扬儿歌：夸夸自己，棒——棒——我最棒，放鞭炮，乒——乓，送他一朵小红花，红花朵朵向你开。

3. 纪律性辅导

一个具有组织性和纪律性的儿童能够集中注意力专心学习。而纪律性差的儿童，常常会把注意分散到一些不必要的方面。培养小学儿童的纪律性是一项长期的工作，教师应该先从培养儿童的外部行为的组织性、纪律性开始。从一年级开始，培养儿童能够按时作息，按时完成课业，遵守学校秩序。如果能够坚持不懈地培养这种外部行为的组织性和纪律性，它们就会成为一种习惯，成为一种性格倾向，从而逐步形成内部的纪律性。无论外部的或内部的纪律性，都是儿童注意发展的重要因素。

4. 学习方法辅导

学生是否具有科学的学习方法是决定学生学习能力高低的一个重要因素。掌握科学的学习方法是学会学习的关键，也是对小学低年级儿童进行课堂学习辅导的重要内容。有研究者从课堂教学的预习、上课、作业、复习等环节入手，加上考试这一环节，编成涵盖整个学生课堂学习过程的儿歌。并利用朗朗上口的歌谣形式，进行学习方法辅导，既达到了辅导目的，也符合小学低年级学生的学习特点。

表 5-1　小学生学习方法的具体要求

项目	具体要求
预习	1. 读教材,理思路　2. 找问题,注符号　3. 提目标,明任务
上课	4. 专心听,勤思考　5. 主动学,多请教　6. 抓重点,会勾画
作业	7. 先复习,后作业　8. 先看题,后分析　9. 写工整,求速度　10. 细检查,免错题　11. 听讲评,善纠正
复习	12. 当天课,当天清　13. 单元完,要归纳　14. 学期末,全面查
考试	15. 先审题,后答卷　16. 答卷时,需仔细　17. 检查后,再交卷　18. 考试完,重总结

培养小学低年级学生思维能力的尝试

一、重视语言训练,通过语言表达促进思维的发展。例如,在低年级数学教学中注意训练学生说完整话,复述计算过程,口述解题思路,并及时予以补充完善,辅以表扬、激励等措施。这不仅有利于教师了解学生掌握知识的程度,而且促使学生在课堂上勤于思考,及时理顺思路,逐步培养学生能有根有据,有条有理进行思维的习惯。

二、加强操作演示,发展学生的思维能力。教低年级学生时,应从直观形象入手,让学生多看多动手,引导他们从实际操作中找出答案。如:在教授除法的意义时,先让学生理解"每盘放 2 只苹果,就是一盘;有 2 个 2 只,就是两盘;有 3 个 2 只,就是 3 盘"。然后再让学生闭眼想一下分苹果的过程,学生就会在头脑中默默地想出"6 里面有 3 个 2"的意思。在学生认真观察的基础上再让学生讲演示过程,使眼、耳、手、口等多种感觉参与学习,既加深了对教材的理解,又促进了学生思维的发展。

三、教授思维方法。例如,数学教学不但要教授知识技能,还要教给学生怎样思维,要重视启发思维的程序和方法。如教学"求比一个数多(少)几的数"的应用题,应引导学生按一定的程序展开思维。寻找:谁与谁比,找出要求的是谁。判断:根据表示两种数量关系的语句,判断谁多谁少。标号:在示意图上标上已知(用√),未知(用?)。接着分析数量关系,确定算法,计算、作答。经过多次练习,学生逐渐在头脑中形成一个有序的思维过程,即使遇到此类题变化了叙述顺序,或变成为难度较大的思考题,学生也能遵照思维程序,迅速地列式计算。

四、合理安排教学环节。在传授知识时,我们要精心安排教学环节,努力突出学生学习的主体地位,凡能自学的知识都要尽量让学生主动求知。如:教授"正方体、长方体、圆柱体、球体"时,我将形态大小不一的各种物体放在讲台上,让学生悄悄议论"要怎样按形态把它们分类?"从而导入新课,激发学生强烈的求知欲望。接着,让学生从讲台上分别找出形态一样的物体和模型,再让学生从自己的学具中取出这些物体,然后揭示上述立体形的直观图,辨认说出各是什么形状的物体。这样的教学,让学生通过观察、比较、操作、形象地认识各种形体,从而使学生的思维由具体向抽象过渡。

五、培养学生良好的思维品质。思维品质属于能力范畴,思维品质不同,会带来能力上的巨大差异。优生和差生的差距反映在知识的水平上,也反映在思维品质的差异上,小学生良好品质的形成和发展依赖于外界因素的影响。因此,在平时的教学中应注意挖掘教材中的内在因素,充分利用例题中的“一题多解”,练习中“看谁算得又对又快”“怎样算比较简便”等,设计一些生动有趣的练习题,培养学生思维的敏捷性、灵活性和深刻性。

资料来源:陈雅伶.培养小学低年级学生思维能力的尝试[J].教育评论,1995(6):76.

三、小学低年级学生人际交往适应问题表现与辅导

(一) 小学低年级学生人际交往适应问题

小学低年级儿童的人际交往问题主要表现在以下几方面:

1. 人际孤独

孤独感是指因离群索居而产生的一种无依无靠、孤单烦闷的不愉快的情绪体验。人际孤独是指在人际交往过程中因交往障碍而带来的孤独体验。生活中每个人都会有感到孤独的时候,但是,如果人的孤独感特别强烈,并且长期存在,影响了正常的人际交往和工作学习,那么就可能有心理问题或障碍了。对于小学生而言,尽管他们大多数时候都生活在学校这一集体中,但是,由于社会、家庭、个性或交往技能方面的原因,仍有一部分小学儿童与同伴交往不主动、狭隘孤立,其行为不利于个人潜能的发展和个人的成长。

2. 社交恐惧症

社交恐惧症是指个体对正常的社交活动有一种异乎寻常的强烈恐惧和紧张不安的体验,从而出现回避反应的一种人际交往障碍,是恐惧症在人际交往中的表现形态。有社交恐惧症的儿童不敢见别人,与人交往时面红耳赤,神经处于一种非常紧张的状态,举止和言语过分敏感,害怕在别人面前失态出丑又无法控制自己的失态行为。严重拒绝与任何人发生社交关系,自我孤立,抑郁消沉。

3. 自我中心

自我中心是人的个性特征,在交往中是一种严重的心理问题或障碍。主要表现在:为人处世时以自己的需要和兴趣为中心,只关心自己的利益得失,而不考虑别人的兴趣和利益,完全从自己的角度去认识和解决问题,而且固执己见,不容易改变自己的态度,盲目地坚持自己的意见,点滴不谦让别人。具有自我中心特征的儿童,在交往中主要有以下表现:

(1) 很少关心别人,与他人关系疏远。

(2) 固执己见,唯我独尊。无论是在观念上还是在行动上都是无理地要求别人服从于自己。

(3) 自尊心过强,过度防卫,有明显的嫉妒心理。以自我为中心的儿童,极易造成人与人之间的隔阂,最终会使自己走向孤立无援的境地。

(4) 攻击与欺负行为。攻击性行为是指一种意图伤害他人的行为。按目的可分为两种：一种是工具性攻击，指儿童为了某个物品而做出抢夺、推搡等动作，攻击只是手段，目的是在伤害他人之后获得某种利益，如争抢东西；另一种是敌意性攻击，指以人为指向的，其根本目的是打击人、伤害人，使他人感到痛苦。

如果说亲社会行为是对社会关系的积极建设，那么攻击性行为则是对社会（人际）关系的一种破坏。或者说，亲社会行为最终导致一种相互接受的关系，而攻击性行为最终导致的是一种相互对立的敌意关系。

欺负是儿童间经常发生的一种特殊类型的攻击性行为，是有意识地造成他人身心伤害的行为。欺负具有有意性、重复发生性、欺负者与被欺负者之间力量的不均衡性等特征。就形式而言，欺负可分为直接欺负（包括打、踢、辱骂、起外号等）和间接欺负（如背后说坏话、群体排斥等）两种类型。

欺负是儿童之间的普遍现象。随着年龄的增长，被欺负现象逐渐减少，而欺负他人的比例则表现出，女孩随年龄增长而下降、男孩随年龄增长而上升的特点。小学男生比女生更多地卷入欺负事件中；男生更多使用身体欺负，而女生更多使用言语和心理欺负。

（二）小学低年级学生人际交往适应问题辅导

1. 注重培养社交技能

在培养小学儿童的人际交往技能时，首先应该培养他们尊重他人、以诚相待、关心他人，逐步脱离认识上自我中心。其次培养学生礼貌友好的交往品质，乐于与老师、同学交往，在谦让、友善的交往中感受友情。再次应通过组织有目的的心理辅导活动，帮助儿童学会参加活动、分享、有效交流、关心和帮助同伴等交往技能。

2. 引导班级中小团体

教师要正确对待班级中的小团体，既要支持他们的正当活动，又要做必要指导。

第一，教师要了解自己班级中的小团体的活动状况、核心人物的态度以及人员的变迁。同时，还要了解班级的大部分成员对这些小团体的评价。

第二，教师要做好小团体的核心人物的工作。小团体的活动和作用，很大程度上取决于这些核心人物的态度。因此，做好他们的工作，是把握小团体的关键。

第三，教师要善于在班级中创造良好的情感气氛，使班级的目标与小团体的目标在根本利益上是相容的，并努力使小团体的活动适应于班集体的活动。同时，教师要善于在各种活动中充分调动小团体的积极性，发挥他们的特长，并注意提高他们的活动质量。

第四，教师要冷静地分析班集体中的舆论。学生对某个小团体或某同学的态度和评论，对于教师来说具有重要的启示作用。

第五，如果某个小团体的活动影响了成员的学习、健康或违背了常规，教师必须及时提出明确的要求和必要的限制，并向他们说明道理。对于少数受社会不良分子影响而出现违法行为的小团体则要采取果断措施，切断他们的不良社会联系，并加强法制教育。

3. 帮助改善社交技能

教师应该在小学生入学初期就采取有效措施，力争使每一个小学生在班级中都得到顺利发展。教师要特别注意和关心那些不受欢迎的小学生，帮助他们改变处境。教师可通过训练提高他们的社交认识，纠正他们的自我评价，增进他们的交往兴趣，改善他们的社交技能。对这些小学生的训练方法主要有言语指导、角色扮演和行为强化三种。

言语指导是指教师针对小学生在交往活动中不规范的交往行为和错误观念，制订训练目标，并把这些目标告诉学生，向他们详细介绍在某一特定情境下应该怎么做，让他们按照教师提供的交往策略，练习新的行为模式。当学生不仅在特定情境中能使用新的行为模式，而且在其他情境中也能使用新的行为模式，就表明训练取得了成功。

角色扮演是指让小学生在集体活动中扮演不同的角色以体验在不同情境中的感受，帮助他们形成新的行为模式。

行为强化是指及时地肯定小学生表现出来的符合训练方向的行为，以巩固他们交往的新行为模式。

教师对小学生进行社交技能训练，要取得学生家长的理解和支持，要客观地把学生在班级中的不良处境告诉家长。因为家长通常不了解自己的孩子在班级中的地位，也不了解自己的孩子在人际交往中的困难。与此同时，教师还要对班级加强教育，改变班集体对这些小学生的看法，形成一个良好的集体心理气氛，使不良处境的学生感受到集体的吸引力和温暖。

第三节　小学低年级学生学习习惯与辅导

我国著名儿童心理学家朱智贤认为，习惯的形成是学习的结果，是条件反射建立、巩固并达到自动化的结果。良好的学习习惯有利于帮助学习者探索到不同学科的适合的学习方法，完成学习计划，能帮助学生达到最好的学习效果。

一、小学低年级学生的学习习惯

（一）小学生学习习惯的基本特征

学习习惯是指个体在一定情境下通过反复练习，养成的相对稳定的、自动化的学习行为方式。学习习惯在学习过程中形成，是通过后天逐渐养成的与学习行为方式有关的习惯。

研究者通过在教学实践过程中对小学生日常学习行为的深入观察，发现小学生的学习行为习惯具有四个基本特征。

1. 后天养成性

小学生的学习习惯并非先天遗传得来的，而是通过在后天的学习过程中习得的一种条件行为。在学习过程中通过反复练习养成的一种条件反射，一旦形成之后会自觉、稳定出现的学习习惯行为。

2. 定向活动性

如果要养成良好的学习习惯，就要有针对性地进行某项活动的练习。教师和家长要有目的地帮助学生聚精会神地投入到学习活动中，在活动中反复训练，最终使这个行为具备一定的倾向性。

3. 情境表现性

养成某种学习习惯后，如果再次遇到同样的场合，这种学习习惯会自然地体现出来。

4. 价值内隐性

学习习惯的形成是缓慢的，而且其行为没有明显的外在表现，无法对习惯进行一定的量化测量。学习习惯实质上是一个人的内在心理特征，良好的行为习惯能够对小学生的学习产生巨大的正面作用，虽然这种作用是内隐的。

(二) 小学低年级学生学习习惯的特点

在学习活动中，儿童只有学习的愿望是不够的，而且还要有正确的而又熟练的学习习惯。

小学低年级的学习习惯有以下特点：

(1) 初入学的儿童还不能完全遵守学习有关的行为准则。例如，课前及时预习，听到铃声按时到教室，上课坐姿端正、认真听讲、举手发言、动作小心、合作学习、课后及时复习、认真完成作业，等等。

(2) 初入学儿童的学习习惯养成离不开他人的帮助和指导。一般来说，初入学儿童都愿意学习良好的学习行为，并且能够学会，但在失去教师或家长的督促时，常常不能够自觉坚持，以致常常发生违反规则的行为。

二、小学低年级学生学习习惯养成与辅导

良好的学习习惯是由于多次反复练习而逐渐养成的，可以使学生成为学习活动的主人，越学越高兴、越学越主动。良好的学习习惯不但有助于学生当前的学习，而且影响他们今后的学习和工作，甚至使他们终身受益。因此，培养良好的学习习惯是学校教育的一项重要任务。从小学生入学开始，就要有意识、有目的、有计划地做好这方面的工作。

(一) 小学低年级学生应具备的学习习惯

小学低年级学生的学习习惯主要包括课前学习习惯、课堂学习习惯和课后学习习惯。课前的学习习惯是课前预习、准备学习用品的习惯；课堂的学习习惯是课堂听讲、回答问题的习惯；课后的学习习惯是完成作业、及时复习、整理学习用品的习惯。有学者认为，小学低年级学生应具备以下学习习惯：

1. 主动学习

无需他人督促能够主动学习，一旦开始学习就要求自己进入状态，力求高效率地利用每一分钟的学习时间。有意识地集中自己的注意力用于学习，并能坚持始终。

2. 有效学习

指在规定的时间内完成规定的学习任务。把每个规定的学习时间分成若干时间

段，根据学习内容，为每个时间段规定具体的学习任务，并要求自己必须在一个时间段内完成一个具体的学习任务。从而减少或避免学习时走神或注意力涣散的情况，有效地提高学习效率。还可以在完成每个具体学习任务后，产生一种成功的喜悦，使自己愉快地投入到下一时间段的学习中。

3. 提前预习

课前预习可以提高课上学习效率，有助于培养自学能力。预习时应该对要学习的内容，认真研读，理解并应用预习提示、查阅工具书或有关资料进行学习，对有关问题加以认真思考，把不懂的问题做好标记，以便课上有重点地去听、去学、去练。

4. 认真听课

上课时老师不仅用语言传递信息，还会用动作、表情等传递信息，例如用眼神与学生交流。因此，学生上课时应该认真听讲，跟上老师讲课的思路，调动所有感觉器官参与学习。能否调动所有感觉器官学习，是学习效率高低的关键性因素。学生上课要做到情绪饱满，精力集中；抓住重点，弄清关键；主动参与，思考分析；大胆发言，展示思维。

5. 多思善问

多思指把学到的知识与生活实际相联系形成体系。善问不仅要多问自己几个为什么，还要虚心向老师、同学及他人询问，从而提高自己。同时在学习的过程中，注意发现问题、研究问题、有所创造，在尊重科学的前提下，敢于合理质疑已有的结论、说法，敢于挑战权威，要做到绝不轻易放过任何一个问题。

6. 科学总结

经过一段时间的学习，要对所学的知识进行总结归纳，形成单元、章节知识结构，在大脑中勾画图式，这是使知识系统化，牢固掌握知识，形成学科能力的重要一环。在学习过程中不仅要善于总结自己的学习经验，也要善于借鉴别人比较好的学习经验为已所用。

（二）小学低年级学生学习习惯养成辅导

学习习惯在学习过程中发挥着稳定、持久的作用，也是形成优良学习动机，掌握科学学习方法的保证。乌申斯基说："良好的习惯乃是人在神经系统中存放的道德资本，这个资本不断增值，而人在整个一生中就享受着它的利息。"这句话道出了良好的习惯所蕴藏的巨大潜能。小学阶段是良好的学习习惯养成的最佳时期。教师应该通过以下辅导方法，促进小学低年级学生养成良好的学习习惯。

1. 认知指导

一年级新生具有很强的可塑性和向师性，教师瞄准时机对学生表达期望和明确要求，使学生明晰在学习方面教师的期望和正确的行为方式，这是启发学生表现自我，发挥潜能，追求进步的强大动力。

根据低年级学生的心理特点，采用他们喜闻乐见的歌谣、故事、格言等形式对他们进行认知指导，明确老师对他们的期望及正确的行为方式，使他们自觉愉快地朝着良好的方向努力。

2. 榜样示范

提供榜样，让学生模仿也是培养学生良好习惯的方式。榜样可以是名人和英雄，也可以是教师和学生中的佼佼者。对于小学低年级学生而言，身边的榜样更具有生动直观的特点，模仿起来更容易。因此，在日常工作中，教师一方面要规范自己的言谈举止，做学生的表率；另一方面要发现学生中的佼佼者，树立榜样。可以用设立“声音洪亮小标兵”“团结协作小奖杯”“课堂交往小专家”“作业迅速小标兵”“书写规范小标兵”等措施，并且具体细致地指出他们的长处，促使这些同学更加努力地保持自己的优势，也使其他同学察觉到自身和榜样的相似性与差距，从而更加用心地观察学习。

3. 情感强化

小学生都有强烈的表现欲，想让别人知道自己能力超群，出类拔萃。所以当他们取得成绩时，特别渴望得到老师的肯定，如果老师能及时发现，并予以表扬鼓励，学生想要进步的动机就会得到强化，并产生成就感、荣誉感。为了维护这种“光辉形象”，他们会坚持不懈地做出种种努力，不断约束和规范自己的行为，从而产生积极的良性循环。所以，在日常工作中，教师应该经常用“肯定”激励学生的自尊、自信，用“赞赏”激发学生的自律、自强，从而培养学生良好的学习习惯。

4. 行为训练

习惯是练出来的，不是说出来的。因此，要培养小学生良好的习惯就要坚持不懈，不能三天打鱼，两天晒网，想起来就抓，想不起来就不抓。培养坚持的习惯是非常重要的，正如著名教育家恩曼所说：“习惯仿佛像根缆绳，我们每天给她缠上一股新索，要不了多久，她就会变得牢不可破。”

培养学生良好的学习习惯是一个长期、艰巨、细致的工作，不仅要有长期计划、短期目标、持之以恒的精神，更要有“随风潜入夜，润物细无声”的培养行为。应遵循从不自觉到自觉，从简单重复模仿到有意识训练，进而达到习惯成自然的规律。为此，可紧密结合教学过程随时讲评学生的常规遵守情况，使学生在不知不觉中自觉自愿地投入到训练活动中去，而且要对难以形成习惯的行为方式进行反复的行为演练。“严格要求，耐心疏导，反复训练”是养成良好习惯的关键。

拓展阅读

1. 王小英，邓宏，曹书楷. 日本幼小衔接的新举措[J]. 比较教育研究，2013(2)：22－27.

2. 赵博涵. 美国幼小衔接：从重智力到重兴趣[N]. 中国教师报，2016－12－21(3).

3. 刘景全，姜涛. 关于小学生某些注意品质的实验研究[J]. 天津师范大学学报(社会科学版)，1993(4)：31－35.

4. 李洪曾，胡荣查. 五至六岁幼儿有意注意稳定性的实验研究[J]. 心理学报，1983(2)：178－184.

5. 刘镜秋. 关于测定注意力转移品质的实验报告[J]. 心理科学通讯，1988(6)：39－41.

6. 王唯. 小学儿童观察能力研究报告[J]. 心理发展与教育，1985(3)：26－31.

7. 朱玉英. 小学一年级第二学期学生解答算术应用题产生错误的思维特点[J]. 心

理学报,1965(1):38－49

8. 傅安球,王唯,武珍等.学龄初期儿童意志发展的实验研究[J].心理发展与教育,1983(3):1－6.

9. 周宗奎,林崇德.小学儿童社交问题解决策略的发展研究[J].心理学报,1998(3):274－280.

10. 朱智贤.儿童心理学[M].北京:人民教育出版社,2018.

反思与探究

1. 利用小组学习的方式,通过观察、访谈等方法,了解小学低年级学生的心理发展特点。

2. 针对你感兴趣的小学低年级学生心理问题,设计一个心理辅导方案,并与大家交流与分享。

第六章 小学中年级学生心理问题与辅导

※ 学习目标

1. 了解小学中年级学生的心理发展特点
2. 理解小学中年级学生的心理问题
3. 掌握小学中年级学生心理辅导方法

※ 关键词

小学中年级;心理发展;心理问题;学习辅导

小学中年级是整个小学阶段的过渡期,此时的小学生情感趋于丰富,对外部环境和他人也相对敏感。随着神经系统的不断发育,小学生生理方面的发展变化为心理的发展奠定了基础。此时中年级的学生已经不再把老师和家长的话放在第一位,而是表现为一副"不听话"的模样,此时的家长和老师纷纷抱怨孩子这个时候不好管。其实,中年级小学生正是心理和身体走向成熟的重要阶段,为了有效开展中年级小学生常见心理问题的疏导工作,作为教育工作者的我们有必要了解小学中年级学生的心理发展特点、常见的心理问题及成因,以及培养对策。本章将对这些基本问题加以阐述。

第一节 小学中年级学生心理发展特点

小学中年级一般指 9—10 岁这个年龄段,它对儿童来说是极其重要并带有质的转变时期。处于这一阶段的儿童,已经完全脱离了幼儿时期的心理发展特点,他们在自我意识、学习兴趣、情绪表达等方面和之前相比有明显的差异。生理和心理的变化促使着小学中年级学生的心理发展,并表现出该年龄段所独有的心理特点。本节将简要分析小学中年级学生在心理过程、自我发展、道德品质、学习心理和社会交往五方面的特点。

一、小学中年级学生心理过程的特点

心理过程是指在客观事物的作用下，心理活动在一定时间内发生、发展的过程。通常包括认知过程、情绪情感过程和意志过程三个方面。

（一）小学中年级认知过程的特点

1. 小学中年级学生注意的特点

注意作为一切心理活动的伴随状态，并不是一个独立的心理过程。注意是心理活动对一定对象的指向与集中，它对于学生提高学习效率起到关键性作用。小学中年级学生注意特点主要表现为：

第一，有意注意的发展迅速。随着年龄的增长和大脑的不断发育成熟，神经系统活动的兴奋与抑制过程逐步协调，趋向平衡，并且通过教学的不断要求和练习，中年级学生开始理解自己的角色和学习的意义，能够开始根据预定的目的，将注意力集中于相应的事物和学习材料上。

第二，注意的范围逐步扩大。与低年级相比，三、四年级学生的注意范围从之前的不足4个对象提高到5—6个对象。

第三，注意的稳定性增强，中年级学生注意保持时间约为30分钟。有研究表明，四年级学生在阅读中对词的总注视时间、凝视时间首次表现为最长，超过六年级小学生。

第四，注意的分配和转移水平提高。中年级学生逐渐学会根据活动将注意力从一件事情主动转移到另一件事情上，并且迅速转移注意力的能力逐渐提高。例如，相比低年级的学生，中年级学生上课时能够在听讲的同时进行一定的思考，同时能够在听写活动结束后较迅速地转移到接下来的听讲。可见注意的分配和转移能力有所发展。

2. 小学中年级学生知觉的特点

随着年龄的增长，知觉的有意性、精确性逐渐增强。比如，低年级的学生很容易在学习过程中分心，因为其知觉具有无意性强、精确性低的特点，同时因为没有很好地形成方位知觉，容易混淆形近字。到了中年级阶段，知觉的有意性、精确性大幅提高，学习分心的现象在一定程度上减少，左右偏旁的汉字以及阿拉伯数字书写的准确性也有很大的提高。

3. 小学中年级学生记忆的特点

学生的机械记忆仍然占主要地位，意义识记开始发展，学生逐渐通过对学习内容的理解进行识记。同时，由无意识记向有意识记发展，从三年级开始，小学生的有意识记逐渐占据主导地位，他们能够较主动地记忆那些自己不感兴趣的材料，对于难记的抽象材料也能花功夫努力记住。另外，随着年龄增长，形象记忆发展变慢，抽象记忆发展变快。

4. 小学中年级学生思维的特点

思维形式向抽象思维过渡，从中年级起，学生逐渐能够区分概念中的本质与非本质，主要与次要。随着学生推理、归类、对比能力的增强，儿童能够初步掌握科学定义，并且较为自觉地调节、论证自己的思维过程。所以，四年级（10—11岁）被看作是思维发展的“关键年龄”。

5. 小学中年级学生想象的特点

其想象富于模仿性、再现性，并且逐渐开始注意与现实的联系。例如，他们越来越善于主动地有目的地根据他人的讲述或书本文字的描述来想象风景古迹，并随着年级的增长，开始对惊险小说、科幻、高科技等读物感兴趣，因为这些读物更接近现实生活。

（二）小学中年级学生的情绪情感发展

情绪情感是个体与外部客观事物之间关系的反应，是以个体需要为中介的。如果事物符合个体的需要，更容易产生肯定的态度并同时产生愉快的情绪体验；如果事物不符合个人需要，便会产生否定的态度和体验消极的情绪。小学中年级学生情绪情感的特点主要有：

第一，情绪不稳定。中年级小学生由于生活经验不足，他们在陌生、严肃、冲突、恐怖、约束、遭受指责等情况下，容易产生紧张的情绪，自我调节能力差，难以释放心理压力，导致心情容易变坏。他们喜欢与伙伴共同游戏、学习，但情绪很不稳定，极易激动、冲动，常为一点小事面红耳赤，而且情绪变化极大，并表露在外，心情的好坏大多数从脸上一望便知。

第二，情感表达社会化。中、高年级，随着学校生活的延长，原来的生活背景对情感表现的影响呈现出逐渐弱化的趋势，情感的社会化凸显，因而情感的分化和表现在个体之间的差别渐趋缩小。从小学四年级开始，儿童对声音、表情的认知发展进入了正常辨认阶段。随着儿童认知水平的提高，知识经验的丰富，抽象思维能力以及自我意识水平的提高，小学儿童自我意识的情绪与行为“对错”“好坏”标准的内化联系更加紧密了。他们在责任、秩序、友爱、助人、荣誉等方面的情感逐渐摆脱自我中心，或是家长中心，意识到外部评价的重要性，慢慢以社会道德标准约束自己的行为和情感。

（三）小学中年级学生意志发展的特点

意志是人自觉克服困难从而完成预定目标和任务的心理过程。从中年级开始，小学生会出现一种强烈要求独立和摆脱成人控制的欲望，他们的性格特征中会表现出明显的独立性。同时，随着年龄的增长，他们对外部控制的依赖性逐渐减少，但其内部的自控能力又尚未发展起来，还不能有效地调节和控制自己的日常行为。

二、小学中年级儿童自我意识的发展

中年级儿童的自我意识从依附被动、服从权威逐步向独立自主的水平过渡，该年龄段的儿童不再像之前那样完全服从家人和老师的意见，其自我意识逐步提高到一个新的、较高的水平。

四年级的小学生逐渐有自我评价的意识。但是，他们的自我评价很大程度上还是依赖于别人的评价。从小学三、四年级开始，儿童的自觉性和独立性有了明显的发展，他们逐步学会把自己和他人的行为加以比较，从而独立地对自己的行为做出评价。从小学三、四年级开始，随着道德观念和抽象逻辑思维能力的进一步发展，儿童逐渐学会较全面地评价自己的行为，能同时列举自己的优点和缺点，并且自我意识的稳定性也在逐步提高。

中年级的小学生对自我概念的认知主要还停留在具体的外部特征上，但随着抽象思维的发展，对自我评价开始由具体到抽象、由外显向内心发展。这个阶段是个体形成自信心的关键期。他们在接受别人的评价和与同伴的比较中发现自身的价值，产生自豪感和自信心；有的还表现出强烈的自我确定、自我主张，对自己评价偏高，容易导致自负心理。另外，也有的学生由于成绩不良或某方面的缺失，得不到同学重视，又往往对自己评价过低，对自己失去信心。他们的自我体验开始趋向深刻，自尊感、羞愧感和委屈感等也逐渐发展起来。

三、小学中年级学生的道德发展

小学中年级儿童道德发展主要表现在道德意识和道德行为两方面。

道德意识方面，中年级小学生对道德概念的掌握和理解水平与其思维发展水平有直接的关系，其变化发展态势与思维发展趋势大体相同。中年级学生能够从具体的道德情境中进行直观的感知和描述，对道德概念能够进行相对准确的理解。中年级小学生道德判断开始逐步摆脱成人惩罚的影响，能够做出独立的自我判断，道德判断和评价水平逐渐提高，评价道德行为开始注意到行为的动机，并把动机和效果结合起来考虑。我国学者研究认为，三年级下学期前后是小学阶段道德品质发展的质变时期，即品质发展的“关键年龄”，这是加强辅导和促进发展的关键阶段。

道德行为习惯的发展方面，小学生道德行为习惯的发展水平形成一个马鞍型，即低年级和高年级较高，中年级较低。到了中年级，随着思维能力、判断能力、独立性和自觉性的发展，并受外界环境影响，小学生有时会表现出言行不一致，导致道德行为水平下降。对道德行为的判断从以行为的后果为标准，逐步过渡到能够考虑行为动机的水平，道德行为从服从外部控制的水平，逐步向自我控制的自律水平发展，这是儿童社会性发展的一个重要标志。

四、小学中年级学生学习心理特点

案例 6-1

童童 9 岁，小学四年级，学习成绩比较差，一二年级时还可以，到了三四年级，成绩明显下滑，全班倒数几名。老师对童童的评价是：比较听话，让她做什么就规矩地照做，但是学习习惯不好，上课经常走神，作业也经常做不全，家庭作业常常应付了事。然而，童童对于自己的学习落后并不在意。老师最近特意跟童童妈说，孩子上四年级了，家长要特别关心孩子的学习，这个阶段落下就不好赶了。童童妈有些不理解：孩子学习是差一些，可是为什么非要强调四年级？

小学中年级学生的学习动机与学习兴趣间保持着紧密联系，学习兴趣仍然是学生进行学习活动的重要推动力。从三年级开始学生的学科兴趣开始分化，逐渐出现感兴趣的学科，随着他们知识的丰富、能力的发展和教师的教学影响，这种兴趣仍然不稳定，容易受到教师和家长的影响。

研究发现，在儿童的学习兴趣由直接向间接发展的过程中，小学中年级是一个非常关键的时期。中年级以上的儿童已经想竭力表现出自己是一个真正的“小学生”，对具有游戏性质的课堂教学形式已不感兴趣，他们希望用学到的知识来解决实际问题。从三年级起，学生更喜欢比较新颖的、困难的、需要动脑筋的、独立思考的学习作业。四年级之后，开始对自然现象和社会现象的因果关系、初步计算规律的应用、语法结构的变化等感兴趣。小学儿童的学习目标是由近景向远景逐步发展的。

五、小学中年级学生人际交往特点

小学中年级的儿童已经完全脱离了幼儿时期的发展特点，全身心地投入到学校集体生活中，他们一边继续服从着教师的权威，一边开始重视伙伴之间的真诚与法则。这一时期的儿童对成人的意见或命令不再那么唯命是从，而是试图发表自己的看法，在家里他们总是试图摆脱父母的管束，开始讨厌保护和命令，喜欢独立。从中年级起，一部分学生不愿意把在外面发生的事讲述给家长，自己经历的事也不告诉家长，显示出独立的个性。并且此时父母对他们的要求也从“听话”标准上升到“学习好，能力强”的标准，而对他们的照料和关注则比以前要减少许多，因此亲子之间的沟通通常被忽视，矛盾与代沟距离开始出现。

该阶段同伴的友谊进入到一个双向帮助、但是还不能共同患难的阶段。他们内心渴望与同龄伙伴交往，开始形成小团体，团体内的人际关系既凝聚又排他，在某些情况下同伙的规则比父母和教师更有控制力。他们对友谊的认识有了提高，但还具有明显的功利性特点。他们的择友标准也在发生着变化，往往把学习的好坏当作衡量人的能力的标志。此时，学生的择友范围不仅限于同性，他们对异性同伴的关注开始增多，这是一个值得注意的改变。与此同时，学生之间分化并且形成了若干个同伴团体，出现了小团体中的领袖人物。

从三年级开始，由于儿童的道德判断进入可逆阶段，学生对老师的态度从完全崇拜到有自己的独立评价。他们开始对教师表现出不同的喜好，对教师做出个人化评价，从而对师生间的人际关系产生一定的影响。

第二节　小学中年级儿童的心理问题

通过对儿童认知发展特点的了解，我们发现小学三年级儿童虽已发展了有意注意，但还是容易受其他事物的影响而分心。中年级儿童的自我控制能力还较弱，当老师讲课并不丰富有趣时，学生更容易分神。根据儿童的认知、情绪情感、意志、学习心理以及社会交往的阶段性发展特点和本身具备的发展局限性，中年级儿童出现各种心理问题，其中包括自卑、情绪不稳定、逆反心理、厌学、拖延等。

一、小学中年级学生心理问题

(一) 个性问题

小学中年级是儿童个性差异很大的一个阶段，一方面身体发育表现出明显的高矮、胖瘦差别，发育快的已接近中学生的指标，发育慢的还像一二年级的学生。心理方面也是如此，由于家庭环境和其他条件的差异，孩子对事物的体验差距很大。心理发育较快的孩子，小时候看不懂、听不明白的一些事情，现在很快就可以搞明白，视野开阔、知识增长速度明显加快。去的地方多、见识多的孩子甚至表现出老成的样子。而条件不好，每天仅限于家庭、学校活动的孩子显得孤陋寡闻。有些精力充沛的孩子已经开始阅读成人书籍，由此，个人知识面也迅速拉开差距，可以对老师的指导提出更深的要求。同时，三、四年级是小学生形成自信心的关键期。他们在接受别人的评价中能发现自身的价值，产生兴奋感、自豪感，对自己充满信心；有的还表现出强烈的自我确定、自我主张，对自己评价偏高，甚至有时“目空一切”，容易导致自负的心理。相反，有的孩子由于成绩不良或某个方面的缺失，受到班级同学的歧视，往往对自己评价过低，对自己失去信心。

案例 6－2

小林在班里表现一直挺好，因为他聪明机灵，上课敢于发表自己的见解，提出疑问，课堂作业做得也很快，所以我会时常表扬他。可是，渐渐地我发现他太自负了，总是瞧不起别人。比如，在课堂中回答问题，一个学生答不出来或者答得吞吞吐吐时，他就很不耐烦，数落人家太笨。有时候碰到一个问题有多种解法时，他不倾听他人想法，口中叫着：“老师，我来，我来。”可以看出他很喜欢数学，但每次的数学单元测验他都是 90 分左右，错的题目都是很基础的，连班级中的后进生都能做得出来的题目，而那些附加分和聪明题他基本上都对。据我的观察，课间活动课上同学们不爱和他玩。从家长那里了解到，他的父母在外做生意，他是个独生子，由奶奶来照顾。老年人极其宠爱他，夸奖，赞扬，使他觉得自己相当了不起。

(二) 情绪问题

小学中年级学生由于生活经验不足，他们在陌生的、冲突的、遭受指责等外界情况影响下，容易产生紧张的情绪，自我调节能力比较差，难以释放心理压力，这样就容易使他们的心情变坏。他们喜欢与伙伴共同游戏、学习，但情绪很不稳定，容易激动、冲动，常为一点小事争得面红耳赤。而且情绪变化极大，并且表露在外，心情的好坏大多数从脸上一望便知。他们的道德感有了明显的进步，责任感、义务感、成功感等也开始迅速发展。

案例 6-3

陆女士的儿子今年10岁，上小学三年级，近一年孩子的情绪波动很大，而且十分暴躁，经常会为了一些小事跟父母发脾气。昨天晚上被妈妈批评了一顿之后，一直在生气。今天早上还对昨天的事情耿耿于怀，跟妈妈大吵大闹不肯去上学。由于儿子情绪不稳定，脾气上来的时候甚至会离家出走，有时候一整天都找不到，为此陆女士辞去了全职工作以便照顾儿子。

专栏 6-1

一位三年级老师的手记

在三年级期中检测后，我班学生语文平均分82分，数学平均分92分，英语平均分86分。在本次测试中，平行班语文成绩均不理想，某班学生的这个成绩已经超越了其他班。据统计，此班85%的学生对自己的学习成绩不满意，他们在检测后的作文反思中纷纷写到，“考试结束后我觉得自己能考90分以上，可是成绩出来后，让我大吃一惊，这样的成绩，我未曾想过。我怎么这么笨，这么粗心”，“我向妈妈保证要考‘三百’(语文、数学、英语)的，现在居然连90分都没考上”，这种“后悔、羞愧、内疚、失望”的心理跃然纸上，言辞间流露出对自己极为不满，羞于见人。大部分同学都认为自己不如别人，很笨，继而情绪低落、压抑，在之后的学习中畏缩，上课不敢发言，生怕自己出错，认为自己不行等。由于过度地重视考试结果，导致其在记忆、注意力方面受到影响，如发呆愣神、思维停滞等等。如果此时教师也因学生成绩未能达到预期目标而斥责学生，无形中更加重了学生的心理负担。“我要下决心在下次考试中考双百。”“我要向一、二年级时那样，门门功课在95分以上。”…这样的承诺轻而易举地从他们口中不约而同地说出，而这种过高的分数期望针对第二学段学习目标来讲，显然不切实际，对他们来说，犹如攀越云梯，登云驾雾一般，无法实现。三年级后的学习，知识的难度在不断攀升，要想将所有的知识内化，连成人都无法做到，何况是8、9岁的孩子。

资料来源：杨彩霞.认识自我重塑自信—三年级学生心理健康案例[J].中学课程辅导,2014(11):306-307.

(三) 学习问题

小学中年级学生的学习任务相比低年级学生而言在广度和深度上都有显著变化，学习活动的游戏性减少，学习过程的组织性、认知过程的规范性与严谨性更强。三年级课程似乎一下子变得难了，要保持高分，需要花费更多的力气，付出更多的努力，许多事情都要靠自己的努力去解决，稍有马虎学习成绩就有可能滑下来。在这一时期，孩子的学习兴趣也开始分化，他们对于不同学科的学习动机出现了差别，学科偏爱开始出现。由于三年级之后的学习难度增大，学生学业分数也低了下来，这种状况使得自尊心强的学生比一般学生更易沮丧，产生失落感，从而引发厌学情绪，一旦遇到某些事件刺激后，甚至产生逃学的行为。

案例 6－4

小刚是小学三年级的学生，上课时总是听一会儿就不自觉地东瞧瞧、西看看，桌面上有什么东西都想玩，一支笔、一块橡皮都能让他玩上半节课，等到转过神来听课时，已经因为之前的知识点没有听到而跟不上学习进度，所以就又开始摆弄手边的东西。考试成绩自然不会高，老师和家长都着急。他自己也知道上课时应该认真听讲，想改掉开小差的毛病，可一上课又不自觉地神游了。

专栏 6－2

一位三年级班主任的教学日记

我所带的班级学生在一、二年级的学习中，每次期末测试 90% 以上的学生学习成绩突出，学生学习信心十足，成就感强。然而进入三年级后，学生在语文学习中，出现了“阅读理解”与“写作”这两块“硬骨头”，对学生来讲难度太大，根本无从下手，三年级期中考试只有几名同学成绩在 90 分以上。分析原因则不难看出班级中只有 20% 的学生在智力因素的作用下，能适应这个要求，掌握了学习的方法，解决了学习难度。而 70%—80% 学生一见这类题就焦虑，情绪紧张，思想消极悲观。尤其写作文要不就抄，要不就记流水账，很难将书本中学到的词、句、段应用在自己的习作中。孩子们的考试分数也不像一二年级那样高分频频，这与他们自己及家长的期望形成反差，从而造成心理失衡，产生挫折感。长期受到这种负面情绪的影响，学生会产生自我认知偏低，过低估计自己，失去学习兴趣，产生厌学，最终造成严重的自卑心理。

资料来源：杨彩霞. 认识自我重塑自信—三年级学生心理健康案例[J]. 中学课程辅导，2014(11)：306－307.

（四）“逆反”与意志力薄弱

逆反是坚持一种与他人愿望、意见相违背的心理状态。逆反心理实际上是个体独立性发展的一种表现。小学三、四年级的学生虽然认知能力有所发展，但总体水平还比较低，他们常会支持一些表面的事实或依据坚持自己的想法或行为是正确的。还会由于晕轮效应，认为某一个老师或家长不管做什么都是不对的，故意与自己过不去，因而与家长、老师和学校唱反调。同时，为了表现自己的与众不同，易对任何事情持批判态度。也有些中年级学生希望家长老师把他们当大孩子看，当这种需要得不到满足时也能产生逆反心理。当孩子逆反心理得不到及时矫正时，可能发展成为逆反习惯，即不假思索地与别人唱反调。

案例 6－5

小姜，男，10 岁，小学四年级学生。聪明伶俐，但只有数学成绩较突出，其他成绩一般。性格倔强，个性刚硬，自尊心强，逆反心理十分严重，经常和父母、老师发生冲突、顶撞，有很强的抵触情绪。你越是反对的事情，他就越和你对着干。在学校，每当老师批评他时，他眼睛直对着老师，一副不服气的样子，有时候甚至和老师顶嘴。课堂上故意讲话，做小动作，老师点他名字，他就抵赖不承认。

此时的小学生会出现一种强烈要求独立和摆脱成人控制的愿望，因此他们的性格特征中也会表现出明显的独立性。同时，随着年龄的增长，他们对外部控制的依赖性逐渐减少，但是内部的自控能力又尚未发展起来，还不能有效地调节和控制自己的日常行为。小学三年级是意志发展的关键期。由于这个阶段学习活动的巨大变化，不少学生的学习方式不能适应新的学习任务的要求，使他们在学习中碰到许多困难，影响他们的学习效果。如果这些困难产生累积效应，孩子便会受到严重的心理创伤，他们会偏向于悲观地评价自己的能力，降低对自己的期望，产生畏难情绪。当这种情绪泛化时，孩子的意志力就会受到影响，孩子在从事各种活动时，遇到困难会倾向于放弃完成任务。

（五）学会“欺骗”

晓晓的妈妈让他到超市帮她买瓶新出的酱油，晓晓满口答应着就跑出家门，到了超市，看着货架上的零食，他转身挑了瓶便宜的酱油，将剩下的钱买了自己喜欢吃的零食，回到家，晓晓对妈妈解释说那种酱油没有货，应该是卖完了。

在小学中年级阶段，儿童会出现趋利避害的心理特点，有时也表现为言行不一致，对自己有利的事就做，有利的话就说，不利的事就躲避。这是道德观念形成的一个重要时期。

三年级学生不太会寻找理由自我掩盖，在遇到理屈的时候沉默不语，或者只挑对自己有利的话来说，不利的话则不说。四年级的学生已经学会了寻找对自己有利的理由替自己辩护。与之前直来直去的表达方式相比，四年级学生知道选择语言，表达不同的意思，有时会隐瞒真实的情况。

（六）拖延

学习拖延是指在学习情景中，学生有完成学习任务的想法而实际推迟完成任务，并伴有消极情绪体验的一种行为。从小学低年级开始，儿童就出现不同程度上的学习拖延行为。随着年级的增加，学科难度的增长，中年级学生学习拖延已经成为较为明显的现象。当学生产生厌学情绪，回到家中需要完成学习任务时，因为多种原因使得学生们将学习任务一拖再拖，最终不能合理分配空余时间，使得作业不能按时完成。

案例 6－6

小高今年 10 岁，小学四年级学生，每天放学回家第一件事就是打开 ipad 玩游戏。家长要是让他写作业，他就说吃完饭再写作业。吃完饭呢，他说吃太饱了，先休息半个小时，就打开了电视机。电视节目通常半小时是看不完的，磨磨蹭蹭地每天到八九点再开始写作业。周末放假，每次都是挨到星期天下午才开始写作业，之前总是找各种借口拖着。

二、小学中年级学生心理问题的成因

三、四年级儿童的心理健康水平处于小学阶段的一个低谷，并产生一系列心理问题，其原因包括儿童自身成长特点、家庭学校及社会等方面的影响。

（一）自身成长特点

9—11 岁是儿童成长的关键期，是大脑发育的内部结构和功能完善的关键期，在小学教育中正好处于从低到高的过渡期，生理和心理变化明显。同时也是情绪情感变化的转折期，情感发展向深刻、自觉方面发展，情绪控制能力还有限。与此同时，儿童有了自己的想法，但辨别是非能力有限，社会交往经验缺乏，经常遇到很多难以解决的问题。这些都是儿童内心不安的开始，如果在学习上遇到困扰，就会逐渐对学习失去兴趣。

（二）家庭因素

家庭是小学生接受教育的最初环境，是儿童拥有成员地位的第一个社会群体，家庭教养对儿童的人格发展有着深远的影响，并直接影响着儿童的心理健康发展。

1. 长辈的溺爱

一些长辈对孩子从小一味地顺从，过多满足孩子的各种愿望，这种过度保护的教育方式，容易促成孩子的任性与依赖。毫无原则的迁就与溺爱，使得儿童从小生活不能自理，导致儿童的缺点因长期得不到矫正而形成不良的行为习惯和性格。总为孩子做事，实际上是在告诉他们没有能力为自己做任何事，这种家庭教育方式会对儿童的自尊产生消极的影响。

2. 家庭教育方式不当

儿童在成长过程中不可避免地受到家庭生活方式的影响，比如父母与孩子的互动模式、儿童在家庭中的地位等。如果家庭环境是健康积极的，儿童能够发展出更多适当的行为，比如尊重、宽容、守纪和合作等。家庭教养方式在不同家庭中表现千差万别，有的父母营造了专制的家庭环境，要求孩子毋庸置疑地服从他们。有的家庭则陷入过度期望、过分保护、过度溺爱等教育误区中，这种不切实际的高期望和简单粗暴的教育方法，使得儿童的自尊心受到伤害，独立性受到压制，容易造成亲子关系的紧张，最终使得子女形成叛逆、胆怯、疑惧等消极心理品质，产生心理问题。

3. 家庭氛围不和谐

随着离婚率的不断攀升，给越来越多的孩子带来了不幸，夫妻关系的紧张甚至破裂，会严重损害儿童的正常生活环境，给他们造成难以愈合的心灵创伤，容易产生心理问题。在家庭氛围不和谐的家庭中，经常会发生争吵，有时甚至上升为暴力。这样的家庭气氛中，更多的教育行为是缺乏理智、不稳定和相互矛盾的，家庭的冲突不仅会影响儿童的心理健康发展，还会导致儿童在心理和精神上的某些病态。

（三）学校因素

1. 学业负担重

如今社会竞争激烈，小学生的压力越来越大，他们背负着父母的期望，家长为了提升孩子的竞争力，学校为了追求升学率，使得学生承受繁重的课业任务和种类繁多的课外辅导。这种局面使得小学生疲于应对，心理高度紧张，导致有些学生用脑过度，皮质机能降低，从而使得学习效率降低，进而挫伤学生对学习的兴趣和信心，产生焦虑、苦闷、压抑等不良心境。长此以往，会造成不同程度的心理问题。

2. 教师教育方法不当

教师在教学过程中，过于从分数和排名作为工作的出发点和落脚点，而忽视小学生心理素质的教育和综合素质的培养，缺乏耐心和爱心，不能用尊重、理解的方式给予学生指导和帮助。从而使学生感到失望，产生消极情绪，甚至导致学生对学习产生抵触，破坏师生关系。此外，一些小学教师自身的心理不够健康，如过于情绪化，对学生的态度极易受自己情绪的影响，缺乏应有的自制力，这种消极的和不稳定的情绪常常是造成部分小学生某些心理问题与心理障碍的原因。

3. 学生人际关系不良

研究表明，学生在学校的人际关系会一定程度的影响心理健康的发展。儿童如果长期不能得到老师和同学的肯定与尊重，就会形成自暴自弃、敌对的消极情绪，从而产生心理问题。与此同时，班级氛围也会影响学生的心理健康。如果学生在班级中地位偏低，长期受忽视或排斥，容易形成严重的自卑心理、逃避倾向，也可能导致交往障碍及同学关系紧张等。在一些班级中存在不健康的小群体和严重的欺负行为，如果教师不能及时发现和解决，很可能使部分学生产生紧张、恐惧等负面情绪，导致进一步的心理混乱。

（四）社会因素

虽然小学生并未直接接触社会，但他们的父母、老师和周围的人均在给他们灌输一个事实：随着科学技术的飞跃发展，社会的竞争压力无处不在、无时不有。这使得小学生从小便体会到这种压力。同时，交通拥挤、住房紧张、环境污染、就业与社会保障等种种问题造成人们精神压力的增大，加剧挫折感体验。人与人之间的信任感、安全感下降，不平衡心态普遍存在，这些都使得人们的焦虑感逐步升级。在这样的环境下，成人的情绪会对小学生产生直接或间接的影响，导致他们情绪不稳定、对现实充满迷惘、无所适从，从而引起各种心理问题。

第三节　小学中年级学生心理问题辅导

案例 6－7

童童，女，9岁，小学三年级学生，学习成绩一般，不够稳定。她性格内向，胆子小、害羞。在学校里，很少与老师、同学们交谈，老师找她谈话，她一声不吭，面无表情。上课时无精打采，眼睛无神，对事情总是提不起兴趣。平时独来独往，在一旁观看别人的活动，自己很少参加。她家庭生活比较贫困，因而有点自卑。父母为进城务工者，文化程度不高，对孩子不够重视，两人忙于生计奔波，而忽略了与孩子的内心交流。她终日闷闷不乐，很少看见她脸上有笑容。

案例分析：童童性格内向，寡言少语，不愿主动与人交往，把自己封闭起来，因而觉得生活了无意趣。在情绪上以抑郁、悲伤为主要心境，在意志行动上表现为精神不振，遇事多从消极方面进行归因，以悲观的眼光看未来。其次，家庭环境不好。父母对她关心不够，不重视感情沟通，使她缺少亲情的关怀。学习成绩也不是很理想，常表现为自我评价低，对前途、期望看得十分悲观，自卑感随之产生。

辅导方法：

1. 经常沟通。不定期地找童童交谈，对她表现出亲切、关怀的态度，并诚恳地说明老师愿意帮助她，使她产生信任感。

2. 体验交流与友谊。安排一个性格开朗、能说会道、乐于助人的同学与她同桌。给同桌布置任务，让他每天与童童说五句话，话题随意，并做好记录及时反馈，逐渐激发童童与人说话的欲望。此外，应指导童童学会交友，多参加各项课外活动。课外活动期间，组织丰富多彩的活动，如丢沙包、跳绳，邀请同学到家里参观小动物等，鼓励童童加入，增进交流，使之体验到活动的乐趣，并感受生活的美和友谊的可贵。

3. 关注闪光点，多表扬，多鼓励。课堂上，尽量给童童表现的机会，对童童所取得的点滴进步着重表扬，使同学们羡慕她、接近她，让童童增加自信心，消除自卑感。

4. 表达情绪情感。鼓励童童把自己忧伤的事以文字形式发泄出来，以减轻心理压力，根据童童的反映，老师应给予必要的心理辅导，帮助她学会自我安慰，自我调节，遇到不愉快的事，应从各个角度思考，保持开朗的情绪。同时鼓励童童把自己觉得高兴的事向知心朋友、老师或家长诉说，让别人共享欢乐。通过情感的表达，拉近与童童的关系，给她营造一个简单愉快平等的氛围。

5. 开发家庭环境中的支持力量。与家长保持联系，争取得到家长配合，让家长对童童多施予爱心，从生活细节、学习方面入手，让她逐步感受到父母的关心与温暖。

6. 指导其掌握学习方法。经常给她讲授解题思路，点拨难题，并做好方法的归纳总结。让她学得简单，使之对学习逐步产生兴趣。

心理辅导不同于一般的做思想工作，它是将心理学的理论与技术相结合的心理维护方法。小学中年级学生的心理特点具有一定的阶段性特征，因此心理辅导应根据其阶段性特征做出相应的调整，以提高小学中年级学生的心理健康水平，减少心理问题的发生。

一、了解自我，认识自我

认识自我是个体成长过程中的一项重要的任务。当儿童能够正确的、客观的认识自己，并准确的评价自我，便能够在生活中通过理智的态度面对自己，处理好自己在生活中遇到的问题。

引导儿童多方面地了解自己、认识自己，主要通过社会比较、他人评价和自我反省与评价对自己进行更加全面地认识。社会比较主要指需要通过与他人比较来实现个体对自我的客观认识。在与他人比较的过程中，个体能够认识到自己能力的高低、道德品质的好坏、追求的目标是否恰当等。处于小学中年级的学生容易沉浸于自己的世界而“想当然”

地形成较为片面的自我认识，适度地与他人进行比较，可以提供一种认识自我、了解自我的途径。另外在生活中，我们可以从他人的态度与反应中来了解自己。小学生在与同学、教师交往中感知到的“自我”，很多是通过他人评价形成的。例如一位小学生曾在给别人的信中提道：“我感到非常孤独，班里的同学不喜欢我，我常常在教室外面听到里面正在热烈地谈论着一个问题，而当我进去时，谈话经常戛然而止，大家的表情显示出他们对我的冷淡与不在乎，我不知道自己做错了什么，得不到大家的喜欢。这使我非常痛苦。”

什么是自尊

美国著名心理学家詹姆斯(W. James)认为，自尊是指个体的成就感，或者说，自尊取决于个体在实现其所设定的目标的过程中对成功或失败的感受。可见小学生自尊的辅导，关键在于帮助小学生获得成功，体验到成功的喜悦，减少失败的感受。有许多心理学家认为，自尊是由理想自我与现实自我共同构成的。所谓理想自我，是指一个人希望自己成为什么样的人的一种意象，这种意象并不是一种轻浮的、根本达不到的幻想(如我想成为百万富翁，我想成为著名影星等)，而是一种想拥有某种特性的真诚愿望。所谓现实自我，是指一个人对自己是否具有某种技能、特征和品质的主观认识。当理想自我与现实自我相一致时，自尊就是积极的。相反，当理想自我与现实自我不一致时，自尊就是消极的。我们应当注意，现实自我的获得实际上是一个自我知觉的过程。人们在自我知觉的过程中通常会犯以下几种错误。

第一，武断推论，即没有充分的依据，凭想当然下结论。比如，有些学习钢琴的小学生，只看到别人的成功，而没有看到别人付出的代价，以为只要自己学习钢琴，付出代价也能获得成功。

第二，选择性提取，即只注意消极的信息。比如，一个因为胖而自卑的女孩，可能对别人挑剔的目光极为敏感，却对赞赏的目光非常麻木。

第三，泛化，即依据单一事件下结论。比如，一个人的生活有学业、品德、体貌、人际交往等很多方面，却只根据学业或体貌来给自己或他人下结论。

第四，扩大，即高估消极事件。比如，和同学为一件小事吵架了，事情并不严重，却总担心给别人留下坏印象。

第五，缩小，即低估积极事件。有些成绩不太好，却很有礼貌、爱劳动的同学，总觉得不是教师和同学心目中的好学生，因为他没有看到好品质的价值。

第六，个人化。即对消极事件采取个人负责的归因风格，把不是自己的责任也揽到自己身上。例如，考试成绩不好，有时是因为题目太难，却责备自己没有学好。

第七，二分思维，即全或无的思维，要么肯定，要么否定，要么正确，要么错误，对自己、对他人总是做“好”与“不好”的简单化评价。

以上这些错误都会导致自尊降低。为此，我们应当引导小学生正确地认识自我，珍视自己所拥有的某种技能、特性和品质，从而有效地保护和提高自己的自尊。

资料来源：殷炳江. 小学生心理健康教育[M]. 北京：人民教育出版社，2003.

二、情绪培养

随着儿童身心的逐渐发展，情绪情感也在随之迅速成长。小学中年级阶段儿童开始逐步了解各种情绪，学会表达自己的情绪。这不仅是学生成长历程的一部分，更是心理健康教育的重要组成部分。

（一）觉察情绪

在日常生活中，人们需要觉察到自身所表现出的各种情绪，这里的觉察是指个体对自己的生理状态、行为、情绪、心理活动的觉察。比如，当我们看到身边人不高兴时，他却说："我没有不高兴啊"，这本身就是对自己情绪的忽视或者拒绝。当个体对自身情绪和他人情绪进行觉察，便会对自己进行一定的提醒，自己或他人的身心有个地方出现问题，需要查找原因，进行调节和解决。觉察情绪的一个有效方法是记录情绪，通过"情绪阴晴表"的制作，见表6－1，尝试将每天的情绪事件记录下来，一段时间后，可以总结自己的情绪状况。

表6－1　情绪阴晴表

日期	星期	情绪	原因	事件
2.10	一	开心	作业受到了表扬	作业连续一周无错误、字体工整得到老师表扬。
2.11	二	失望	比赛失利	今天学校的合唱比赛，我们班没有得到第一名。
……	……	……	……	……

（二）表达情绪

1. 言语表达

通过使用情绪词汇对自己的情绪体验进行言语表达，做到能够适当的表达自己的情绪。人们常常认为表露情感会让人难堪，会使人际关系破裂，在这些误解之下人们不愿意真实地表达自己的情绪。而应该让儿童明白当我们有机会将真实感受说出来的时候，这本身对于自己就是一种纾解。我们要了解自己的感受，不能随便乱发脾气，或对他人大加指责，也不可直接表达情绪，一言不发或拒人以千里之外。尽量用平静、非指责的方式描述情绪本身，表达要清楚、具体。恰当的表达可以让我们的内心感受找到出口，也让自己和对方都能更多地了解我们。

2. 非言语表达

指主要通过面部表情、姿势语言和腔调语言来进行表达。如"眉开眼笑"就是面部表情中眼睛的情绪表达。同时，眉毛、嘴部也能传达出丰富的表情。另外，也可以通过四肢与躯体变化来表现人的各种情绪。比如高兴时人们通常手舞足蹈，悔恨时表现出的顿足捶胸。通过音调、音速和音响变化来表现各种情绪状态。高兴时语调激昂与节奏轻快，愤怒时语言犀利、态度凶狠。

3. 调节情绪

（1）保持愉快情绪。

首先，帮助小学生建立适当的需要。家长和老师要帮助小学生确定符合其实际情况的目标，引导他们实事求是不苛求自己，尤其是优等生或争强好胜的小学生，不要为小事而过于自责，凡事要放宽心，想得开。其次，让小学生懂得寻找生活中的乐趣。家长要让小学生保持儿童天真活泼的个性，对活动倾注热情，积极参与，享受生活中的乐趣。小学生还要培养自己广泛而稳定的兴趣，并从中获得快乐。同时，保持自信也十分重要，当小学生学会悦纳和肯定自己，就会产生积极的情绪体验。此外，也要鼓励小学生多与他人交流。通过与家长、教师和好朋友交流，可以增长知识，增进友谊，也能受到启迪，从而给自己带来意外的收获和快乐。

（2）学会合理宣泄情绪。

情绪宣泄是指当人遇到不愉快的事情而产生消极情绪时，把它释放出来，分为直接宣泄和间接宣泄两种方式。直接宣泄是针对引发情绪的刺激来表达情绪，间接宣泄是通过其他途径使情绪得到释放。在遇到不愉快的事情时，一方面，小学生可以选择自己痛哭一场或者把心中不平之事向教师、家长或好朋友倾诉出来，请他们开导，也可以在他们面前哭一哭，以减轻心理压力。另一方面，教师开设心语信箱，引导学生合理性宣泄。

（3）善于转移调控情绪。

转移调节就是当人处于消极的情绪状态时，做一些别的事情，通过转移注意力而使消极情绪得到缓解。家长和教师要注意引导小学生在遇到不愉快的事情时，不要总想着这件事，可以尝试听音乐、打球、看电影、画画等活动来缓解消极情绪。

调控情绪之音乐调节法

音乐调节法指借助于情绪色彩鲜明的音乐来控制情绪状态的方法。许多人有这样的体验：听着催眠曲不知不觉进入了甜美的梦乡；在紧张学习了一天之后，高歌一曲会消除疲劳。现代医学表明，音乐能够调节神经系统的机能，解除肌肉紧张，消除疲劳，改善注意力，增强记忆力，消除抑郁、焦虑、紧张等不良情绪。运动员赛前如果有异常的情绪表现，比如过分紧张，此时听一段轻音乐，往往能使情绪稳定下来。运用音乐调节法时，应该因人、因时、因地、因心情的不同而选择不同的音乐。解除抑郁，选择轻快、自然、舒缓的音乐。克服焦躁可以选择一些引导思维趋向宁静、缓解压力的音乐。消除疲劳可以找一些轻松舒缓的音乐。避免失眠可以多听节奏少变、旋律缓慢、清幽典雅的乐曲。消除紧张建议听一些轻音乐。振奋精神可选择节奏欢快、积极向上的乐曲。适宜的音乐，常常可以取得很好的效果。

资料来源：郭德俊，田宝．情绪——心灵的色彩[M]．北京：北京师范大学出版社，2002：121．

三、人际交往辅导

要教育儿童树立集体意识，善于与同学、老师交往，培养自主参与各种活动的能力，以培养开朗、合群、自主的健康人格。

(一) 亲子关系辅导

亲子关系是儿童人际交往中出现最早并且持续时间最长的一种关系,良好的亲子关系可以促进儿童的认知与人格的积极发展,教师可以协助家长共同采取科学有效的方法指导儿童如何与家长相处,增强亲子间的沟通。主要包括:

1. 家长要理解、尊重孩子

家长要把孩子当成平等的人对待,尊重孩子的期望,随着中年级儿童自我意识和自身能力的不断增强,身为父母,对小学生的教育要针对儿童身心发展变化进行调整,倾听孩子的心声,指导孩子的交往。例如,见了长辈有礼貌,主动打招呼,成人间谈话如果不必回避,可以让孩子参与讨论,发表意见。多鼓励孩子积极向上的行为,将对孩子的爱体现在语言和行动上,增进亲子关系。

2. 教育学生尊重自己的父母

虽然小学中年级学生的独立意识在逐渐增加,各方面能力在不断成长,但毕竟还有很多方面需要父母的教导和帮助。通过教育,可以引导他们采取尊敬的态度,虚心地接受,客观地思考,然后和父母民主地讨论,最后决定自己的行动。父母有时批评过严,指责过当,自己受了委屈,则要通过一定的情绪调节,在双方都冷静之后,学会心平气和地与父母解释与沟通。遇到有分歧的事情,清楚地表达自己的观点,认真听取家长的意见,尽量通过协商达成一致,做到相互理解。实在僵持的情况,双方可暂时保留各自的意见,待时机成熟后,再见机行事决定取舍。

3. 通过活动促进交往技能的形成

通过心理辅导活动课、主题班队活动课、“节令活动”等多种学校活动的开展,引导学生把自己与父母交往中的困惑和不解以口头或书面形式向教师倾诉,帮助学生明辨其中的原因,形成正确地对待“代沟”的态度从而逐步提高与父母交往的技能。通过团体的交流与互动,促进学生逐渐理解父母养育子女的不易,让学生感受到母爱的无私、父爱的伟大,从而增进亲子之间的情感。

(二) 师生关系辅导

师生关系作为一种特殊的社会关系和人际关系,是教师和学生为实现教育目标,通过教与学的直接交流活动而形成的多性质、多层次的关系总称。良好的师生关系不仅是顺利完成教学任务的必要手段,而且是师生在教育教学活动中的价值和生命意义的具体体现。建立良好的师生关系,教师应做到以下几点:

1. 热爱、尊重每一位学生

爱学生、爱教育事业是每位老师最基本的职业素养,热爱、了解、严格要求都是以尊重学生的人格为前提,从某种意义上讲,没有尊重就没有教育。

2. 科学地表扬、鼓励学生

表扬、鼓励不是目的,而是推动学生进步的手段,但是表扬和鼓励千万不能违背真实的原则。表扬、鼓励必须考虑学生的年龄特点和个性差异,对不同的学生应运用不同的表扬和鼓励方式。

3. 建立良好班风

班集体是小学生在学校中学习和生活的基本单位，同时也是促使小学生社会化发展的重要条件。良好的班风对师生是一种无形的感染力，也是一种凝聚力，可以增强小学生的集体意识，恰当地履行义务和行使权利。在这种氛围的影响下，促进小学生的心理健康发展。

4. 正确地评价学生

对学生的评价要公正、公平，要经过分析了解，做出恰如其分的评价。评价不仅要看结果，更要看学生努力的过程，即使学生没有达到预期目标，只要学生真正努力了，就应该抓住闪光点，尽量给予鼓励。通过正确的评价，让优秀学生有新的奋斗目标，促使后进学生明确改善师生关系。

（三）同伴关系辅导

同伴关系是儿童在交往过程中建立和发展起来的一种儿童间，特别是同龄人间的人际关系。同伴关系在儿童的发展和社会适应中，具有其他关系无法取代的重要作用，是不容忽视的重要环境因素之一。良好的同伴关系有利于儿童社会价值的获得、社会能力的培养、学业的顺利完成以及人格的健康发展。如果同伴关系发展不良，会导致儿童适应环境以及学习困难，甚至会影响他们成年以后的社会适应。改善小学生同伴关系的一般辅导策略如下：

1. 鼓励学生积极开展同伴交往

交往能力是在交往实践中逐步锻炼形成的，鼓励学生重视并积极开展同伴交往，能够促进学生逐步在同伴交往中掌握必要的道德行为规范，改善同伴交往不足的现状，克服自我中心的倾向，形成并提高人际交往技能和社会适应能力。

2. 进行交往技能训练

利用心理辅导课、班队会以及校外组织活动进行交往技能训练。以学生互动为中心的活动和教学可以使学生彼此认可、相互信任、坦诚的交流、建设性地解决问题，从而保持互动的有效性，巩固交往意识，增进互动交流。

3. 教给儿童具体的社交技能

例如，如何开始与同伴谈话，如何互相称赞，如何经过请求得到允许而参加到同伴的游戏活动中去，如何聆听同伴的讲话，如何运用非语言符号技巧与同伴进行交往等。

4. 让交往不良的儿童多参加合作活动

教师应该更多地为交往不良的儿童提供和创造一些与同伴合作学习、相互辅导、相互指导的机会，使他们的交往能力得到锻炼和提高。

5. 训练学生学习调解同伴矛盾

小学生同伴之间经常发生矛盾，应鼓励并指导小学生学习解决与他人的矛盾。训练步骤如下：界定矛盾——解释他们自己的观点和需要——确定解决矛盾的方法达到一个能满足双方需要的协议。通过这样的训练，有利于提高小学生的同伴交往能力，从整体上改善小学生同伴关系。

四、学习辅导

大多数中年级学生能够较为主动、积极地学习，但仍然需要逐步培养他们的学习能力，激发他们的学习兴趣和探究精神，树立自信和乐于学习的观念。

（一）学习策略辅导

针对小学中年级的课程内容，可以适当采用认知策略提高学生的学习效率，提升他们的自我效能感，从而引发学生对于学习的兴趣。

1. 复述策略

复述策略并不是简单的重复，它主要通过逐字重复、在文中画线、口头或书面的概括，对学习材料反复识记，达到学习内容的有效存储，提高识记效果。

2. 组织策略

组织策略中主要运用编码过程，比如小学生在背诵过程中会将学习材料先分类，通过材料的组织归类，记忆效果会更好。

3. 精加工策略

教师在教学过程中教给学生精加工的学习策略，通过形象联想法、编口诀、谐音联想法来记忆一些抽象、不易理解的知识点。教师在指导学生运用精细加工策略时，应重视以下两点：第一，在课堂教学中，教学速度不宜过快，给学生思考的时间，使他们可以对新学习内容进行精细加工，这样更有利于掌握新知识。第二，在课堂教学中，尽一切可能建立新旧知识间的联结。教育心理学家奥苏伯尔认为，只有建立在原有知识基础上的学习才可能是有意义的学习，教学只有根据学生已知的内容来进行才可能是成功的教学。

（二）学习习惯的养成

学习习惯对于学习者来说是非常关键的，从小学开始，家长和教师要尽可能地规范儿童的学习习惯，包括课前预习、课后温习的习惯；勤于思考专注学习的习惯；积极参与课堂活动的习惯；独立完成作业和自我评价的习惯；保持课外阅读的习惯等。对于这些良好学习习惯的养成，我们需要从以下几个方面进行辅导：

1. 修正观念

教师要帮助小学生了解自己的认知，让他们意识到学习习惯的重要性，纠正学生学习习惯上的一些不恰当观念。通过讲授和讨论等方式让小学生了解学习习惯的具体内涵以及如何掌握好习惯的方法，并学会一些不良习惯的矫正方法。教师要帮助小学生了解自己的认知，纠正他们在学习习惯上的不恰当观念，激发他们改正不良学习习惯的动机和愿望。此外，注重提高学生对学习习惯重要性的认识。学生对学习习惯的认识越明确，其动机就会越强烈，目标就会越清楚，越能促进良好学习习惯的形成。

2. 行为塑造法

行为塑造法是指通过不断强化，逐渐形成某种新行为的过程。塑造法又被称为“连续接近法”。很多学习习惯是不能一步到位的，都需要分阶段逐步增强、养成。因此，行为塑造法在学习习惯的培养中是非常重要的一种方法。运用行为塑造法时要注意：① 确定目标行为要明确、清晰，说明行为发生的次数、行为的强度等；② 了解个体已有的行为水平，以便确定初始行为；③ 选择适当的强化物；④ 设计好塑造步骤，即确定从初始行为出发到目标行为之间需要过渡的几个阶段，设定的步子大小要适当；⑤ 把握好塑造的进度，从一个行为过渡到下一个行为不能太快，重复的次数不能过少。

3. 惩罚

克服不良习惯，既需要内在的意志力，也需要外部的强制力。惩罚作为一种外部强制力量，对矫正学生的不良习惯是非常必要的，但在运用的时候要慎重。惩罚能抑制不良行为的发生，但并不能促进良好行为的产生。因此，惩罚和强化最好结合起来使用，既要让学生知道不应该做什么，也要让学生知道应该怎么做。

惩罚的方式有多种，不管是何种方式，关键是要让学生知道他们的行为是错误的，并能够激发他们努力改正。为了更好地发挥惩罚的效果，在辅导时应注意以下几点：① 惩罚要适度。如果惩罚太重，则会引起对抗情绪；如果惩罚太轻，则不足以使学生有深刻印象，教育意义不大。② 惩罚要适量。惩罚不能太过频繁，否则会使学生不在意而失去作用。有时过多的惩罚也会使学生心理上长期处于紧张状态，容易产生焦虑感和自卑感。③ 惩罚要适时。要选择合适的时机进行惩罚，使惩罚最大限度地发挥效果。④ 惩罚要有理。教师要向学生讲清道理，要让学生知道为什么受罚，使他们心服口服。

4. 切断联系法

习惯是由一系列行为组成的，在形成不良行为习惯之前，往往有一个先行事件和先行行为，他们对不良行为有很大影响。要克服不良习惯，就要切断它和先行事件的联系。一段中间的环节连接不上了，不良习惯就会逐渐消除。

五、时间管理辅导

小学中年级学生在面对学业难度加大和自制力薄弱间的矛盾时，需要增强时间管理意识。家长和教师要帮助学生合理安排时间，正确处理学习与娱乐之间的关系。

时间管理的有效方法之一就是列事务清单，即罗列出一个人每天要做的事情。列事务清单可以防止小学生遗漏重要的事情，而且列事务清单的过程也是儿童整理思路的过程，有助于学生把思想和精力都集中在这些要做的事情之上。

1. 制订计划

中年级小学生每天的作业量相比之前会有所增加，家长和老师需要帮助孩子从小养成做计划的习惯。它可以是一个简单的家庭作业列表，列出每天要做的事情，然后检查哪些没有做，让孩子记录完成每项任务需要多长时间。家长可以制作一些表格，孩子可以根据表格填写作业项目，注明开始时间和完成时间。

2. 设立目标

教孩子设置明确的目标。例如，今天的家庭作业是复习某个单元。这种作业对于一些孩子来说，觉得很简单，拿一本书来读就算完成了复习。在这个时候，父母必须帮助孩子明确一些小目标，这样孩子就可以在保证效率的前提下完成作业。比如，把每一课的生词背一遍，不需要抄写的背三遍。此外，当父母发现孩子在学习上有一些薄弱环节或问题时，必须想出解决办法，并为孩子设定小的、可执行的目标来纠正这个问题。

3. 严格检查

目标明确后，家长要严格对照检查孩子完成的结果，对没有达到目标的事项进行原因分析。一定要让孩子再做一次，而不是批评唠叨。这也会帮助孩子养成严格认真的好习惯。

4. 发现并解决问题

当你的孩子不能完成你或老师的要求时，帮助他们发现并解决问题。注意倾听他们的想法，并给他们一些方法或者建议。例如，孩子的计算问题总是出错，每天拿出20分钟，做一些练习，看是哪个环节的问题，是一些步骤不明白，还是粗心造成的。这时可以让孩子慢下来，注意做题。

另外需要注意的是，估计每项事务的时间长度。做任何事情都需要花一定的时间，因此，在制订日程表的时候，一定要考虑某一项事务需要花费的时长，这样才能科学地安排日程表的事务。在估计每项事务所需时间时，一般要高估，可以高估出25%，甚至50%的时间，这样做可以消除孩子的紧张感，留有放松的时间，也有利于留出时间处理突发事情（比如接电话）。多余的空闲时间，孩子也可以做一些自己感兴趣的事情，作为对他有效管理时间的奖赏。

拓展阅读

1. 博宏，王晓萍. 小学生心理健康教育[M]. 北京：中国轻工业出版社，2008.
2. 彭小虎. 小学生心理辅导[M]. 上海：华东师范大学出版社，2012.
3. 俞劼. 小学班主任心理辅导[M]. 北京：中国人民大学出版社，2017.
4. 张艺馨. 小学生心理辅导与咨询[M]. 北京：北京师范大学出版社，2013.

反思与探究

1. 小学中年级学生的认知发展有哪些特点？

2. 案例分析：

基本情况：小红，女，10周岁，独生子女。聪明活泼，口齿伶俐，个性好强。小红与父母同住，父母对她较为宠爱，十分重视家庭对其的教育，在各方面都尽量满足她的要求，同时对小红的期望值较高。小红从一年级起担任班里的小队长，每年都被评为三好学生，由于小红活泼可爱，学习成绩优良，所以一直受到老师的偏爱，较为任性，在同学面前有一种优越感。

行为表现：小红升到三年级后，对新老师的新学习要求不适应，教师批评教育她，便赌气和哭闹。经常与同学产生矛盾，常因一些小事向老师哭诉，同学们都不愿理睬她，一直无法正常开展小队工作。情绪出现障碍后，她由活泼开朗变得常常闷闷不乐，上课时不愿发言，只顾自己搞小动作，作业马虎，学习成绩下降。

根据案例，请分析该学生的心理问题及其形成原因，并提出相应的辅导策略。

第七章　小学高年级学生心理问题与辅导

※ 学习目标

1. 了解小学高年级学生的心理发展特点
2. 理解小学高年级学生的心理问题
3. 掌握小学高年级学生的心理辅导方法

※ 关键词

小学高年级；心理发展；心理问题；青春期辅导

第一节　小学高年级学生心理发展特点

小学高年级学生是指小学五、六年级的学生，年龄一般在10—12岁。此年龄阶段的学生生理发育开始出现第二次生长高峰，逐步进入青春发育期。小学高年级女生的身高、体重平均高于男生，出现发育曲线的第一次交叉。基于生理的快速发育，小学高年级学生成为一个特殊群体，他们的生理、心理发展具有小学生的一般特点，在认知、情绪情感、社会性及学习活动等方面又表现出该年龄段独特的阶段性发展特点。

一、小学高年级学生认知发展特点

认知是人对客观世界的认识活动，属于个体智能和智慧方面的心理过程，主要包括个体的感知觉、注意、记忆、想象和思维等。小学高年级学生的认知发展水平为其接受心理辅导奠定了一定的认知基础。

(一) 小学高年级学生观察力发展特点

观察是有计划、有目的、比较持久的知觉。观察力指个体的观察能力。小学高年级学生的观察力已经从缺乏系统的知觉发展到有目的、有顺序的知觉，从模糊笼统的知觉发展到比较精确的知觉。小学高年级学生在观察事物时,已经能够根据观察的目的,克服自己兴趣和情绪的干扰,观察过程不再杂乱无章、缺乏系统性和目的性。同时,随着小学高年级学生年龄的增长、知识的丰富,他们的观察已由泛化发展到分化,能够比较精确地分辨事物。当然,受年龄和认知水平的限制,小学高年级学生在观察时,还不能完全把事物的主要方面和次要方面分开。

(二) 小学高年级学生注意力发展特点

注意是个体的心理活动对一定对象的指向和集中。在小学中低年级教育、教学的积极影响下,小学高年级学生的有意注意逐渐发展,上课基本能够注意听讲、按老师的要求进行预习和完成作业,对信息搜集的计划性和系统性也不断增强。但小学高年级学生的无意注意仍然占有一定优势,教育工作者在培养小学高年级学生有意注意的自控力和学习的自觉性方面还需重视。在注意品质的发展方面,小学高年级学生注意稳定性的时长可以达到约 25 分钟,但对于较为抽象的教学活动,注意稳定集中则比较困难;注意的范围有所扩大,但受其知识经验较少的限制,他们注意的广度和内容精确度仍有待不断培养和训练;注意的分配和转移能力有所提高,能够做到一边听课一边记笔记了,但还需要掌握一定的分配技巧,才能关注到核心信息。

(三) 小学高年级学生记忆力发展特点

随着小学高年级学生年龄的增长、知识经验的积累以及学校教育教学活动对小学高年级学生有意记忆提出的新要求,小学高年级学生在学习活动中,有意记忆逐渐占优势,意义记忆开始发展,形象记忆和抽象记忆开始齐头并进,记忆的敏捷性、持久性、准备性和准确性等良好品质迅速发展。整体而言,小学高年级是学生记忆发展的关键时期,教育工作者要抓准时机,促进小学高年级学生发挥记忆优势,为其终身学习打下良好的基础。

(四) 小学高年级学生想象力发展特点

小学高年级学生已积累了较为丰富的表象,在此基础上,小学高年级学生的想象力发展特点表现为以下三个方面:一是有意想象成分增加。小学低年级学生的想象还具有学前儿童想象的特点,仍以无意想象为主,到了高年级,小学生再造想象的内容日趋完整,有意想象的成分大大增加,想象的精确度也明显提升。二是想象更富于现实性。小学高年级学生的想象已少有"想入非非"式的空想,其想象成分更接近现实。三是想象的创造性成分增多。在再造想象的基础上,小学高年级学生想象过程开始有意识地融入自己的加工创造,使想象的内容更为丰富和离奇。

(五) 小学高年级学生思维的发展特点

小学阶段是儿童思维发展的重大转折时期。小学生一入学,他们就开始参与有计划、有目的、有系统的学习活动,系统地掌握自然和人类社会的知识经验,自觉服从和执行集体的行为规范。在学习和实践过程中,小学生的思维不断地向前发展。我国著名心理学家朱智贤早就指出,小学儿童思维发展的基本特点是从以具体形象思维为主要形式逐步过渡到以抽象逻辑思维为主要形式。但这种抽象逻辑思维在很大程度上仍然是与其直接和感性经验联系的,具体形象性占据很大一部分。直至小学高年级,无论是思维过程,还是思维品质,均表现出较高的发展水平。

小学高年级学生思维的发展已经过渡到以抽象逻辑思维为主要形式，但仍带有较大的具体性。吴国宏等人(1999)使用成分分析法研究发现，一年级学生在图形题编码成分 a 的错误率高于三年级与五年级，而在编码 b 成分与 y 成分中，各年级之间存在统计学上的差异。在文字题各编码成分中，一年级学生显著低于三、五年级学生。说明一年级学生刚开始步入具体运算阶段，而三年级学生已进入较成熟的阶段。文字题的成分差异说明，一年级学生不具有形式运算思维能力，三年级学生已开始进入形式运算阶段的前期，五年级学生进入到形式运算思维阶段。这种思维发展显著的质变，是在思维发展的外部条件作用下，在其内部矛盾斗争中实现的。因而，小学高年级学生思维已过渡到以抽象逻辑思维为主要形式，但并不意味着其具体形象思维立刻全部“消亡”，不再发挥作用。小学高年级学生在区分概念的本质与非本质、把握事物的主要与次要成分、学会掌握初步的科学定义、学会独立进行逻辑论证时，同样离不开其直接的和感性的经验支撑。这说明小学高年级学生的思维活动仍然具有较大成分的具体形象性。

总体而言，小学高年级学生的认知水平在经历了三、四年级的转折或关键期发展后，整体认知能力有了较大发展。因此，对小学高年级学生进行心理辅导时，要充分发挥他们的认知发展优势，以提升心理辅导工作的效果。

二、小学高年级学生情绪、情感发展特点

小学高年级学生已经能够较好地体验自己的情绪，对自己的情绪可以做出恰当的行为反应，产生与自我评价有关的一些情绪体验，如骄傲、自豪、自尊、内疚等。他们在面对自身学习和生活中的压力和刺激时，逐渐能够用简单的策略加以调节，能够较为精确地表达自己的感受。同时，小学高年级学生，特别是小学高年级女生，已进入青春发育的前期，这时小学高年级学生的情绪、情感发展表现出以下新的特点：

（一）情绪内容丰富，消极情绪多于积极情绪

赵芳芳等(2018)用开放式问卷调查了 130 名小学五年级学生的日常情绪体验，结果显示，小学高年级学生日常体验到的情绪主要有快乐（包括高兴、开心)、悲伤(包括伤心、难过)和愤怒(包括生气)，它们分别占到学生日常情绪体验的 35%、25%和 17%。除此之外，学生日常生活中还体验到了尴尬、平静、恐惧、激动、紧张、忧虑、失望、幸福、厌恶等情绪。与体验到的积极情绪种类相比，学生报告的消极情绪种类更多，并且体验到的消极情绪比例远远大于积极情绪。这说明高年级学生在日常生活中更多被消极的情绪体验包围，情绪状态不佳。

（二）情绪自我调节及控制能力提高，性别差异明显

研究发现，高年级学生最常使用的情绪调节策略为压抑(控制自身表情行为，不让自己的情绪暴露出来)和情绪表达(通过情绪表现、宣泄、哭泣等方式表达出自己的情绪)。其次分别为改变认知(对事件进行重新解释或评价)，转移注意(将注意焦点从事件中转移至其他方面)和寻求帮助(向别人寻求情感上的支持或帮助解决问题)。通过对小学高年级学生在面对消极情绪时所采用的调节方法进行开放式访谈发现，学生所使用的调节方法包括：殴打玩具、剪纸人、打人、撕纸、睡觉、听音乐、看书、大哭一场、找朋友或家人倾诉、忍耐等。同时，小学高年级学生的情绪调节策略存在性别差异，男生

最常使用的调节策略为压抑，女生最常使用的调节策略为情绪表达。

（三）高级情感逐渐发展

高级情感是指与社会需要相联系的情感，包括道德感、理智感和美感。高年级学生的道德评价已能够脱离具体的外在表象，道德体验从浅显、冲动到深刻、稳定。例如，对善良的理解，低年级学生认为不打人、不骂人就行了，高年级学生则认为善良还应包括助人为乐、团结友爱。高年级学生已能够更多地从探索、质疑中体验到快乐，表现出较深层次的理智感。美感方面，高年级学生开始学会从现实生活中理解和感受美与丑、善与恶等。

三、小学高年级学生个性和社会性发展特点

小学高年级是其个性发展的重要时期，又是个体社会化的关键阶段。小学高年级学生个性中具有代表性的心理特征，如自我意识、性格等，都是在这个时期迅速发展起来的。小学高年级学生的社会化行为根据其意向性，主要表现在亲社会行为和反社会行为两个方面。

（一）小学高年级学生自我意识明显发展

小学高年级学生对自我的评价逐步从具体的、个别的评价过渡到抽象的、概括的评价，从顺从别人的评价发展到有一定独立性的评价，表明已经有了一定的道德评价能力。自我评价的稳定性增强，但自我评价的能力仍然较低，善于评价别人，不善于评价自己，容易看到自己的优点，不大容易看到自己的缺点。

（二）小学高年级学生独立性明显增加

到了高年级，小学生要求独立和摆脱成人控制的欲望越来越强烈，自制力与坚持性呈下降趋势，果断性的发展比较缓慢，缺乏果断做出决断的能力。

（三）小学高年级学生亲社会行为和反社会行为共存

亲社会行为主要是指助人为乐、想他人所想、与人分享快乐等。小学高年级学生亲社会行为明显增加，主要体现在分享助人与合作竞争行为的发展上。分享，是儿童亲社会行为的一个重要方面，儿童愿意与父母、他人分享自己的事物。合作与竞争行为是儿童适应社会所必不可少的技能。在小学生的学习和游戏中，既要善于合作，又要敢于竞争，无论是缺乏合作精神、合作技巧，还是缺乏竞争意识、竞争能力，都将影响儿童的社会性发展。反社会行为是一种有意伤害他人的行为，具有反社会行为倾向的儿童往往缺乏解决交往问题的策略，他们不善于与他人建立良好的关系。

（四）同伴交往出现新变化

1. 对友谊的需求升高

进入小学高年级尤其是在四、五年级后，小学生已经慢慢地适应了学校生活，从脱离父母的庇护开始独立地和自己的小伙伴学习、玩耍，他们的独立意识和个人思维已经在不自觉中开始形成。这时他们会对自己周围的同学进行分类，与自己思想认识或者兴趣爱好相接近的同学或伙伴，他们会显得比较的贴心，相处起来也比较愉快，甚至一直把对方作为自己最真挚的朋友来对待，由此建立起信任、欣赏或者喜欢的情感。

2. 同伴对学习和生活影响较大

小学高年级学生正处在一个成长的过渡时期，虽然不像以前一样依赖父母，但缺乏自立能力，所以他们会把同伴作为自己重要的社会资源，表现出较强的依赖心理，无论是平时的玩耍还是学习，都希望能够跟同伴在一起。在这一过程中会慢慢塑造他们的思想品质，提高他们的学习成绩，最终形成相近的价值观念，同时也能够与同伴相互帮助，变得更加开朗活泼。但是他们之间一旦因为某一件事发生矛盾，情绪也会非常低落，而他们自己又没有排遣的方式，可能会导致学习成绩下滑，甚至还会影响到他们与父母、同学的关系。

3. 同伴交往具有性别特点

小学生正处在身体和心理快速成长的阶段，他们的同伴交往观念也是在不断变化的，针对异性的交往问题也会有较大的改变。在小学一、二、三年级时，他们与异性同伴的关系还比较自然，但是到了四、五年级，他们对性别有一定的了解，倾向于与同性之间的交往。虽然他们也对异性充满好奇、渴望与之交往，但是会因在意别的同伴或者同学的说法，而变得害羞、紧张、拘束，原本正常的同伴交往也变得缩手缩脚了。

由上可知，高年级小学生是一个特殊群体，他们的生理、心理发展既有小学生的一般特点，也有该年龄段的独特性。小学生进入高年级后，教育工作者需要特别注意的方面就是他们的自我意识发展进入了第二个上升期，而个性的发展则进入聚变期，情绪体验丰富深刻而内隐。同时，因性发育提前可能造成的异性交往紧张、亲子关系代沟冲突、厌学和逃学等抗拒和逆反，对小学高年级学生的心理健康发展提出了新要求，也对小学高年级学生的心理辅导提出了新挑战。我们必须厘清小学高年级学生的心理问题并分析其真正原因，这样才能切实提升心理辅导工作的实际效果。

第二节　小学高年级学生常见的心理问题

近些年来，高年级小学生心理健康问题受到越来越多的关注。肖汉仕等人(2007)调查发现，超过50%的高年级小学生存在人际关系紧张敏感、适应性差、情绪失调等问题，女生的心理素质略差于男生，农村的儿童心理健康状况略差于城市儿童。高洁(2005)调查发现，六年级学生焦虑和冲动倾向得分显著高于四年级和五年级；过敏倾向和心理健康总分得分显著高于五年级。陈庆文等人(2011)的调查也表明，小学4—6年级学生总体心理健康状况逐渐不佳。小学高年级学生除具有小学生共性的心理问题之外，还具有此阶段独有的心理发展问题且这些相互交织、互为影响。高年级小学生的心理健康问题主要表现为学习问题、人际关系、个性心理和成长发育四个方面，其中学习问题和成长发育是困扰高年级小学生的首要心理问题，对小学生心理健康产生深刻影响。

一、小学高年级学生学习问题

因学习原因导致的心理问题在高年级小学生中占有较高的比例。向晴(2005)分析了376封与心理问题方面有关的信件,发现与学习方面有关的问题占到总数的25.27%,在所有问题中居于首位,这说明与学习相关的心理问题是困扰小学生的首要问题。众所周知,学习是一项长期且艰苦的脑力劳动。进入高年级后,小学生的主要活动由以游戏与学习兼顾转变为以学习为中心,对于诸多的学习事件,如作业、听课、回答问题、考试等都有可能感到无力应付,或者自信心不足,从而引起他们的紧张与焦虑。

(一) 学习压力大导致厌学

由于现在学校、教师、家长往往过于强调学生的智力发展,过分看重分数,加上升学竞争,学校间生源竞争的加剧,高年级小学生普遍存在着学习任务“超重”的现象。除学校的学习任务外,一些家长和教师还会给学生开“小灶”,学生奔波于各种培训班、特长班中,休息和睡眠时间严重不足,失去了享受童年生活乐趣的最基本权利。随着年级的升高,课业压力愈来愈大,不仅学习成绩差的学生不愿意学习,一些成绩较好的学生也会出现厌学情绪。主要表现为对学习无兴趣、浮躁,放纵自己,在课堂上东张西望,无精打采,作业马虎,有些小学生还可能找出各种理由旷课、逃学等。农村地区的小学生厌学情绪更为严重,有的甚至还得到家长的支持,干脆辍学在家,帮父母干活、做生意等。还有一些“优等生”,由于心理承受能力较差,一旦别人超过自己或自己的目标未达到,也容易产生厌学情绪。因厌学所导致的成绩下滑,极易引起学生的自卑心理,甚至给其终身留下阴影。

他们为什么不愿意学习了

一位六年级小学生在来信中说:“爸爸妈妈想让我考进二十二中(某市重点中学)重点班,所以,作文班、数学班、英文班我全报了。但是,他们总说,花了这么多钱,一定要考上,如果我考不上就会令他们失望”。还有一位学生来信说:“我就快小学毕业了,本来毕业就毕业,烦恼什么啊,可是妈妈却把我关起来,在统考之前,我除了读书,读书,还是读书,更烦的是,妈妈一再地给我压力:你必须进特长班,你统考的平均分必须在95分以上……天哪,我是一只苍鹰,却被关到了鸟笼里…… 我好像背着比我大几倍的石头,一不小心就会粉身碎骨。”过重的学习负担,压的许多小学生喘不过气来,许多学生在来信中纷纷发出感叹和疑问:“我的童年一点也不快乐,双休日全被做不完的题目占满了,天天待在家里对着一道道练习题,其实我非常想和小朋友们一起玩,难道学习真的就那么重要吗?”如此等等。更为严重的是,一些学生由于学习压力太大,出现了厌学、逃学情绪。主要表现为对学习失去兴趣,学习吃力,长期跟不上进度,缺乏赶上去的勇气和毅力,加上教师没能及时地给予鼓励和引导,导致他们学习的积极性下降。这些学生或者在课堂上东张西望,魂不守舍;或者在下面偷偷看漫画书或玩玩具；或者在课堂上打瞌睡甚至干脆逃学、旷课。

资料来源：向晴.高年级小学生心理健康问题表现及相关因素研究[D].江西师范大学，2005.

（二）考试焦虑

近年来，尽管教育部门一直在大力推行减负，但应试教育的阴影仍笼罩着广大小学生，加之父母对子女寄予过高的期望，使他们的身上承受着巨大的学习压力。随着年级的升高，越来越大的心理压力造成了小学生精神上的萎靡不振，从而导致神经衰弱、失眠、注意力分散等多种症状出现，其中最突出的表现就是出现考试焦虑，尤其是对升学考试的焦虑。

考试焦虑是由一定的应考情境引起，以担心为基本特征的情绪状态，在心理层面上常表现为忧虑、紧张、恐惧、学习效率下降、夸大失败等；行为层面上表现为坐立不安，采用逃避方式进行防卫，或者胡乱作答，过早离开考场等；生理层面上表现为肌肉紧张、呼吸急促、心跳加快、头昏、多汗、睡眠不良等。

目前，学习负担过重及对升学考试的焦虑在高年级小学生中是普遍的现象。从本质上来说，压力本身并无过错，且无可厚非，人不可避免都要承受压力，压力就是动力。但如果压力过大，超出了小学生的承受范围，则会使学生产生过度焦虑，甚至是心理障碍。

二、小学高年级学生人际关系问题

（一）同学交往困难

教育实践表明，高年级小学生同学关系类问题仅次于学习类问题。如何与同学和谐相处，是许多高年级小学生的一大难题。如果小学生不能被同学或同伴接受，会给他们带来深刻的心理压力和影响，阻碍他们的学习、生活，而健康的伙伴关系则会促进他们的学习与发展。

现实生活中，由于父母对孩子过度保护、过于关爱、过度干涉，使孩子在日常生活中失去了许多与同龄伙伴交往的机会。当他们走进学校时，明显表现出交往经验不足，缺乏交往技能，也总感觉别人对自己不友好，其他人不理解、不同情自己。当别人看他或议论他时，总感觉不痛快，难以与人合作，因而也很难融入集体生活。由于家长对孩子的过度宠爱，导致孩子形成以自我为中心、任性等个性，不懂得分享、助人、合作以及对同伴的攻击性行为等，都会给他们造成交往困难。

（二）亲子沟通问题

一方面，高年级小学生认为父母从来不理解自己，不把自己当成一个有生命、有思想的独立的人；另一方面，父母则认为现在孩子难以交流和沟通。父母与孩子之间似乎有一道永远难于跨越的鸿沟。调查表明，当小学生有烦恼和忧愁时，希望向知心朋友诉说的占24.6%，而愿意找父母谈心的仅占3.21%。另有调查发现，有的学生认为自己最亲近的人是同学，其次是爷爷奶奶，认为父母是最亲近的人数只占18%。农村地区的家庭则多表现为父母使用简单粗暴的管教方式，多子女家庭中父母对子女存有偏见，一些父母长期外出打工，大量留守儿童被隔代抚养，缺乏必要的亲子沟通等。

对于小学生来说，家庭是他们赖以生存和生活的重要空间，是得到生命呵护、体验关爱的重要场所。然而，当他们觉得最亲切、最无私奉献的父母不能信任自己时，也就失去了倾诉心理迷茫和精神困惑的对象。这种亲子关系的疏离、心灵的隔膜，造成了孩子的抵触、孤独和焦虑，甚至导致一些学生因不能承受父母的重压而离家出走甚至自杀的悲剧。

（三）师生关系障碍

师生关系是一种最基本的教育关系，也是小学生人际关系重要的组成部分。许多家长反映，孩子上小学前很听父母的话，可一旦进入小学，就开始不听父母的话了，而对学校老师的话倒是说一不二，这从一个侧面反映出教师在学生心目中的地位是很高的。然而，目前小学教育中的师生关系却表现出一些突出的问题，师生关系障碍成为影响小学生心理健康的又一个重要因素。一项针对小学生的教育调查显示，有40%的学生觉得与老师在一起无所谓开心不开心，12%的学生不大开心和很不开心，对班主任老师不大喜欢和很讨厌的占13%，说不清的占23.8%，非常信任自己老师的只占1.3%。虽然61.3%的老师很愿意和所有学生交朋友，但最想找个老师说心里话的学生仅占4.8%。这些数据说明，师生之间已出现话语中断、感情阻隔、沟通不畅等关系障碍。师生关系不良的学生因得不到老师的关注、肯定，难以体验到学校生活和学习的乐趣，感到自己备受冷落，十分孤独，一些学生还出现了厌学情绪。

三、小学高年级学生个性心理问题

（一）自责倾向

自责倾向是指当发生不如意的事情时，经常认为自己不好，对自己所做的事抱有恐惧情绪的心理，其形成的根源在于对失去别人的关爱而感到不安。对高年级小学生进行的问卷调查显示，各内容量表上得分高于8分的自责倾向检出率居首位，占到14.11%。当学生感受到被父母、教师、朋友抛弃时，往往会形成自责倾向，如父母、教师对儿童过分严厉、专制，挫伤了学生的自尊心，他们感觉不到来自权威人物的关心和爱护，就会出现自责心理。

（二）依赖心理

现代社会以独生子女为主的家庭结构，容易使父母对孩子的生活包揽包干，导致他们缺乏必要的生活技能，这在高年级小学生中也很常见。由于高年级小学生学习任务增多，有些学生往往以学习为由推卸一些家务和社会劳动，甚至一些本该是自己完成的事情，父母往往也乐于越俎代庖。导致学生缺乏自立生活的能力，产生较严重的依赖心理，如有的高年级小学生不能适应天气变化，不知道添减衣服，需要老师或家长的提醒才行，大部分孩子不能独立处理日常生活问题等。

（三）自我为中心

自我为中心在高年级小学生中是一个比较突出的问题。此类学生自尊心、好奇心特别强，过高估计自己，以自我为中心，片面看待问题，把错误归于别人，容易嫉妒他人；有些学生非常任性，喜欢独来独往，很少想到别人，也不愿与人分享任何东西，缺乏同情心和宽容精神，不愿帮助别人；有些学生平时与同学相处时，常常为一点小事而闹意见、泄私愤。高年级小学生自我中心的另一个表现是逆反，对待不同意见或批评，要么不听、不服气，要么顶撞，甚至一意孤行地唱对台戏，不少家长、教师在训斥他们无效后，非常无奈，常失去耐心。

（四）抗挫力薄弱

学生的成长安全至关重要，但若对他们百般呵护甚至溺爱，就会造成孩子如同温室里的花朵，经不起任何风吹雨打，意志力薄弱，抗挫能力不高。这类学生主要表现为自制力差，缺乏行动的目的性和一致性，做事容易半途而废，或是上当受骗，爱说谎话，不能经受学校和生活带来的正常竞争，不能正确地面对挫折，行动放任自流。当他们面对困难和挫折的时候，自然就会无所适从，甚至采取消极的逃避方式。这种消极的挫折适应方式一旦习惯化、稳固化，就可能转化为较严重的、需要长期耐心教育的心理问题了。

四、小学高年级学生青春期发育问题

高年级小学生逐渐开始了青春期发育。生理机能上的急剧变化使他们开始关注自己的身体和相貌体态，对异性同学也会产生不一样的感觉。但他们的心理成熟并不与生理发育同步，要求独立成长的渴望与生活学习的依赖性之间的矛盾、与同学关系的紧张、学习活动的成败等，容易使他们产生心理情绪上的变化，如紧张、困惑等，因而这一阶段也是他们出现心理问题的高峰期。

（一）对自我形象的焦虑

随着自我意识的发展，他们开始寻找关于自身问题的答案，如“我是好孩子吗?”“别人把我当好朋友吗?”“我的想法是错的吗?”等。开始关注他人对自己的看法，关注自己的形象。但因为对评价标准的理解与掌握以及判断能力都十分有限，当面对这些问题的时候，他们往往显得无能为力，非常容易引起焦虑情绪和行为。如有的学生因在同伴中个子显得矮小而苦恼，有的因为外貌不好被同学嘲笑而形成自卑心理等。

（二）对生长发育的困惑

有关调查发现，高年级小学生中，已经有一些学生在10岁就进入青春发育期了。上海一项调查也显示，小学六年级学生中，已有9.38％的男生和24.89％的女生进入青春期性发育时期。青春期生理变化是导致心理变化的基础，而生理变化中，性成熟开始又是最核心的因素。他们开始对自己的身体外形、体内器官、性机能成熟等过度关注，对外形和言语等方面的所谓弱点十分敏感，容易产生自卑、羞涩、敏感、忧愁等消极体验；对自己成长中出现的生理事件，如女孩子的月经初潮、男孩子的遗精感到惊恐不安，充满疑惑和烦躁，极易产生焦虑和排斥情绪。一些同学可能无意中对性器官的触碰引发生理快感而自慰，同时又缺乏对此现象的正确认识和调控，出现羞愧和自责心理，这对自我身体的接纳极为不利。

（三）出现异性交往过密现象

对异性的好感或爱慕，使高年级小学生极易认为自己“爱”上了一位异性。其实，这种感觉只是一种性生理成熟推动下的新异情感体验。这种情感具有内隐性，他们有话有秘密想与别人倾吐，可是他们对父母或老师却又不敢说，只能保守秘密。有些学生受信息传媒的不良影响甚至出现所谓“早恋”现象。这种情况如果得不到家长、学校、教师的正确理解及引导，便会出现压抑心理、烦躁不安等。高年级小学生对于“爱情”这样的字眼有着不同的理解：有人表示它很恶心，因为“它很低俗”；有人则表达对它的向往，认为自己长大了，常模仿电视剧中“帅哥”或“恶少”的言行；某些学生私下里认为有了自己的“老公”“老婆”，当大人不在场时，甚至有非常亲密的举动。这些错误的观念和行为，会对小学生的健康成长产生消极影响。

五、小学高年级学生心理问题产生的原因

马克思主义告诉我们，普遍联系是客观事物存在和发展过程中所固有的本性，每一具体事物都是由内在要素相互联系构成的统一整体，世界也是相互联系的统一整体，每一事物都是普遍联系中的一环。小学高年级学生心理发展的问题也是诸多因素共同作用的产物，需要我们从普遍联系的观点去全面认识。

（一）社会因素

1. 社会竞争加剧

虽然小学生还没有直接接触社会，但他们的父母、老师和周围的人都在给他们灌输这样一个事实，即社会竞争无处不在，无时不有。使得小学生不得不感知到竞争的压力和生活的压力，导致他们对现实充满迷茫和困惑，产生无所适从和畏惧的心态，从而引起各种心理问题。

2. 现代传媒信息的负面影响

随着现代科学技术的发展，电视、网络、报纸杂志、书籍、电影等现代传媒信息也对小学生的心理健康带来了一定的消极影响，如电影、电视中对武打暴力行为的渲染，容易使缺乏是非辨别能力的小学生去模仿、学习，对他们的行为产生误导作用，使其冲动性倾向以不合理的方式表现出来。值得关注的是，现在的小学校园里，学生之间的各种欺负现象并不少见，究其原因，现代传媒难辞其咎。同时，智能手机的普及，一些小学生沉迷于上网、玩游戏、看直播等，容易使他们产生与社会的隔离感、孤僻及攻击性行为等心理行为问题。信息化社会中良莠不齐的信息往往使辨别是非能力薄弱、又有着强烈好奇心的小学生很容易被感染，并模仿一些不良行为。例如，模仿影视人物说谎，认为说谎时能做到对答如流、面不改色心不跳是机智的表现；看到比自己大不了多少的一些文盲、半文盲都能通过各种途径或出人头地或成名成家或发财致富，他们就认为不努力学习也能混出好人生。

3. 不良社会风气的浸染

社会风气与人的关系就像自然气流与植物的关系一样，可以通过家庭、同伴、传媒、流行等途径影响人们的心理健康。一部分人社会道德水平低下、生活方式不健康等，都会对小学生产生潜移默化的影响，如农村有的地方赌博风气盛行，一些家长甚至不顾对孩子的影响，在家中聚众赌博，给孩子树立了不良的行为榜样。可以说，学生身上的各种心理问题，很大程度是外界不良影响与学生缺乏自我克制和分辨是非能力交互作用的产物。

（二）学校因素

学校教育对小学生的影响整体上是积极的、健康向上的。但教育实践中也不可避

免地出现一些阻碍学生健康发展的因素，这些因素虽不是学校教育工作中有意为之，但事实上也是导致高年级小学生心理问题的主要原因。

1. 学习负担过重

学习负担过重是长期以来困扰我国教育工作的顽症，已经成为影响小学生心理健康的重要因素。随着社会竞争的加剧，小学生的竞争压力也越来越大，由于素质教育还没有真正落到实处，学校重分数轻能力、重智育轻心育的现象依然存在。教师评价学生，社会衡量学校，理论上是全面发展，实质上依据仍然是考试分数。这种局面使小学教师唯分数论，小学生疲于应付，心理极度紧张，导致他们用脑过度，皮层机能降低，影响了学习效率，学习兴趣和信心下降甚至丧失，产生焦虑、苦闷、压抑、恐惧等不良心境。当这些不良情绪体验长期持续下去，就会产生不同程度的心理障碍。当前学校重智育、轻德育，更轻视心理健康教育；重视学习知识，忽视培养学生正确的情感、价值观，忽视学生良好心理品质的养成。另外，上班额超员的压力、教师的倦怠情绪等因素，都可能使教育蒙上功利性和狭隘性的色彩。如此一来，不仅教师应有的威信会被轻易损坏，还可能导致师生关系的恶化、对立，进一步引发学生的心理问题。

2. 学校人际关系紧张

学生在学校的人际关系主要是同学关系和师生关系，这两种关系良好与否，直接影响他们的心理健康。某小学心理咨询信件的统计显示，分别有 13.56%和 2.13%的小学生反映在同学关系和师生关系方面存在问题。对 404 名 4—6 年级小学生进行的问卷调查也表明，19 名学生汇报有人际交往焦虑现象，检出率为 4.7%。一个拥有良好师生关系和同学关系的学生，会在学校充满归属感和安全感，促进心理健康发展；相反，如果师生关系紧张，必然会产生敌对、自卑、焦虑、恐惧等情绪，对其心理健康具有不良影响。学校的教育方法不当，也会造成高年级学生的逆反心理，部分教师的教育指导思想偏离，存在着应付差事的想法，不认真钻研教材教法，使得课堂死气沉沉、呆板乏味，学习意志较差的学生极易产生反感的情绪。

3. 部分教师教学管理水平不高

当今学校部分教师在教育教学过程中，只注重学生对课本知识的理解和掌握能力，很少关注学生的情感问题。大多数教师也极少与学生进行情感上的交流，进而缺乏对学生的思想、品德的了解。这导致学生只在乎成绩，缺乏团队合作精神，缺乏集体之间互帮互助的协作意识。教师在进行教学管理时，比较注重班级制度、校规、学生有无违反纪律等问题，较少注重情感管理，对学生的情感世界缺少认知。当学生违反纪律时，教师仍然采取低年级学生的管理方式，以惩罚为主，未能意识到小学高年级学生已有自己独立的思想，他们需要维护自己的"小面子"，而这样的惩罚方式会让他们感到反感。从而导致学生滋生对教师的厌恶反抗情绪，逆反教师的教导，这样的教育管理自然不利于学生的身心健康发展。

（三）家庭因素

家庭是小学生接受教育的最初环境，家庭气氛、家庭结构状况、父母期望、父母教养方式等均会直接影响小学生的情感意志和人格完善，影响其心理的健康发展。家庭教育是教育人的起点和基点，其重要性是不言而喻的。毫不夸张地说，一个有问题的孩子，一定是生活在一个有问题的家庭当中。现实中，不良的家庭教育现象比比皆是：或忙于生计，无暇对孩子教育；或忙于自己吃喝玩乐，疏于对孩子教育；或对孩子要求过高过严，动辄严厉惩罚；或对孩子溺爱有加，有求必应。所有这些，都成了孩子产生不良心理问题的温床。此部分内容详见本书第十章的分析。

(四) 个体因素

小学高年级学生的心理问题不仅受外在环境的影响，其内在的生理心理因素也是一个重要方面。

1. 身心发展的矛盾

高年级小学生已进入身体发育的第二次生长高峰期。随着知识经验的增加，生长发育的加快和性意识的觉醒，他们发现"我"变了，不再是孩子，像个大人了。他们不仅个头长高了，身体也变得越来越有力量了，他们精力旺盛、好奇心强、富于幻想。他们喜欢参与到成人世界中来，发表自己的见解，希望有成人一样平等的地位。但不少家长、老师对他们新发展起来的成人感和强烈的独立意识估计不足，对他们过分强调自我缺乏心理准备，对他们偏激片面看问题的心理缺乏充分了解，仍然当他们是孩子，只看到他们幼稚的一面，还一味要求他们听话和服从。这种心理差距造成了孩子与成人之间的隔阂、代沟，是造成小学高年级学生逆反等各种心理问题的重要原因。高年级小学生的自我意识开始觉醒，经常处于依赖与逆反、独立与孤独、开放与闭锁的冲突矛盾之中，如果这些矛盾不能顺利解决，就可能产生焦虑和挫折的情感体验以及行为上的反常，严重者甚至会形成异常人格。特别是伴随生理发育过程形成的对自我形象的关注、对异性同伴的爱慕等，会对学生的心理发展产生重要影响。同时，多数高年级学生都具有强烈的好奇心，由于阅历和经验的不足，他们不迷信、不盲从，具有较强的求知欲、探索精神和实践意识。但家长或教师在教育孩子时，为了让孩子少走弯路，常用自己的所得经验阻止孩子的好奇心。孩子受好奇心的驱使，听不进大人们的忠告，对于越是得不到的东西越想得到，越是不能接触的东西越想接触，从而形成逆反心理。

2. 挫折承受力弱

挫折承受力是指个体适应挫折、抵抗和应付挫折的能力，即在遇到挫折情境时，能否经得住打击和压力，有无摆脱和排除困境而使自己避免心理与行为失常的一种耐受能力。个体的挫折承受力受到许多因素的影响，包括生理因素、心理因素及社会因素等。这种能力主要是在后天环境中形成的，较多地受个人心理因素的影响。小学高年级学生自我抱负水平与实际能力不一致、挫折认知水平不高、不善于确立合理的自我归因、缺乏有效的消极情绪自我调节与合理宣泄策略等，均会导致小学生挫折承受力较弱。而挫折承受力较弱的人，易受挫折的不良影响，甚至会导致心理和行为的异常。

3. 个人品行的误区

受家庭、社会和传媒的影响，有些小学生表现为自私、霸道、缺乏同情心，把个人的自我需要、自我满足、自我实现夸大到脱离实际，超越他人的地步。因此，造成学生之间激烈的矛盾，也使学生的生活理想与现实之间的矛盾更加激化，导致他们陷入焦虑的困境中。此外，少数学生因遗传或突发的意外事件，导致生理机能的缺陷或受到心灵伤害,他们在与同伴交往中很容易产生自卑、社交退缩等心理问题,因而需要给予他们更多的关心和帮助。

第三节　小学高年级学生心理问题辅导

一、学习心理辅导

学习心理辅导,是指教育者运用心理辅导的理论和技术,对学生的学习动机、学习策略和学习潜能等与学习有关的问题进行辅导,最终培养学生良好的学习心理品质,帮助学生学会学习的一种教育活动。通过学习心理辅导,激发学生的学习动机,教会学生掌握有效的学习策略,提升学生的学习效率,使学生热爱学习、乐于学习,缓解和有效应对学生在学习过程中产生的厌学心理和考试焦虑等心理困扰。从而有利于学生开发自身的学习潜能,培养学生良好的学习品质,顺利完成学习任务。学习心理辅导不同于以提高成绩为目标的学习辅导,而是涉及更多与学生学习活动有关的因素,包括学习兴趣、学习动机、学习策略以及学习困难辅导等。如何根据学生的个性化差异,结合不同学科的特点,激发学生的学习动机,培养学生不同的学习方法和策略,有效提高学生发现问题和解决问题的能力,是学习心理辅导的重要任务。

(一) 学习心理辅导的原则

1. 重点辅导与全面辅导相结合

重点辅导就是以教给学生学习方法,完善学习过程,提高学生学习效率的心理辅导为重点,在优化学习环境的同时,不断提升学生对学习的认识,引导其对学习活动以及与学习相关活动的心理体验。大多数高年级小学生的学习心理问题属于学源性心理问题,具有弥散性、多源性和后效性的特点,所以在进行心理辅导时,一方面要强化对学生的学习心理辅导,另一方面还要加强对学生情绪、人际交往、自我意识、社会适应能力的全方位辅导。

2. 主体辅导与协同辅导相结合

主体辅导是指在辅导中要充分体现心理辅导的主体性原则,根据学生的身心发展特点,由学生主体积极参与,通过辅导使学生主体发生变化。也就是说,学习心理辅导是针对主体的辅导、为了主体的辅导、完善主体的辅导。当然,实现主体的发展,必须依赖家庭、社会、学校的支持与协助。因此,只对主体进行辅导是不够的,还要在辅导中针对主体所处的环境以及环境中的主要因素进行协同辅导,即实现辅导对象、辅导内容、辅导方法、辅导环境的协同,为主体的发展创设良好的发展空间和发展环境。

3. 过程辅导与结果辅导相结合

过程辅导就是对学生学习活动的整个过程进行辅导,使学生对学习目的、方法、原则、规律等产生正确认知,使学生的学习活动建立在清楚的认知基础上,并形成积极的心理准备状态、认知状态、情绪情感状态以及自我监控状态。从而使学生形成对学习过程负责任的态度和心理定势，处于高度的意识状态，消除对学习过程的困难感、困惑感、无助感等，以积极的情绪和主动的认知加工活动进行有意义学习，掌握有效学习的策略和方法，使学生想学、愿学、乐学、善学，以保证学习过程的优化。良好的学习结果是建立在优化的学习过程基础之上的，良好的学习结果也会促进学习过程的进一步优化。对学习结果客观、适时、准确的评价和对学习的指导，有助于学生形成积极的归因系统。

4. 体验辅导与互动辅导相结合

学习活动是学生的体验活动，任何人都不能替代。在学习活动中，只有学习者体验学习的过程、学习的方法、学习的结果，才有可能在体验中发现学习的问题、制订合适的学习计划、体验学习的快乐，最终学会学习。因此，在学习活动中必须使学生不断体验，在体验中学习，在体验中发现，在体验中反思，在体验中成长。小学高年级学生的社会性发展与强烈的交往需要，为他们的互动学习奠定了坚实的心理基础，建立良好的师生、生生互动关系，使学生学习不仅建立在个人体验之上，而且建立在不断交流、相互体验、共同体验之上，在和谐的互动中获得学习体验，获得生活体验和发展体验，这不仅使学生得到自我发展，也是师生共同发展的途径。

（二）学习心理辅导策略

1. 支持性策略

支持性策略是指教育者要为学生创设支持的氛围，对学生采取支持的态度，为学生提供促进其发展的方法和策略，使学生在这个支持系统中实现人际、环境、态度、方法的和谐，消除由于人际冲突、学习压力、态度困扰等造成的学源性心理问题。学源性心理问题无论从其产生还是发展来看，都与学生在学习活动中缺少有效的心理支持息息相关。小学生的学习活动已经和他们的生理需要、安全需要、爱和归属的需要、自尊的需要、自我实现的需要紧密联系在一起，学生在学习活动中如果缺乏成功体验、缺乏积极关注、缺乏客观评价、缺乏有效的认同，心理需要得不到满足，就会使他们由于得不到心理支持而产生失落感和无助感，引起心理困惑或心理障碍。因此，为学生创设有效的心理支持系统对于学生养成良好的学习心理素质是十分重要的。此支持系统既包括人际支持系统、环境支持系统，也包括方法支持系统和态度支持系统。

2. 训练性策略

训练性策略的目的在于通过对造成学生学源性心理障碍的学习因素进行循序渐进的消解，使学生实现学习活动的自主调节。第一，进行认知调整训练，使学生对学习活动的目标、内容、特点、规律、方法和途径等产生清楚的认知，使学习活动有意识进行，实现对学习活动的元认知监控。第二，进行学习策略获得的训练。对学生进行学习策略获得训练，指导学生掌握科学有效的学习策略，如认知策略、元认知策略、资源管理策略等，教会学生如何学习，并不断获得学习成功。第三，进行学习困难应对训练。学生遇到学习困难时，往往首先产生情绪反应，而不是思维反应，甚至用情绪反应替代思维反应，导致在学习中遇到困难时，首先不是考虑解决问题的方法，而是先产生不利于问题解决的消极情绪。因此，抗挫训练、抗压训练、缓冲训练等是十分必要的。第四，进行学习结果归因训练。对学习结果能否积极、客观归因不但有利于学习活动的进行，而且有利于学生个性的发展和社会适应能力的发展。维纳的归因理论和班杜拉的自我效能感理论可以给我们有益的启示，简而言之，学习成败的努力归因倾向可激发学生的自主学习动力，有效避免因长期的学习失败体验而产生习得性无助。

3. 调整性策略

调整性策略致力于对影响学生学习因素的外部环境的调整。通过对学生产生学源性心理障碍因素的分析，我们发现，来自学校和家庭的不适度的期望、来自教师的不科学的教学方法、来自教育的不客观的评价方式等，都能构成对学生身心健康的威胁。调整性策略就是尝试改变以升学为目标、以知识学习为根本、以分数为中心的错误观念和错误行为，确立以学生发展为目标、以学会生存为根本、以学生成长为中心的正确观念。众所周知，教育内容易改，教育理念难变；教学方式易改，评价方式难变。所以，调整性策略坚持以改变评价方式为关键，以改变教育者的教育观念为根本。教师和学生都能充分认识到学源性心理障碍的原因、特点及影响，无论对于改变现存的评价方式还是教育观念都是有益的。

焦点解决模式

焦点解决模式下心理辅导(Solution-Focused Brief Therapy)，简称 SFBT，最先由美国学者 Steve de Shazer 和 Insoo Kim Berg 于 20 世纪 70 年代末期提出和推广，经过近几十年的发展运用，焦点解决模式下心理辅导的发展已相当成熟，且广泛运用到心理康复中心、家庭服务、监狱等领域之内，得到社会的普遍认定。SFBT 一改传统以问题为中心取向的心理治疗模式，始终把握一个信念，即做同样的事情会得到同样的结果，做不同的事情会产生不同的结果。它将治疗的重点放在来访者寻求其个人改变、帮助学生及未来的发展模式之上，确保他们可以成为自身改变的专家及主导。焦点解决更注重当事人的资源、经验及力量，希望运用正向的、朝向目标及未来的观点来解决问题，促使其自身寻求改变，避免受制于问题取向和探求原因的讨论。治疗过程要及时关注自身可能改变的各项因素，确保治疗目标的合理可行。如此，便可减少治疗当中挫折感的产生，增加当事人的自我效能感，与人本主义相符合。“焦点解决”往往把焦点放在“解决”上，由此带出问题者解决问题的潜能。

史蒂夫·德·沙泽尔.超越奇迹：焦点解决短期治疗[M].雷秀雅，等译.重庆：重庆大学出版社，2011.

二、人际关系辅导

高年级小学生生理和心理发生巨大变化，其自我意识开始指向于内心世界和个性品质，自我评价的独立性有了显著提高，开始把同伴作为人际交往的第一选择，人际交往也日益复杂化。但同时，高年级小学生与同学、家长和教师的人际关系存在着不同类型的交往障碍。

专栏 7-3

"逃离文化"视角下农村小学高年级反校园欺凌策略

1. 完善法律制度，营造良好成长环境。推进国家立法进程，真正做到有法可依；加强社会文化防控，管控社会暴力文化。

2. 学校构建包容性教育，规避逃离风险。教育目标落实包容性，柔化教育竞争，学校外部教育行政部门要提供制度支持，减弱学校的选拔性从而回到基础教育的本质上，学校教育工作者应该建立更科学的教育目标观；师生间以关怀为纽带，促进师生有效沟通，营造课堂和谐氛围，不让后进生有自我挫败感；尊重学生的多样发展，真正实现教育公平。

3. 家校合作共筑校园欺凌防御线，化解攻击性逃离。搭建智能网络平台，拓宽家校沟通渠道，发放家长指导材料，培训家长处理校园欺凌事件，告诉家长和监护人怎样发现孩子是否遭受校园欺凌、是否被同学勒索恐吓，让家长从生活细节入手及早发现孩子身心是否发生变化。同时也告诉家长一旦孩子陷入校园欺凌，如何保护孩子的权利不受到第二次侵犯并抚平孩子心灵的创口。专业人士、教师以及父母自发形成一个反校园欺凌的团体，一方面可以呼吁农村关注校园欺凌，另一方面也能给予为欺凌者和被欺凌者援助和心理咨询。

4. 体验道德情感，培养旁观者共情能力。注重表情观察，培养学生对于他人面部表情的敏感度；角色扮演，增加学生共情的体验；传阅书写班级日志，加强班级文化建设；组织"保护"活动，增加学生保护欲。

资料来源：张雨柔. "逃离文化"视角下农村小学高年级校园欺凌现状及对策研究[D]. 鲁东大学，2019.

(一) 小学高年级学生人际关系不良的行为类型

1. 封闭逃避型

封闭逃避型的学生生活在自我世界里，失去学习人际交往关系的机会。这类同学在日常的学校生活中，往往沉默寡言，很少与同学交谈。遇到或面对陌生人时尽量回避或退缩，与陌生人交谈时紧张，无法完整表达自己的意思。行为表现独来独往，朋友很少。这类学生往往缺乏人际交往能力，面对新的情境或问题，不知如何应对或回答。其心理特点是自我封闭，不爱说话，不自信，不喜欢与人打交道，表现出逃避交往的特点。

2. 自我怀疑型

自我怀疑型的学生自我意识强烈，坚持己念，不愿合群，易与人产生误会和争论。此类学生交的朋友不多，在群体中容易受人排挤。对任何事情常持怀疑的态度，并且意见特别多。遇事喜欢争辩，常与人针锋相对，常挑剔别人意见或被别人挑剔。经常与人相见形同陌路，不点头也不打招呼。这类学生往往形成以自我为中心的思维方式和行为习惯，与同龄人互动时，不易与人合作，容易形成自私自利的个性品质。不善于表达，更不轻易暴露自己的内心世界。缺乏沟通技巧，主观意识强烈，甚至是强词夺理。

3. 偏激冲突型

偏激冲突型的学生出言不逊，行为偏激，人际关系不协调，偶有冲突事件发生。这类学生的人际关系更加不良，言行偏激，态度傲慢，不服管教，顶撞师长。常以老大自居，欺负弱小，所以与周围的同学关系僵化，常常发生争执，甚至动辄拳脚相加。这类学生的人格发展较不健全，有强烈的自我中心倾向，总认为自己是正确的，他人是错误的或者自己被误解，所以总是抱怨他人或攻击他人。冲动易怒，缺乏同情心，以抗拒权威当作英雄主义的表现，并以之作为肯定自我的方式。自尊心一旦受到伤害，就具有较大的破坏性。忍受挫折能力较低，甚至疑似精神疾病。

(二)"封闭逃避型"人际关系辅导

(1) 安排一定的时间，讲授什么是良好的人际交往，人与人之间应该怎样进行良好的互动、沟通。讲明与他人沟通的技巧、方法，强调人际交往的重要性。

(2) 对学生进行自我肯定训练。这类同学往往自信心不足，缺乏与人沟通的勇气，应通过各种方法，让他首先认识到自己的优点，发挥自身的长处。通过自我肯定训练，让他客观地认识自己，进而肯定自己。

(3) 安排同学主动与他人接近。由于这类学生沉默寡言，很少与同学交谈。所以，可以让同学主动接近他，交谈一些日常生活话题、学习话题，让他开口讲话。这样，双方会互相了解，互诉心声，慢慢让他喜欢说话。

(4) 利用小组讨论的方式，鼓励学生发表意见，表达看法。教师可以找一些话题让学生讨论，在讨论时，轮流发言，这样每一个学生都有发言的机会。同时，鼓励学生发表自己的观点，提高学生语言表达的能力。

(5) 培养兴趣，结交朋友，扩展人际关系。培养学生人际交往的兴趣，从良好的人际交往中得到乐趣，学到别人的长处，改正自己的缺点。教会学生结交朋友的技巧和方法，朋友之间应该有共同的兴趣，共同的话题，才会有一致的活动。在共同的活动中充分展示自我，促进朋友间更好地了解，扩大交往面，进而结交更多的朋友。

(三)"自我怀疑型"人际关系辅导

(1) 实施个别辅导，鼓励学生开放自己，接纳他人。这类学生自我意识强烈，以自我为中心，很难融入群体中。针对这一特点，可以实行个别辅导的方法，面对面的谈话、交流，了解他的思想动向，做到有的放矢，提高辅导的实效性。

(2) 开展学生自治活动，培养民主风气，学会尊重他人，接纳不同意见。对于班级组织管理、小组课外活动等可以实行自治管理，让学生自己管理自己，充分发扬民主的作风。老师要平等地对待每个学生。通过活动，让学生意识到要学会尊重他人，对别人的意见进行认真的考虑，然后再发表自己的建议。尽量不要挑剔别人或故意找碴，当误会他人后，主动找到他人进行解释，理清事因，消除误会。

(3) 在活动中，鼓励学生提出建设性的意见，尽量不要当面指责或批评别人，更不应针锋相对互不相让，进而发生争执，引发难以和解的严重后果。同时，让学生学会服从群体。当意见一致时，就必须服从。不然一个组织就没有纪律，没有纪律性的组织就不能正常地进行活动。

(四)“偏激冲突型”人际关系辅导

(1) 尊重学生,真心爱护学生。教师应该积极主动地去了解此类学生的内心世界,尊重学生的合理要求,不能把自己的意见强加给学生。教师要站在学生的立场,设身处地想一想:“假如我是学生,我希望老师对某个问题如何处理?”学生与教师的隔阂往往是因为互不理解造成的,如果教师能够经常做到“心理换位”,就能体会学生的苦恼,更深刻地了解学生的需要。一般来说,师生之间思想上的反差越大越容易使学生产生逆反心理。“你的调儿越高,我越不理你那套”是这类学生们常有的心理。因此,教师要了解学生的思想认识水平,再根据他们的实际情况对他们提出相应的要求,减少反差,以提高教育效果。

(2) 采用人性化的行为规范准则,以理性民主的态度来指导学生。我们的视线应放在学生身上,以学生为本,体现人性化的管理理念和管理准则。更多地去关爱学生,体现人文关怀原则,只有用这种博大的爱才能去感化一颗冰凉的心。这就是理性的原则,民主的态度,这种态度只要在用法上适当,学生就会感觉得到,自然会减少敌视的心理倾向,逐渐与周围的人更好地相处。也可以提供给学生自我表现的机会,使学生从成功的经验中获得自我肯定。这类学生体验到的成功越多,获得自我肯定的机会也越多,也就较少地导致僵化的同学关系,这是建立良好人际关系的基础。

(3) 学会倾听,有效消除“意障”。所谓“意障”就是意义障碍的简称。比如,某学生因为父母关系不和睦,早饭没有人煮,早上第一节课连续迟到几次,任课老师当着全班同学的面说:“你怎么回事? 为什么老是迟到! 罚扫地三天。”该学生不服气,干脆来一个破罐子破摔。如果这位教师能换一种做法,课后找这位学生进行个别谈话,倾听这位学生的心里话,问明原因,讲清道理,并及时和家长联系沟通,就会取得不同的教育效果。所以,教师要多与学生沟通,从学习、生活、内心的需求等方面深入了解学生的内心世界,尊重学生,认真倾听对方的意见,才能有的放矢,得心应手地做好这类学生的心理疏导工作,缩短心理沟通的距离。

三、挫折心理辅导

“增强情绪调控,承受挫折、适应环境的能力”是《中小学心理健康教育指导纲要(2012 年修订)》提出的心理健康教育具体目标之一。小学高年级学生的核心个性心理问题是他们的抗挫能力弱。因此,小学高年级学生个性心理辅导应围绕着如何提高他们的抗挫能力进行,在立足实际生活,促进孩子健康成长的立场上,构建挫折辅导实践策略。

(一) 选择内容,形成正确的挫折认知

挫折辅导内容的选择首先要贴近学生的生活。教师可以组织以挫折为主题的班会活动,分享各自的挫折事件,表达对挫折的看法和选择的应对方式。也可以将挫折教育内容渗透在学科教学中,例如,在课堂上学生遇到学习上的难题时,教师应该鼓励学生自己解决问题或者采取各种积极的方法帮助学生解决问题,在解决问题的同时形成积极的挫折认知。同时,鼓励小学生走出课堂,走进现实生活,在现实生活中接受挫折的各种考验。这些贴近小学生生活的挫折体验,会让小学生明白,挫折是不可避免的,但

只要能勇敢地面对挫折，就一定能战胜挫折。同时，高年级小学生的认知已处于形式运算阶段初期，他们的认知已经不再局限于具体的事物。因此，对高年级小学生的挫折辅导也应该增加一些与挫折相关的较为抽象的话题，如挫折对人生发展的价值和意义，让学生去思考、分析，从而获得对挫折更为全面的认知。

（二）引导归因，优化丰富的挫折体验

韦纳的归因理论认为，个人将成功归因于能力和努力等内部因素，他会感到骄傲、满足、信心十足，进而采取积极进取的方式应对挫折；而将失败归因于能力因素，则会产生习得性无助，即认为自己无论怎样的努力，也不可能取得成功，因此会体验到挫败、沮丧和无助，进而采取逃避的方式应对挫折。由此可见，相同的挫折情境，不同的归因方式会产生不同的挫折体验，进而采取不同的挫折应对方式。因此，我们应该引导小学生进行正确的归因，即当小学生取得成功时，将成功的原因归于他们自己的努力和能力，在提升他们自信心的同时，鼓励他们继续努力；而当他们遭遇挫折失败时，可以把失败归因到努力程度不够和不稳定的外在因素，避免失败对小学生自信心的打击，在以后的学习生活中可以通过努力获得成功，重塑小学生战胜挫折的信心。

（三）开发资源，选择积极的应对方式

1. 运用问题定向方式应对挫折

问题定向应对，是指应对或处理挫折情境或挫折事件本身的一种方式，是直接指向问题本身的处理或解决。问题定向应对，既可以用来解决外在的问题，也可以用来解决内在问题，改变自身。一般来说，克服自身的缺点，学习一些新的技能，提高自己的自信与自尊，以及改变自己的期望水准等，都属于解决内在问题的方式。

2. 持之以恒，冷静理智地应对挫折

挫折往往给当事人带来很大的情感冲击——焦虑、愤怒、沮丧等。当这些负性情绪占上风时，人就不能客观地看待挫折，理智地认识自己，冷静地分析、解决问题。因此，在情绪反应很强烈时，首先要做的是平息情绪的波澜，如寻求社会支持，向周围的人倾诉；或运用积极的防御机制，减轻心理上的痛苦。待心情较为平和时，再来解决问题。但是，挫折带给人的情绪困扰往往不是一次性可以消除的，它会有反复、有波动。这就意味着保持冷静和理智是应对挫折的过程中经常要做的一项工作，必须持之以恒，增强自信。因为只有遏制住情绪的狂潮，才能保持理性的头脑，最终有效地解决挫折问题。

3. 寻求社会支持

有效地应对挫折更需要从周围的人或有关机构那里获得相应的信息、方法和策略，必要时甚至需要请他们出来解决问题。所谓“当局者迷，旁观者清”“三个臭皮匠，顶个诸葛亮”“一个篱笆三个桩，一个好汉三个帮”等俗语，通俗地说明了社会支持在个人应对挫折、困境中所起的作用。因此，教育者要引导学生受挫时应学会积极寻求社会支持，因为它有助于受挫者汲取社会的力量，在他人或群体、组织的支持、引导下，改善心态，调整行为，缓解挫折的打击，摆脱由挫折引发的烦恼。

四、青春期心理辅导

小学高年级学生处于少年期与青春期的过渡，是个体成长发育的关键阶段。针对小高年级学生要“开展初步的青春期教育，引导学生进行恰当的异性交往，建立和维持良好的异性同伴关系，扩大人际交往的范围”。而青春期的成长发育教育是我国教育中的薄弱环节，特别是对于小学生的性教育。相关调查表明，小学高年级学生的性生理心理知识缺乏，学生性心理滞后，性生理早熟，预防性侵害、性骚扰，辨别性引诱的安全意识薄弱，男女同学之间的交往有障碍，学生成长烦恼无处倾诉，而且已出现“早恋”现象。为此，我们结合国内外先进经验以及不同学校的实际情况和调查中反映出的突出问题，对高年级小学生的成长发育心理辅导提出了以下对策：

（一）遵循青春期教育基本特征，明晰高年级学生成长发育辅导目标

尽管世界各国文化传统、信仰习俗各不相同，但在对待与青少年成长发育有关的性健康教育态度方面却大体一致，遵循青春期教育的基本特征，具体表现为：① 人本性：以学生为本，一切围绕学生的全面发展；② 全体性：面向全体学生，学生全员参与；③ 协同性：全程性教育和阶段性教育相结合，学校教育与社会教育、家庭教育相结合；④ 育人性：青春期教育归根到底是以德为核心的人格教育，不顾性道德的培养而只注重性生理知识传授的教育，只能培养出“有知识没文化”的新一代“文盲”。遵循这些基本特征和我国《中小学心理健康教育指导纲要（2012 年修订）》的要求，小学高年级学生成长发育辅导主要有以下目标：

（1）了解自己的身体，掌握防止性骚扰的方法，学会自我保护，能在遭遇困境时寻求司法、医疗保健和社会的帮助；

（2）了解青春期男女生理发育基本知识，初步掌握相关的卫生保健知识；

（3）了解青春期性生理和性心理知识，解除因性困惑而带来的性焦虑和性恐惧；

（4）了解和预防性传播疾病；

（5）学会人际交往的技能和原则，能够正确地认识和处理两性关系，与人友好相处。

（6）形成正确的性道德观念。

（二）依据高年级学生成长发育发展特点，确定青春期教育内容

青春期教育是一门综合性的科学教育，不仅要提高小学生的性生理知识水平，还要促进其性伦理道德的发展，最终促成健康人格的形成。

1. 青春期性生理心理卫生保健辅导

可以采取逐层深入的方式，分阶段辅导。由围绕着生命孕育、成长的基本知识开始，让学生知道“我从哪里来”，进而从人的生命历程切入，引导学生全面认识人的生命周期（诞生、发育、成熟、衰老直至死亡）的发育特点。让学生了解青少年儿童身体主要器官的发育进程特点和功能，促进小学生了解青春发育期的差异，如男女两性第二性征的具体表现、月经初潮及意义、首次遗精及意义，变声期的保健知识、个人卫生知识等。最后，围绕成长发育的性心理困扰，如由性冲动所可能引发的性体验、性幻想、性梦和性白日梦，或者性神秘感、性反感、性压抑感、性罪恶感、性焦虑、性自慰等，均给予必要的自我调节辅导。对于青春期非常态性心理如同性恋也无须回避，科学正确地讲解其相关知识，促使学生愉快地接受自我并顺利融入社会。

2. 青春期自我保护辅导

性骚扰和性侵害会对小学生的身心健康造成严重而长久的损害和负面影响，特别是小学女生。因此，首先要增强小学高年级学生性自我保护意识，如内衣遮盖的身体部位不暴露于外界，并决不允许父母之外人员的窥视和触摸，不要一个人或很少几个女伴随意搭便车，尽量避免去宾馆、酒吧等娱乐场所，晚上不要一个人出门，更不能去人少偏僻的场所，不可赌气离家出走，不要贪图小便宜，以防不怀好意者的物质利诱，在陌生的地方问路时，不要跟着愿意带路的人走，以防不测等。其次，还必须辅导他们学习一定的性保护常识，学会灵活的自卫方式，如学会利用环境来保护自己，学会借助他人的力量保护自己，落单时的防护策略及应变手段等，在公共场所受到歹徒引诱或逼迫时，奋力跑向人群呼救，能够辨识不怀好意之徒并沉着冷静，随机应变，以智取胜，使自己脱离险境。最后，引导学生学会正确地与异性相处，做到主动积极而又谨慎交往，把握分寸，学会自尊自爱、自律自护。这里的异性主要包括周围的异性同学、异性的教师、校外的异性同学、异性亲戚等，在与这些熟悉的异性相处时，也要有所注意。同时，随着小学生性成熟的提前，一些农村落后地区的学生小学毕业后即外出打工，存在着性行为提早出现的可能，因此，有关性传播疾病的辅导也实属必要。

3. 青春期性伦理道德辅导

青春期性伦理道德辅导有助于培养小学生健康的性道德品质、负责任的性态度，提高社会成员的性道德水平，批判和清除腐朽落后的性道德观念，推动整体社会的精神文明建设。性伦理道德辅导内容丰富，具体而言，一是性伦理道德知识，如性道德原则、基本的性道德规范、异性交往文明等；二是性伦理道德态度，如健康的性道德价值观、负责任的性态度；三是性道德行为能力，如实现受教育者从他律到自律的转变，学习提高性道德行为选择能力的技巧等。在辅导过程中，要遵循“适时、适度、适量”以及面向全体的原则，让高尚的性道德在学生心底生根发芽。

总之，小学高年级是个体人生发展的关键时期。在以上内容中，我们主要围绕小学高年级学生在学习、人际关系、个性心理、青春期发育等四个方面的核心问题，提出了相应的辅导策略，以便于在实际教学实践中有所侧重。同时，在日常教育教学工作中，我们还要继续引导他们学会恰当、正确地体验和表达情绪情感，积极促进学生的亲社会行为，逐步认识自己与社会、国家和世界的关系，培养他们分析问题、解决问题的能力，从不同角度做好辅导，为他们接下来的初中阶段的学习和生活做好充分准备。

拓展阅读

1. 张兰兰. 小学高年级学生人际交往现状及团体辅导干预研究[D]. 河南大学，2017.

2. 史蒂夫·德·沙泽尔. 超越奇迹 焦点解决短期治疗[M]. 雷秀雅，等译. 重庆：重庆大学出版社，2011.

3. 刘宁宁. 小学高年级学生生活满意度培养对策研究[D]. 鲁东大学，2019.

4. 高华英. 农村小学高年级留守儿童亲子沟通与心理缺陷的现状及关系研究[D].

云南师范大学,2019.

5. 曹素芳.小学高年级学生同伴关系的现状调查[D].淮北师范大学,2019.

6. 裴璐璐.小学高年级学生应对方式与心理健康的关系及干预研究[D].河北师范大学,2019.

7. 王芮.小学高年级学生心理弹性及其与社会支持、积极情绪的关系及建议[D].河南大学,2018.

8. 祥德微.关于小学高年级学生性教育的研究[D].广西民族大学,2017.

反思与探究

1. 技术问题:性教育一直是敏感话题,尤其是针对小学生。教育者对小学生进行性教育的正确态度会直接影响小学生对性发育的正确认知,并决定小学生能否采用科学文明的心态去面对与性有关的成长话题。相关辅导技术问题,可以参考《父与子的性教尬聊》。具体网址如下:http://www.vodxc.com/HWJ/59486/59486-0-0.html

2. 典型案例:周某是一名12岁的小学六年级女生,学习成绩一直不错,还担任着班级学习委员。近段时间,周某上课不专心,学习成绩明显下降。任课老师有几次发现她在课堂中偷看言情小说,给班级另一位学生传纸条。班主任老师与她父母沟通后得知,周某近段时间总喜欢和男生打电话,甚至趁父母不在家的时候,带男同学到家里玩。通过耐心地与周某沟通,周某告诉老师,她非常喜欢班上的一位男生,自认为那位男生也喜欢她,每次与那位男生说话就会感到紧张,但和这位男生一起参加活动却又非常开心,不在一起上课的时候,还会想他。最近,这位男生同另外一位女生走得很近,不怎么搭理周某了,因而,周某感到很难过。周某也曾尝试忘记这位男生,但又无法控制自己,导致上课分心,成绩下滑。

这是典型的青春期异性交往困扰,若不能对她及时辅导,帮助周某及早摆脱目前困境,不仅会影响周某正常学习,还有可能在周某随后的健康成长中留下隐患。

第八章　特殊需要学生心理问题与辅导

※学习目标

1. 识别特殊需要的学生
2. 理解学习困难、品行障碍的定义及成因
3. 理解留守儿童心理特点与常见问题
4. 理解单亲家庭儿童心理特点与常见问题
5. 掌握特殊需要学生的辅导方法

※关键词

学习困难；品行问题；留守儿童；单亲家庭儿童

特殊需要学生是指在身体、心理和行为表现上与正常人存在差异，需要额外帮助和服务来满足其需求的个体。主要包括智力障碍、学习或注意障碍、情绪或行为障碍、肢体残疾、沟通障碍、自闭症、脑外伤、听觉障碍、视觉障碍，也包括一些天才学生和超常儿童。重度障碍或残疾儿童更多会选择特殊学校。本章主要关注的对象是普通学校中有特殊需要的学生，针对这些学生出现的心理、行为问题提供辅导方法。这类特殊需要的学生通常是智力基本正常，在普通学校上学，但在某些方面又偏离正常学生，他们属于学校里的小部分处境不利的群体，往往需要特殊关注。学习困难是这类儿童中最普遍的问题。近些年，青少年犯罪事件屡见报端，儿童品行问题越来越引起教育者的重视。此外，留守儿童、单亲家庭儿童所出现的问题也受到大众的关注。普通正常学校的教师，很多并没有接受过特殊教育教学的培训，他们可能不清楚这部分学生的问题以及如何对这些学生进行辅导。基于此，本章重点从学习困难、品行问题、留守问题、单亲问题这几个方面进行阐述。

第一节　学习困难学生心理与辅导

一、学习困难概述

(一) 学习困难的定义

学校里有这样一些学生，他们在阅读、写作、数学学习等方面存在困难，这些学生可能没有智力障碍、情绪问题或教育劣势，并且这些学生的视力、听力、语言能力都是基本正常的。过去，这些学生经常被认为是不努力的，不认真的。随着对教育的重视，研究的不断发展，我们意识到这一类学生可能面临着一些特殊的困难，即学习障碍。在美国，一项统计数字表明，公立学校中有5%—6%的6—7岁学生被鉴定为有学习困难。学习困难是特殊需要学生中人数最多的一个群体。学习困难也称学习障碍(Learning disability，简称LD)，有时又被称为学习失能。关于学习困难的定义，学术界一直有争议，目前尚没有一个统一的定义。

美国“全国学习障碍协会”(the National Joint Committee on Learning Disabilities，NJCLD，1988)认为，学习障碍是一个统称，用于指称一个具有很大内部差异的特殊症候群，它通常表现为儿童在获取与应用听、说、读、写、推理或数学能力和社会技能上存在显著困难。这些障碍是由个体内部原因引起的，一般认为是中枢神经系统的功能异常。虽然学习障碍者可能会伴随有其他障碍(如感觉受损、智力缺陷、社会与情绪适应不良等)，或受一些环境因素影响(如文化差异、文化刺激不足、不当教学等)，但学习障碍并非是由这些障碍或环境因素直接引起的。

《国际疾病分类》(ICD-10)认为，学习障碍属于发育障碍，指从发育的早期阶段起，儿童获得学习技能的正常方式受损。这种损害不是单纯缺乏学习机会的结果，不是智力发育迟缓的结果，也不是后天的脑外伤或疾病的结果。这种障碍源于认识处理过程的异常，由一组障碍所构成，表现为在阅读、拼音、计算和运动功能方面有特别明显的损害。但他们并没有精神残疾，随着发育和训练可以逐渐好转。

综上所述，学习困难是由一组障碍构成的症候群；主要是由个体内部原因，尤其是认知过程异常引起的；学业成就与潜在能力之间存在不一致性，学业成就明显低于其潜在能力；学习困难学生的智商属于正常范围，不包括因智力低下或其他机体结构性损伤所造成的认知障碍，如盲、聋、哑、身体残疾等；一部分学习困难学生的智力可能偏低，但仍属正常；学习困难具有可逆或基本可逆性，即在一定的辅导和矫治下，学生可达到正常水平或教学大纲要求的基本水平。

案例 8－1

小红是一名小学五年级的学生，戴着眼镜，看起来是很腼腆的一个孩子，衣着整洁。乍一看去，和班里的其他同学并没有什么两样。但是这样一个孩子却让老师在提到时频繁摇头，同学们笑话她是个笨孩子。究竟是什么原因呢？一次活动中，老师让同学们写出自己的名字，全班同学都顺利地写出来了，只有她迟迟不动笔，后来她的同桌拿过本子帮她写上了名字。据她的同桌介绍，小红几乎每一门科目都是班级的倒数第一名，写作业总是拖到最后，而且作业也都做错。看她的作业本，所有的汉字都不是写上去的，而是画上去的，更别提正确的笔顺和笔画了，阅读也是一塌糊涂。班级活动中，她总是显得那么孤独。

小明是一名刚上三年级的小男孩，眼睛大大的，看起来活泼又可爱。确实，上学前的小明是一个人见人爱的小孩子。对各种事情都很好奇，虽然经常把家里弄得乱七八糟的，但妈妈却觉得小明是非常的聪明好动。自从上了小学，好像一切都变了，小明的妈妈经常接到老师和同学的投诉，不认真听课，上课爱搞小动作，把同学的东西弄坏等。由于不注意听课，学习成绩可想而知，总是班级垫底。近期，老师建议小明的妈妈带小明去医院做一下检查，检查结果是小明可能有注意力缺陷多动障碍。

可能你的班级里也会有这样的孩子，他们并非是调皮、捣蛋，故意和老师作对。这时我们再用对待平常学生的方式对待他们，显然效果不明显，甚至会有反效果。如果一味地批评教育，不但打击了孩子的积极性，还有可能造成人格、性格上的消极改变。有时，还有可能无形中助推了校园欺凌。

（二）学习困难的表现

有学习困难的学生一般难以完成正常的学业任务，不知道如何注意、组织相关的信息，不知道如何运用学习策略和学习技能，在工作记忆系统方面存在问题，或存在感统失调或协调能力的问题，学习成绩很差。学习困难的学生具有很大的个体间差异。一些人有阅读困难，一些人有数学困难，一些人有书写困难，一些人不能集中注意力，一些人可能在上述所有方面都有问题。例如，有的学生的数学很差，但是语文阅读能力却高于平均水平，或者相反，语文阅读能力远远落后于同龄人，但数学能力很好，还有的学生可能在组织学习上有问题。一般我们把学习困难分成这样几类。

1. 阅读困难

阅读困难一般分为获得性阅读障碍和发展性阅读障碍。获得性阅读障碍是指已经获得阅读能力但因为脑损伤而导致阅读方面出现困难，通常情况下发生于青少年或成人；发展性阅读障碍是指个体在一般智力、动机、生活环境和教育条件等方面与其他个体没有差异，也没有明显的视力、听力、神经系统障碍，但其阅读成绩明显低于相应年龄的应有水平，处于阅读困难的状态中。有阅读困难的学生可能存在不良的阅读习惯；朗读时错字、漏字、加字、语序颠倒错乱；阅读后回忆困难；阅读内容理解困难等。

2. 书写困难

书写困难也叫书写缺陷。有书写困难的孩子表现出书面语言能力受损，精细运动能力发展不足，如写字常缺一笔，多一画，部首张冠李戴；模仿画时经常出现错误；执笔姿势怪异，写字常超出格子外；写字时常偏向一侧；作业时间拖得太长；不善劳作或美术等。

3. 数学困难

数学困难是学习困难儿童普遍存在的问题，与阅读困难出现的概率相近。有数学困难的儿童通常表现在数学计算和数量概念的理解上有困难。如时常忘记计算过程的进位或错位；将数字抄错、遗漏或前后顺序颠倒；对应用题有理解上的困难；答题空间内时常写不下或太拥挤等。

(三) 多动症

多动症，也被称为注意缺陷多动障碍(attention deficit hyperactivity disorder，简称ADHD)，现行的DSM将ADHD作为通称，并细分了三种类型：以注意涣散为主；以多动—冲动为主；混合型。由于注意力缺陷，难以保持注意力，难以自我管理，多动症往往与学习困难并存。

注意缺陷多动障碍主要表现为主动注意减退，被动注意增强，注意力不集中，上课不能专心听讲，易受环境的干扰而分心。注意对象频繁地从一种活动转移到另一种活动。做作业时不能全神贯注，做做玩玩，粗心草率。做事有始无终，常半途而废或频繁地转换。做作业拖拉，不断地以喝水、吃东西、小便等理由中断，做作业时间延长。明显的活动增多，过分地不安静，来回奔跑或小动作不断，在教室里不能静坐，常在座位上扭动，或站起，严重时离开座位走动，或擅自离开教室。话多，喧闹，插嘴，惹是生非，影响课堂纪律，以引起别人注意。喜观玩危险的游戏，常常丢失东西。情绪不稳，易冲动，任性，自我控制能力差。易受外界刺激而过度兴奋，易受挫折。行为不考虑后果，出现危险或破坏性行为，事后不会吸取教训。

多动症儿童一般会存在学习困难，学习成绩低下。多动症患儿智力是正常或基本正常的，学习困难的原因与注意力不集中、多动有关。他们多动症的轻重程度和智力的水平共同影响着多动症儿童学习困难的出现时间。智力水平中下的严重多动症患儿在学龄早期就可出现学习困难。智力水平较高、多动症状较轻的，可能在初中阶段才出现学习困难。80%的多动症儿童同时会伴随行为问题，如好顶嘴、好打架、说谎、恃强凌弱、纪律性差。有半数左右多动症儿童可见有神经系统软体征，表现为快速轮替、动作笨拙，姿势或运动不协调，不能直线行走，闭目难立，精细运动不灵活，部分患儿可有视觉—运动障碍、空间位置知觉障碍等。

值得注意的是，好动顽皮并不一定是多动症，我们可以从以下几个方面进行区别：是否做任何事情都不能集中注意力，顽皮的儿童可能在看电视等感兴趣的活动中全神贯注，行为是否具有目的性，多动症儿童行动较冲动、有始无终，以及是否有一定的自控力。

注意缺陷多动障碍的诊断标准

DSM-V 中关于注意缺陷多动障碍的诊断标准如下：

A. 一种持续的注意缺陷和(或)多动—冲动的模式，干扰了正常的功能或发育，以下列 1 和(或)2 为特征：

1. 注意障碍：

下列症状存在 6 项(或更多)，持续至少 6 个月，且达到与发育水平不相符的程度，并直接负性地影响了社会、学业、职业活动。

注：这些症状不仅仅是因为对立行为、违抗、敌意的表现，也不是因为不理解任务或指令所引起的。年龄较大(17 岁及以上)的青少年和成人至少需要符合下列症状中的 5 项。

a. 在完成作业、工作中或从事其他活动时，常粗心大意、马虎、不注意细节(如：经常忽略或遗漏细节，工作常出错)；

b. 在完成任务或游戏活动的时候经常很难保持注意力集中(如：很难保持注意力于听课、谈话或阅读冗长的文章)；

c. 当直接对他讲话时，常像没听见一样(例如，思想好像在别处，尽管并没有任何明显干扰他的东西存在)；

d. 很难按照指令与要求行事，导致不能完成家庭作业、家务或其他工作任务(如：开始启动某个任务后很快离开主题，转而去做另一件事)；

e. 经常难以组织好分配给他的任务或活动(例如，很难处理和保持有序的工作，难以有秩序地收拾好资料和属于他的物品；工作凌乱、没有条理；时间管理能力差；不能在截止日期前完成任务)；

f. 经常回避、不喜欢、不愿意或做那些需要持续用脑的事情(例如，课堂或家庭作业；年长儿或成人不愿撰写报告，绘制表格或阅读冗长乏味的文章)；

g. 经常丢失一些学习、活动中所需的东西(如：学习资料、铅笔、书本、工具、钱包、钥匙、文件、眼镜和手机等)；

h. 经常容易因无关刺激而分心(年长儿或成人可能是因无关的想法)；

i. 在日常活动中经常忘事(如：处理琐事或办事时，年长儿或成人则为忘记回电话、付账单和赴约会)。

2. 多动与冲动：

下列症状存在 6 项(或更多)，持续至少 6 个月，且达到与发育水平不相符的程度，并明显影响了社会、学业、职业活动。

注：这些症状不是因为对立行为、违抗、敌意的表现，也不是因为不理解任务或指令所引起的。年龄较大(17 岁及以上)的青少年和成人至少需要符合下列症状中的 5 项。

a. 经常坐不住,手脚动个不停或在座位上扭来扭去;

b. 在教室或其他需要坐在位子上的时候,经常离开座位(例如,在教室、办公室或其他工作场所,或其他需要留在位子上的地方)。

c. 经常在一些不该动的场合跑来跑去或爬上爬下(注:年长儿或成人可能仅限于主观感觉坐立不安);

d. 经常无法安静地玩耍或从事娱乐活动。

e. 经常忙忙碌碌,好像“被发动机驱使着”一样(例如,在饭店就餐或开会需耗时较长时,不能坚持或感到不舒服。可能被其他人理解为烦躁不安,难以相处)。

f. 经常话多,说起来没完。

g. 经常在问题没说完时抢先回答(例如,在交谈中抢话头,不能等待按顺序发言)。

h. 经常难以按顺序等着轮到他(她)上场(例如,排队等待)。

i. 经常打断别人或强使别人接受他(例如,打断对话、游戏或其他活动,不问或未经别人允许,就开始使用他人物品;年长儿或成人可能硬挤进或接管他人正做的事情)。

B. 若干注意障碍或多动—冲动的症状在12岁以前就已存在。

C. 若干注意障碍或多动—冲动的症状存在于两个或更多的场合(如,在家里、学校和工作场所,与朋友和亲属相处时,在其他活动中)。

D. 有明确的证据显示这些症状干扰或降低了患者社会、学业和职业功能的质量。

E. 这些症状不是发生在精神分裂症或其他精神障碍的病程中,也不能用其他精神障碍来解释(如,心境障碍、焦虑障碍、分离障碍、人格障碍、物质中毒或戒断)。

标注是否是:

混合表现:在过去的6个月内,同时符合诊断标准A1(注意障碍)和诊断标准A2(多动—冲动)。

主要表现为注意缺陷:在过去的6个月内,符合诊断标准A1(注意障碍)但不符合诊断标准A2(多动—冲动)。

主要表现为多动/冲动:在过去的6个月内,符合诊断标准A2(多动—冲动)但不符合诊断标准A1(注意障碍)。

标注如果是:

部分缓解:先前符合全部诊断标准,但在过去的6个月内不符合全部诊断标准,但症状仍然导致社会、学业或职业功能的损害。

标注目前的严重程度:

轻度:存在非常少的超出诊断所需的症状,且症状导致社交和职业功能方面的轻微损害。

中度:症状或功能损害介于“轻度”和“重度”之间。

重度:存在非常多的超出诊断所需的症状,或存在若干特别严重的症状,或症状导致明显的社交和职业功能方面的损害。

资料来源:顾瑜琦.变态心理学[M].2版.北京:人民卫生出版社,2016.

二、学习困难的原因

对于学习困难产生的原因，大多数心理学者认为，造成学习困难的原因既有生物学因素，又有环境因素。

（一）生物学因素

生物学因素方面，大量研究发现，学习困难与轻微脑功能失调有关系。母亲怀孕时吸烟、喝酒或营养不良、有出生窒息、缺氧史、铅中毒、脑损伤等的儿童，出现学习困难的风险比正常出生的儿童大很多。早产、出生低体重儿童等同样伴随较高的学习困难风险。学习困难还受遗传因素影响，如果父母有学习困难，那么他们的子女存在学习障碍的概率是30%—50%。

（二）环境因素

家庭环境因素方面，学习困难可能还受不良的家庭养育方式、不和谐的家庭氛围、父母夫妻关系不良等影响。学校方面，不良的班级氛围、竞争机制、不恰当的教学方法等会对学生的学业能力造成影响。有研究表明，早期智力开发过度，超出了学生的认知和承受压力时，也可能会导致学习困难、多动。

另外，从学生自身角度来看，某些微量元素不足、膳食不合理、营养不平衡；学生学习动机水平低、学习兴趣差、情绪易波动、意志障碍、认知障碍、自我意识水平低、生病导致学习间断等也是导致学习困难的原因。

三、学习困难学生的鉴别和诊断

学业成就一般是我们衡量是否有学习困难的一种简单、直观的指标，但并不是所有学业成绩差的孩子都有学习困难。学习障碍学生的鉴别就是把学习困难学生从众多的学生中甄别出来，这就需要有一定的鉴别标准。

（一）智力标准

这个标准主要是为了排除智力低下和低能儿童。一般智商的下限大约在70—75，智商低于这一范围的不属于学习障碍儿童，而要划入专门的低能教育。许多研究发现，部分学习困难学生能达到中等智力，有少数甚至达到优秀水平。尽管学习困难学生的智力属正常范围，但多数研究发现，其智力总体上比正常学生要低。

（二）学业不良标准

使用标准化学业成就测验评定儿童是否属于低成就也就是成绩差，是学习障碍儿童的主要特征之一，可以进行整体评价，又可以进行单科评价。一般采用绝对学业不良与相对学业不良相结合的方法确定学习困难学生，即以代表性较好的样本的学科统测平均分为参照标准。学科统测是根据教学大纲命题的绝对评价，而以低于平均分25个百分等级为划分学习困难学生的标准是相对评价。两者结合也是一种确定学业不良标准的方法。这里要注意学科测试的内容效度和样本的代表性，如果这两点或者其中的一点得不到保证，划分的结果就可能不可靠。

（三）临床观察标准

临床观察标准即观察学生在学习过程中是否有表现异常。学习过程是学生知觉、接收信息、加工信息、利用信息解决问题的认知过程。学习困难学生在这一过程中往往会在某些方面明显地表现出偏离常态的行为。一般来说，教师可以在平常观察到学生的这些行为。例如，在课堂学习中反应迟缓；阅读时经常跳字跳行，写字时出现漏字、漏行、漏段的现象；记忆效果差；注意力涣散；解题或回答问题思路混乱，学习动机缺乏等。

按照这三个标准，如果学生在相当一段时间（几个月或半年以上）出现上述某些行为，则可以认定为学习过程表现异常。

智力标准是为了将学习困难学生同低能儿童区别开来；学业不良标准是为了将学习困难学生同学习优、中等的学生区别开来，而学习过程表现异常则是为了将不同类型的学习困难学生区别开来。在具体鉴别某个学生时，这三条标准要综合考虑。原则上，第一、第二条标准是鉴别的必要条件，也就是说，鉴别是否为学习困难学生必须要符合这两条标准。第三条标准是重要的补充条件，若学生确有持续的学习过程表现异常，则可能属于稳定性学习困难学生。若学生在学习过程中没有持续的表现异常，则可能属于暂时性学习困难学生，至少可以排除学生的学习困难是由个体内因引起的。

四、学习困难学生的辅导

学习困难学生的辅导是一项比较复杂而艰苦的工作。一般来说，需要根据诊断分析结果，由教师、家长和学生本人一起制定详细的个案辅导计划，并加以认真地实施，以解决其学习困难，提高自信心，最终提升学习成绩。对于不同类型的学习困难学生，个案辅导的方法、过程和成效，可能不尽相同。有的顺利一些，有的困难一些，辅导人员应该有足够的心理准备，以包容、耐心对待这些孩子。具体针对学习困难学生减轻学业问题的方法有如下几种：

（一）提供有效的学习策略

学习困难学生可能会存在学习策略和学习技能的缺失，因此学习策略的辅导是十分有必要的。可以结合该学生的实际情况，制定适合的学习策略。例如，在学生解决数学问题时可以让学生大声读题，寻找关键词圈起来，画图，写出答案。当学生掌握一定的学习策略时，可尝试逐步独立完成一些学业任务。

专栏 8－2

PQ4R 法

PQ4R 方法是一个有效的能帮助学生理解和记忆的学习技术，是由托马斯和罗宾逊提出来的，它是在罗宾逊早期版本 SQ3R 的基础上改进的。PQ4R 分别代表预览（Preview）、设问（Question）、阅读（Read）、反思（Reflect）、背诵（Recite）和回顾（Review）。PQ4R 程序的进行可使学生集中注意力、有意义地组织信息、使用其他有效的策略，诸如产生疑问、精细加工、过一段时间后复习等。

PQ4R 技术可以这样具体地使用：

1. 预览：快速浏览材料，对材料的基本组织主题和副主题有一个初步的了解。

注意标题和小标题，找出你要读的和学习的信息。

2. 设问：阅读时自己问自己一些问题。根据标题用“谁”“什么”“为什么”“哪儿”“怎样”等疑问词提问。

3. 阅读：阅读材料，不要泛泛地做笔记。试图回答自己提出的问题。

4. 反思：通过以下途径，试图理解信息并使信息有意义：① 把信息和你已知的事物联系起来；② 把课本中的副标题和主要概念及原理联系起来；③ 试图消除对呈现的信息的分心；④ 试图用这些材料去解决联想到的类似的问题。

5. 背诵：通过大声陈述和一问一答，反复练习记住这些信息。你可以使用标题、划了线的词和对要点所做的笔记来提问。

6. 回顾：最后一步积极地复习材料，主要是问你自己问题，只有当你肯定答不出来时，重新阅读材料。

（二）引导学生进行自我监控

在学生进行学习时，让学生评价自己的学习效果，并进行记录。例如，在做完一些题后，学生可以自己核对答案，并把自己做对的题数记录下来，一段时间后，可以制成一份展现学生进步情况的记录图。这样有助于学生对自己的学习情况有深入透彻的了解。此外，自我监控也可以用于监控自己学习时是否专心。例如，上课时，每隔一段时间问自己一下“我现在在专心吗”？这样，学生不仅表现出更多专心行为，而且学习效率也提高了。

（三）改进学习困难学生的学习材料

由于学习困难的学生可能在阅读、认知、记忆上存在困难。设计一些更鲜明或更易投入的材料，可以帮助学习困难学生更有效地进行学习。例如，充分利用图片、线条等方式使呈现内容更能引起学生的注意。利用记忆术帮助记忆有困难的学生记忆。

（四）建立完善的朋辈辅导机制

所谓朋辈辅导，就是让学生自己当老师，让一些学习有余力的学生去帮助那些学习困难的学生，辅导他们学业，达到共同促进的作用，例如，让成绩较好的和成绩差的两名学生组成学习对子共同完成某项学习任务。大量的文献表明，同伴指导可以提升学习困难学生的学业成绩。这就需要教师注意在班级内营造互帮互助的氛围，形成一系列完善的规章制度，确保同伴辅导不会流于形式，或者无形中赋予成绩好的同学权力，导致校园欺凌。

此外，还可以引入特殊教育教师。普通教育教师和特殊教育教师在班级中一起工作。对于学习困难的学生也可以采用半天在特殊资源教室接受教育，半天在正常课堂接受教育的形式。

第二节　品行问题学生心理与辅导

一、品行问题概述

(一) 品行问题的定义

品行问题也称品行障碍(conduct disorder，CD)，是指在儿童和青少年期反复、持续出现的违反与年龄相应的社会道德准则或纪律，侵犯他人或公共利益的行为，包括反社会性、攻击性或对抗性行为，是儿童青少年期常见的行为障碍之一。主要表现为经常过分地打斗、伤害他人或虐待小动物，有意破坏他人东西，故意放火，多次偷窃，无故逃学，无故离家出走，惹是生非，酗酒，赌博，过早的性行为以及其他触犯刑律的行为等。品行障碍行为的发生不是由于一时的过失或年幼无知，而是一贯的行为模式。儿童品行障碍男孩多于女孩。

有资料显示，近年来，儿童青少年心理行为障碍的发生率有逐年增高的趋势，特别是与品行障碍相关的发生率越来越高。初发品行障碍患者，若没有及时得到制止或干预，行为问题会被逐渐固定，形成持续性或反复发生的品行障碍。有品行障碍的儿童可导致学习困难，难以成才，成年后社会适应不良，物质滥用、反社会人格，造成家庭不幸，给社会带来不安定。品行问题儿童与青少年犯罪的高发生率以及对于受害者所造成的伤害，都使理解和帮助这些儿童成为迫切的需要，早期干预治疗尤为重要。

(二) 品行问题的表现

1. 反社会性行为

反社会行为指的是不符合道德规范及社会准则的行为。如在家中或外面偷窃贵重物品或大量钱财；勒索或抢劫钱财；强奸或猥亵行为；纵火；经常撒谎、逃学；擅自离家出走或逃跑；流浪不归；经常不顾父母禁令在外过夜；参与社会犯罪团伙从事犯罪活动等。

2. 攻击性行为

攻击性行为指对他人或财产的攻击，挑起或参与斗殴、打骂，用折磨、骚扰及长期威胁等手段欺负他人；虐待弱小残疾人和动物；故意破坏他人或公物；自己情绪不良时也常以攻击性方式发泄内心痛苦和矛盾。

3. 对立违抗性行为

多见于10岁以下的孩子，对成人特别是家长采取明显不服从、违抗或挑衅行为，如为了逃避惩罚而经常说谎、发脾气、不服从、不理睬或拒绝成人的要求或规定；与成人争吵，与父母或老师对抗，故意干扰别人；违反园(校)规或集体纪律，不接受批评等。

案例8－2

小刚，小学六年级，是令老师和同学们头痛的人物。在家里，小刚与父母吵架，与兄妹打架，偷家里的东西。在学校不服管教，横行无阻，与社会上小混混勾搭在一起，拉帮结派，讲求所谓的江湖义气，并欺负学校同学，对不服从他的同学拳脚相加。他还经常撒谎、吸烟酗酒，买烟的钱多半是从家里偷来的或者勒索低年级同学得到的。此外，他还不服管教。最近一次，受批评后，他把学校教室的窗户、桌椅砸烂了许多。家长为他伤透了脑筋，伤透了心。在学习方面，尽管小刚的智力属于正常范围，但他的学习表现也远远落后于正常水平。学校也表示，如果小刚的行为再没有改善的话，下学年将不能再上学了。

像小刚这样令人头疼的学生并不少见。他们的这些问题行为既影响自身的学习生活和人格发展，也给周围的同学、老师等带来了安全隐患，严重影响学校正常教学秩序。作为教师，当然希望学生们能够健康发展，成为社会的有用之才。可是，为什么这些学生会出现这么严重的不良行为？作为教师，应该怎样帮助他们去除不良行为，建立良好的行为规范？

二、品行问题的成因

品行障碍的发生原因，目前认为可能是生物学因素、家庭因素、自身因素和社会环境等相互作用所致。

（一）生物学因素

遗传因素在个人的行为模式中起重要作用。临床观察发现，父母有反社会行为或犯罪记录者，其子女的行为问题明显增多。近代遗传学研究发现，单卵双生子与双卵双生子的共同犯罪率相比明显较高。这些证据表明犯罪行为受一定的遗传因素影响。

身体中激素水平的变化直接影响个体的情绪和行为。研究发现，脑脊液中 5 - HT 的代谢产物 5 -羟吲哚醋酸水平较低的个体对冲动的控制力也较弱，容易出现违抗和攻击行为。智力障碍，母亲围生期并发症等因素也与品行障碍的发生有关。此外，2 岁前显示对新环境适应缓慢、退缩回避、行为反应激烈的儿童，将来发生品行障碍者较多。

（二）家庭因素

家庭因素是品行障碍的重要病因，如父母精神病、物质依赖、父母与子女缺乏亲密的感情联络，对待孩子淡漠、忽视、挑剔、粗暴、甚至虐待孩子，或对孩子过分放纵，不予管教，父母之间不和睦，经常争吵、打斗、分居、离异，父母有违法犯罪行为，不良生活习惯等。具体体现在：

父母对子女要求苛刻，经常打骂、恐吓，限制儿童与外界正常接触。这样的教育方式容易形成儿童不良性格或模仿父母的方式对待别人。他们在集体中处于孤立境地，得不到童年的幸福和别人的尊重，易形成不尊重别人的人格或感情的不良品行。

儿童性格形成的起源是婴儿期的生活习惯，每一个个别习惯统一起来，作为一种素质存在便成了个性的性格特征。而养成某种习惯很大程度上取决于养育人的养育方式。父母的模范作用对儿童有十分重要的影响。人首先生活在家庭教育环境中，儿童常常依据父母的言行习惯塑造自己，家庭环境中发生的一切都会在儿童稚嫩的心灵上留下深深的印记。

(三) 学校因素

学业上存在困难,学习成绩不佳的学生,在学校得不到教师的重视,更容易受到歧视、为了寻求自我价值,他们更容易通过一些不良的行为来维护自尊。比如通过暴力行为,使同学们害怕他,通过抽烟体现自己的成人感等。所以学业不良的孩子,相对更容易出现品行问题。此外,同伴交往不顺利,也会让儿童更容易出现品行问题。

(四) 环境因素

社会环境因素主要指不良的社会风气、不良的校风、坏人的教唆引诱。如经常接触暴力或黄色宣传,接受周围人的不正确的道德观、价值观,同伴有吸烟、酗酒、打架斗殴、敲诈欺骗、偷窃等行为。此外,大众传播媒介的消极影响。例如,有些传播媒介中充斥打斗和色情场面,儿童常把影视中的打斗英雄作为榜样,把神话情景视为现实,对两性之间的交往感到好奇。这些都会从反面为儿童树立某种学习的榜样,使他们出现品行障碍。再比如,社交圈子的影响,少年儿童吸烟行为就是一个“社会学习”的过程。当他们经常看到成人吸烟时,就有可能认为吸烟是一种成熟的标志;看到社会上以烟作为一种社交手段时,他们也会加以模仿,并经常与吸烟的同伴在一起。

三、品行问题的评估

(一) 观察评估

品行问题,常发生于儿童少年期,有很多临床表现。可以通过教师、同学、家长观察和反馈获得。若该学生在某一品行问题上显著的多于其他同学,就需要老师对其品行问题进行关注。在实施观察评估时要注意,教师应能够熟练使用观察法,做好观察记录,必要时对家长和周围的同学进行访谈。确保深入、全面地了解该同学的表现。对得到的资料进行客观、准确的分析。结合观察资料做结论时一定要慎重。

(二) 问卷评估

由于时间的限制,以及一些问题的隐蔽性,观察法的使用会受到限制。问卷法不仅可以摆脱这些限制而且可以在评估时帮助教师迅速了解问题行为的表现及其轻重程度。常用的测量工具有 Conners 儿童行为问卷和 Rutter 儿童行为问卷。

Conners 儿童行为问卷最早发表于 1969 年,经过长期的实践检验及反复修订,如今是筛查儿童行为问题(特别是多动症)用得最为广泛的量表之一。它覆盖面比较宽,涵盖了品行问题、学习问题、心神障碍、冲动－多动、焦虑、多动等六个方面。根据作答者的身份,分为三种问卷,即父母问卷、教师问卷及父母教师问卷。适用范围为 3—17 岁儿童。

Rutter 儿童行为问卷,是用来检测儿童的反社会行为和神经症行为的测量工具,它包括 31 个症状项目,由父母和教师问卷两套组成,在测量中小学生行为上应用广泛。Rutter 儿童行为问卷适用于学龄儿童,可以区别儿童的情绪和行为问题,即出现的问题是由情绪问题导致的,还是单纯的行为问题;也适用于区别儿童有无精神障碍。

问卷法可以快速地、全方位地获得该同学问题行为的种类、频率和程度。考虑到问卷法得出的结论仍然是粗略的,仅供参考。如果学生在问卷上得分比较高,还需要到专业机构进一步诊断。

（三）专业诊断

如果结合问卷和观察来看，教师感觉学生问题非常严重，这时需要考虑学生是否是品行障碍。对于品行障碍的诊断评估，需要到专业机构进行。专业机构会根据专业评估标准和临床表现进行评估和干预。

四、品行问题学生的辅导

早期教育应以非智力因素的培养、人格的培养、心理的健康为基础。对已形成品行障碍的儿童，应以心理治疗为主。在改善家庭环境的基础上，可根据孩子的心理特点，正确对待其行为表现，如有些行为习惯较顽固，则需实行行为矫正治疗和认知疗法。

（一）早期预防

早期预防对于防止品行障碍的形成极其重要。处于儿童期的孩子辨别是非的能力较弱，再加上其模仿性强，对社会上的不良现象缺乏抵抗力，所以家长要注意避免孩子与不良的人或宣传活动接触，并建立民主型的亲子关系。儿童的心理发展有其独特性，个体间又有明显的差异，如果父母及教师从成人的角度出发，盲目地在孩子之间进行攀比，很容易造成孩子内心紧张、焦虑，这类儿童多趋向于退缩，会用攻击性行为来发泄其内心的紧张情绪。因此，父母和老师要了解孩子的心理特点和气质特征，培养他们广泛的兴趣和爱好，使之心情愉快，减少紧张焦虑。

（二）建立规则

父母、教师和孩子一起制订一些行为准则，共同执行。必须明确什么样的行为需要加以限制或纠正，什么样的行为可给予表扬、奖励，对孩子讲明具体的要求。要明确行为与结果之间的关系，并能够维护这些规则，执行要及时、即时。不让孩子打人，家长要做到不动手打孩子，不让孩子撒谎，家长要做到诚实的对待孩子。减少直接说教，以身作则。

（三）奖惩分明，公平公正

如果学校对学生的评价标准过于单一，同时只有升学率、成绩是考查学校好坏的唯一指标，那么，这种情况不可避免地会导致教师戴上“有色眼镜”去对待学生，以学生成绩的好坏来评判一切。这一点不但是行为辅导中常见的问题，而且也是教育上普遍的问题。例如，两个学生打架，经常会出现对成绩差的学生不分青红皂白责骂，而对另一个成绩好的学生则不加惩罚。这些一味迁就、片面施“爱”的做法，容易使学生之间产生两极分化，不利于班级团结友爱；另一方面，这样做对每个学生都有伤害。心理学研究表明教师的期望对学生的影响是巨大的，如果用不平等的态度对待学生，容易让成绩差的学生自暴自弃或对教师产生反感和敌对的态度。而对于成绩优异的学生，优待则会滋长他的骄傲情绪，认为学习好就可以为所欲为，容易引起一系列的行为问题。

作为教师，一定要做到奖惩分明，公平公正。

（四）增强法制观念

通过主流媒体、课堂等多种渠道宣讲法律知识，对学生进行普法教育。明确什么样的行为是法律不允许的，并会受到相应惩罚，提高对事情后果的认知。帮助孩子认识不良行为习惯的后果，以增强其法制观念和自控能力。

(五) 心理治疗与家校合作并重

教师要了解原因,教育上对学生对症下药。具体可以分为以下几点:

(1) 带学生进行心理咨询。

(2) 改变教育观点和方法,坚持正面教育为主,切忌过分挑剔、暴力、敌视。

(3) 以身作则,规范自己的行为,通过社会学习的方法让学生发展社会可接受的行为。

(4) 尊重学生,多与学生沟通,主动与学生商量解决面临的问题。

(5) 家长与老师多沟通,共同配合,不要歧视、孤立孩子。

罗森塔尔效应——期望效应

1960 年,哈佛大学的罗森塔尔博士曾在加州一所学校做过一个著名的实验。

新学期,校长对两位教师说"根据过去三四年来的教学表现,你们是本校最好的教师。为了奖励你们,今年学校特地挑选了一些最聪明的学生给你们教。记住,这些学生的智商比同龄的孩子都要高。"校长再三叮咛:要像平常一样教他们,不要让孩子或家长知道他们是被特意挑选出来的。

这两位教师非常高兴,更加努力教学了。

我们来看一下结果:一年之后,这两个班级的学生成绩是全校中最优秀的,甚至比其他班学生的分数值高出好几倍。

知道结果后,校长不好意思地告诉这两位教师真相:他们所教的这些学生智商并不比别的学生高。这两位教师哪里会料到事情是这样的,只得庆幸是自己教得好了。

随后,校长又告诉他们另一个真相:他们两个也不是本校最好的教师,而是在教师中随机抽出来的。

正是学校对教师的期待,教师对学生的期待,才使教师和学生都产生了一种努力改变自我、完善自我的进步动力。这种企盼将美好的愿望变成现实的心理,在心理学上称为"期待效应"。它表明:每一个人都有可能成功,但是能不能成功,取决于周围的人能不能像对待成功人士那样爱他、期望他、教育他。

第三节　处境不利儿童心理与辅导

一、处境不利儿童概述

传统的特殊儿童(exceptional child)往往是指与正常儿童各方面有显著差异的各类儿童。这些差异可能表现在肢体、智力、情绪、行为或言语等方面。从狭义上讲,特殊儿童专门指心理或生理发展上有缺陷的儿童。广义上的特殊儿童则包含所有正常发展的普通儿童之外的各类儿童，如超常儿童。本章前两节已经阐述了关于典型的两种特殊需要儿童的心理问题特点及其辅导。本节内容主要关注由环境因素导致的一类特殊类型儿童的心理问题和辅导，即处境不利儿童(Disadvantaged child)。

所谓处境不利，是指个体在经济状况、社会地位、权益保护、竞争能力等方面处于相对困难与不利境地的生存和发展状态。处境不利儿童指由于身处不利环境而使其生存、地位、教育与发展机会受到影响或制约的儿童。因此，处境不利儿童包含很多处于弱势或边缘地位的儿童群体，如留守儿童、流动儿童、贫困儿童、单亲家庭儿童、孤儿以及一些非典型家庭儿童，如同性双亲家庭儿童。但当前关于处境不利儿童的研究常常侧重某一特定类型的儿童，对处境不利儿童的概念和划分的依据并不统一。

随着社会的不断变革，处境不利儿童的范围在不断扩大，判断标准也变得较为模糊。有学者依据社会、家庭及学校三个环境因素对我国当前的处境不利儿童进行划分，将处境不利儿童划分为社会处境不利儿童、家庭处境不利儿童、学校处境不利儿童和其他边缘儿童。其中每一种类型又包含具体的亚类型，如社会处境不利儿童主要有留守或流动儿童、贫困儿童、少数民族儿童等，这些儿童往往是由于社会转型导致的生存和发展处于困难或不利状况的儿童群体；家庭处境不利儿童则指处于家庭功能不健全或家庭关系危机中的儿童，如父母离异、亡故等导致的单亲抚养儿童、重组家庭儿童等，还包括受虐待儿童和被遗弃儿童。学校处境不利儿童包括就读于薄弱学校儿童、转校生和插班生、受同伴排斥儿童等。其他边缘儿童包括孤残儿童、网络成瘾儿童和违法犯罪儿童。

处境不利儿童和特殊需要儿童是从不同角度对非典型儿童的区分。从根本上来说，处境不利儿童侧重指由外部环境因素导致的在某方面有缺失的儿童，像留守儿童或单亲家庭儿童。这类儿童往往本身心理和生理发展是正常的。而特殊儿童则侧重心理或生理发展与正常儿童存在差异，如天才儿童和智障儿童，以及残障儿童。但处境不利儿童和特殊需要儿童的划分并非互斥的，特殊儿童往往会因为自身某方面发展异常导致处于不利地位。另外，处境不利儿童往往是因为后天的环境或家庭因素导致的，如留守儿童和单亲家庭儿童。而特殊儿童则受遗传影响更大，如智障儿童和自闭症儿童。因此，对于处境不利儿童来说，大多数儿童的发展是正常的，特殊儿童则是发展异于正常群体的儿童。长期处于不利成长环境中的儿童，在生存与发展条件上困难重重，其发展必然面临一系列问题，个性形成必然受到影响，比正常儿童有更多出现心理健康问题的风险，普遍存在着各种心理困境，这一群体的心理健康与生存环境一样需要得到支持与关注。

从总体上来看，处境不利儿童普遍存在情绪、自我认知及社会性发展的问题，面对内外环境的冲突，当他们出现紧张不安情绪或心理失衡时，一般会朝着两个方向发展。一是个体内部容易失调，缺乏安稳的依恋和家庭氛围，他们的认知发展容易受阻，进而导致情绪调节问题，自我效能偏低，伴随诸如紧张、压抑、焦虑、悲伤、沮丧、愤怒等消极情绪。在生活满意度和主观幸福感方面普遍低于其他儿童，自我评价过低或过高，容易感到被歧视。二是更容易出现外显的问题行为。不安全依恋关系导致儿童缺乏人际交往的情感和信任基础，缺乏必要的社交技能，常常会在人际交往中表现出退缩行为。而同伴关系是满足儿童人格社会化发展的重要渠道，因处理不当很容易带来新的痛苦、沮丧和失落。许多研究发现，处境不利儿童容易出现学习困难、注意力欠缺、逃学、自我控制差、攻击性强等行为，个别有暴力倾向甚至会实施偷窃等违法犯罪行为。

处境不利儿童的心理问题和行为问题是生理、家庭、学校、社会等多因素非线性交互作用的结果，影响因素众多。因此，在对处境不利儿童实施心理健康教育干预计划时要考虑各因素的交互作用，尽量把各种因素都囊括在心理健康教育体系中。

处境不利儿童包含的群体非常广泛，每种具体的亚类型又具有不同的特点，本节内容主要关注小学心理健康教育实践中常见的两种典型处境不利儿童：留守儿童和单亲家庭儿童。留守儿童是社会处境不利儿童的典型代表，单亲家庭儿童是家庭处境不利儿童的典型代表。下文分别对这两种类型儿童的心理发展特点进行分析，并提出有针对性的辅导和干预建议。

二、留守儿童的心理辅导

（一）留守儿童的现状

随着社会转型发展，我国每年均有大量的外出务工人员。由于受经济条件、户籍等因素制约，多数外出务工人员只能将其未成年子女留在家乡生活，由单亲监护或者由祖辈代为照顾，导致父母与孩子长期不能共同生活，这些儿童被称为留守儿童。2018 年农村留守儿童信息采集数据表明，全国农村留守儿童有 697 万人之多，其中 96％的农村留守儿童由祖父母或者外祖父母照顾，4％的农村留守儿童由其他亲戚朋友监护。其中男孩占 54.5％，女孩占 45.5％。从年龄段上来看，6—13 岁的农村留守儿童规模最大。当前处于我国城镇化发展的关键时期，由于长期形成的二元结构及由此衍生的制度、法规、政策、社会心理都不可能在短期内改变，因此留守儿童的现象将在相当长的时期内持续存在。

当前对留守儿童的定义并不统一，虽然大家都认同留守儿童是由于父母外出打工而不能与父母在一起生活，被留在家乡的儿童，但是相关的许多问题仍存在争议，如留守儿童的年龄范围如何限定；留守经历持续多长时间才算留守儿童；过去有过留守经历现在已不处于留守状态的儿童是否算留守儿童；对父母双方均外出与父母一方外出的儿童是否作一定的区分等。

在目前的研究中，关于父母外出打工情况的调查发现，父母双方都外出的情况在有父母外出打工的儿童中超过了半数，比例高达 56.17％。另外，父亲外出流动的比例大大高于母亲外出的比例，能够与父亲一起生活的儿童只占 10.5％。单独和祖父母或外祖父母生活在一起的比例高达 20％以上。关于留守经历的持续时间，有研究者指出以半年为界。也有研究者认为农村留守儿童是指由于父母双方或一方外出打工而被留在家乡，并且需要其他亲人或委托人照顾的处于义务教育阶段的儿童，并没有限定留守经历的持续时间。

（二）留守儿童的心理问题

留守儿童的心理行为问题是一种复杂的社会问题，受到许多因素影响，如经济条件、身体和心理的忽视等。

有研究者总结了留守儿童常见的心理和行为方面的问题。首先从总体上的心理健康方面，留守儿童与非留守儿童相比更容易出现心理问题，并且年龄越小，心理问题越突出。在自我意识上，留守儿童的自尊较低，容易产生自卑感，对自身的智力、外貌和幸福感方面的评价明显偏低。在情绪方面，留守儿童情绪较不稳定，在孤独感、状态焦虑和抑郁方面均明显高于非留守儿童。在社会行为方面，留守儿童表现出的违法和违纪行为高于非留守儿童，社会适应不良问题较为突出。在人格方面，研究表明留守儿童较为内向。在学业成就方面，父母的离开，尤其是母亲离开可能会导致他们学习成绩下降。相比非留守儿童，他们中学习习惯不良者较多，学习态度不端正，学习兴趣不高，辍学现象较为严重。并且，留守儿童更容易出现不和谐师生关系，不和谐同学关系以及校园暴力。在家庭与生活方面，由于留守儿童与外出父母相对疏远，亲子关系上因父母的榜样作用缺失，父母监控机制弱化等，容易导致留守儿童在学校和社会生活中常常表现出生活自理能力差、依赖性强、缺少社会责任感等问题。

（三）留守儿童的心理辅导与干预

首先，家庭方面，建议通过宣传教育的方式提高父母的认识，增强联系的频率，强化联系的纽带等。让父母意识到只有金钱的满足，没有陪伴会对孩子产生消极的影响，而陪伴也可以是多种方式，比如多打电话、多视频，与孩子有高质量的陪伴和沟通。另外，提高祖父母对科学养育孩子的认识，作为孩子监护人要做到不溺爱、不忽视。

其次，学校方面，加强农村寄宿制学校的建设，建立所在学校与留守儿童父母之间制度化的信息沟通机制。例如，有留守儿童学校专门建立视频聊天室，方便学生与家长联系；加强教师的关心与鼓励，营造接纳包容的校园环境；加强学校心理健康的教育工作，加强对问题学生的识别和干预。

再次，社会社区方面，利用大众媒体宣传，动员全社会的爱心，培育农村社区的教育组织，加强对农村公共娱乐场所的管理和整治等。

最后，一些主要移民国家，譬如美国的很多学者也提出了一些建议和干预方法，我们可以借鉴。例如团体咨询和治疗，开设父母教育课程，加强学校之间的连通性，给儿童推荐书籍以及提供生活上的“代理妈妈”等。

三、单亲家庭儿童心理问题与辅导

（一）单亲家庭儿童概述

随着社会转型、婚姻观念的转变以及多元文化的冲击，我国单亲家庭数量逐年攀升，离婚的单亲家庭已逐渐取代丧偶的单亲家庭成为主要的单亲家庭形式。某小学曾经统计过全校单亲家庭儿童数量，其中全校 3.3%的孩子来自单亲家庭，这些儿童大多由母亲抚养，并且每个班级均存在一定数量的单亲儿童，有的班级中单亲家庭儿童竟然有数十名之多。大多数单亲家庭，尤其是离异家庭的孩子，由于长期生活在不和睦的家庭环境中，亲眼看见了父母的争吵与敌对，缺乏家庭应有的温暖和关爱，极易产生消极情绪情感反应，形成不安全依恋。国外研究表明，家庭的缺损对子女的心理发展有明显的消极影响。美国的一份对 15 个州的 2.4 万名中小学生的调查表明，单亲家庭学生比双亲健全家庭的学生存在更多的行为问题。如部分学生学习进步慢，缺点多，违反纪律的行为多。

关于单亲家庭对儿童心理发展研究影响的一个主要的关注点是离婚单亲家庭对儿

童心理发展的影响。关于单亲家庭对儿童的影响目前学术界的观点可分为积极影响论、消极影响论和有限影响论。消极影响论的代表性观点为病理—解组观点(pathology-disorganization perspective),认为单亲家庭结构对儿童的心理发展有着较大的负面影响。而坚强—坚韧观点(strength-resilience perspective)认为关于战胜困难和挫折,单亲家庭的儿童在心理发展方面有着独特的优势,这是一种积极影响论。而社会资本受损观点和互动理论认为单亲家庭中由于缺失某种功能,会对儿童的心理发展造成一定的不利影响,但是这种影响并不是绝对的,这是一种有限影响论。

有关传统的单亲家庭的研究认为,单亲家庭由于缺失了父母中的一方,其结构的不完整性导致了其功能的受损。单亲家庭比双亲家庭面临更多的困难和问题。因此许多研究对比了单亲和双亲儿童的心理发展,得出单亲家庭对儿童的心理情绪、社会适应和自我认知方面会造成负面影响。与双亲家庭相比,单亲家庭的孩子更容易出现情绪问题,如抑郁、焦虑、情绪不稳定、易激惹。一部分孩子还会认为父母的离异是由他一手造成的,产生自责、自罪心理。由于单亲导致的自卑、低自尊,使这些儿童更容易出现人际交往问题,性格出现退缩也更孤僻。另外,单亲家庭的孩子也更容易出现学业不良。有研究表明与男孩相比,女孩更容易出现这些心理问题;单亲父亲家庭比单亲母亲家庭的孩子更容易出现心理健康问题。也有研究指出同性家长抚养的单亲学生在总体以及身体症状、学习焦虑、对人焦虑、恐怖倾向方面的心理健康状况低于异性家长抚养的单亲学生。综上可以看出单亲学生是潜在的心理、行为障碍的高危人群。目前中国关于单亲家庭对儿童心理发展的研究大多数认为,单亲家庭对儿童多方面的心理发展具有负面效应。

当然也有研究者持有不同的观点,认为传统的研究夸大了单亲家庭对于儿童心理发展的负面影响。如聂琼芳发现,单亲家庭儿童的性格存在如下一些显著的优点:高度自立意识和责任感、更加坚强和自信、思想更加开放、协调能力强、看待事物更加理性。徐安琪和叶文振研究发现,大部分单亲家庭的儿童都能够逐渐适应新的家庭生活,心理和行为都没有明显的偏常,不少单亲孩子在经历家庭变故的挫折后,出现如下的正效应:更富有同情心、生活能力增强、亲子感情更加紧密、学习动机增强。从上可以看到,虽然学术界对非常态的家庭对儿童带来的影响颇有争论,但相对于正常完好的家庭,单亲家庭教育必然存在许多困难或不利条件,其子女更容易产生某些问题也是显而易见的。从心理辅导的角度,我们主要关注单亲家庭对儿童带来的不利影响。

(二) 单亲家庭儿童常见心理问题

单亲家庭的孩子往往缺少父爱或母爱,从而导致心理失衡。他们常常感到孤独、自卑、低沉,这种被扭曲的心态进而严重影响到他们的情感、意识和品格的发展。大多数单亲家庭的孩子和其他所有孩子一样,也具有活泼天真的本性、好学上进的心愿,只是由于处于一种不利于个性发展的生活环境中,并往往会受到同龄孩子的不理解甚至是歧视,从而导致在心理的某些方面产生一定的问题。下面简要阐述单亲家庭儿童容易遇到的一些心理问题。

1. 单亲儿童容易产生不合群的孤僻性格

单亲家庭的儿童由于父母离异,很容易在心理上存在恐惧感,感觉自己和别的儿童之间存在差异,从而衍生出孤独感。由于害怕受到外界的嘲笑,并在心理上认为自己有被抛弃的嫌疑，所以单亲儿童大部分会拒绝接触人群，久而久之，便形成了一种孤僻的性格。单亲家庭的家长在工作和家庭照顾方面往往是不能兼顾的，因为只有一名家长监护小孩，而这名家长由于经济压力显然会花更多精力在工作上，几乎没有时间陪同孩子学习和玩耍，与孩子沟通和交流的机会就更少了。因此，单亲孩子很容易形成孤僻的性格。

2. 单亲儿童容易形成不安全感

单亲家庭的孩子，尤其是幼儿，在父母离异之后很容易缺乏安全感。由于孩子很小，无法真正知晓父母离异的原因，所以当父亲或者母亲有一方离开他的时候，孩子自然会产生一种不安全的感觉，担心剩下的家长是否随时也会离开自己。这样的孩子甚至在长大之后，也会保留这样的不安全感，并会对今后的感情道路留下一定的影响。

3. 容易产生自卑心理并增加不信任感

单亲儿童容易缺乏幸福感，因为儿童的心情是十分单纯的，只要父母都陪伴在身边就很容易产生一种幸福的感觉。由于没有一个完整的家庭，他们害怕与同龄的孩子一起谈论家庭生活或者是谈论自己的家庭，内心深处对自己的家庭缺憾怀有一种自卑感。再加上家长在离异之后多少会出现情绪的反常和波动，这些都会对孩子造成一定的影响。更有情况恶劣的家长在离异之后会把不良情绪发泄在孩子的身上，这进一步增加了孩子的畏惧心理，从而造成了单亲家庭孩子在之后的生活中的自卑和不信任。

(三) 单亲家庭儿童常见心理问题辅导

单亲家庭儿童面临的生存环境相对于同龄孩子而言，更为复杂和多变，其实在他们的成长过程中更需要家长、老师的引导和呵护，否则将很容易在心理方面出现各种难以预料的问题。因此，在学校心理健康教育活动时面对这些孩子更要多加关注，并且教育时要格外讲究方式方法。

1. 创造良好的生活、学习环境

单亲家庭的孩子在生活环境上经历了巨大的变化，导致他们在短时间内不能适应。而在学习上，很多孩子出现因为害怕甚至是拒绝去学校学习的现象，担心自己在学校受到老师和同学的歧视。面对这种情况，为单亲家庭儿童创造一个良好的生活、学习环境就显得尤为重要。首先，取得孩子监护权的家长不要在孩子面前喋喋不休地抱怨离异伴侣的缺点，更不要对孩子进行报复性的教唆，否则孩子在这样的家庭环境中肯定会受到潜移默化的影响，甚至产生心理扭曲。家长应该正确引导孩子看待父母离异这件事情，如果是幼儿，可以进行一些童话式的疏导，如果孩子年龄较大，可以将离婚的事实告诉孩子，并强调父母的离异并不会减少孩子应该得到的父爱和母爱，在心理上减轻孩子的负担，给孩子营造一个安宁的生活环境。其次，家长应该主动去学校与老师进行沟通，请老师帮助在孩子学习的班级中营造一种友爱的气氛，减少其他孩子对单亲家庭孩子的歧视，让他们感觉学校和家庭一样是值得信赖的安全环境，从而利于孩子在父母离异后的心理恢复和成长。

2. 积极培养孩子正确的兴趣爱好

单亲家庭孩子更容易出现性格孤僻、不合群的现象，所以教师在教育和培养孩子的时候要积极鼓励他们参加集体活动，培养孩子正确的兴趣爱好。教师应鼓励孩子多在学校参加集体活动，让孩子学会如何与人共处，教育孩子要和身边的人团结友爱，这样才能更快地帮助孩子走出自闭自卑的心态。

3. 鼓励是帮助孩子健康成长最有效的方法

对于单亲家庭的孩子而言，鼓励是非常重要的。他们常常在信心上有所缺失，家庭的不健全会造成孩子们过重的心理负担，让他们总是有一种自己不如别的孩子的错觉。因此，无论是家长还是老师都要对这些孩子倾注更多的热情，并且积极主动的发现孩子身上的优点，哪怕只是一些细微的细节也不要放过。要时刻让孩子有一种被关注感，并且在不断的鼓励和表扬中建立起一种自信心，获取一种成就感。只有这样，才能尽量避免单亲家庭儿童出现不良的心理问题。

要放心大胆地让孩子去做力所能及的事情，让孩子在动手动脑中发展自身，健康成长。在孩子做力所能及的事情的时候，多鼓励他们，并且有意识地培养孩子的独立能力，让孩子从小就建立起对家庭的责任感，使他们长大成人后，能自觉担负起对家庭、对社会的责任。只要掌握正确的教育方法，为孩子创造正常的生活、学习环境，相信单亲家庭孩子在成长过程中会同样表现得出色，他们的人生同样会很精彩。

总之，通过教育改变处境不利儿童的生存状态已成为国际社会的普遍共识。处境不利儿童在校时间长，且学校教育由于具有系统性和持续性的特点，必然使学校成为心理健康教育的主要实施环境。尽管学校都有稳定的德育和思想政治教育师资队伍，但只有专业化的心理健康教育教师才是提升学生心理健康水平的有力保障。因此学校要配备心理辅导教师，为处境不利儿童建立专门档案，跟踪他们的成长过程，保障对他们心理上的及时疏导。通过开设课程、讲座和校园文化活动实现心理健康教育知识的普及，通过学校心理咨询中心进行个别或团体辅导，让有心理障碍的儿童得到针对性的帮助。心理健康教育的内容很丰富，针对处境不利儿童中普遍存在的情绪、自我认知及社会性发展等问题，在心理健康教育实施中，要注重学生在活动中的体验和应用，强化情绪情感调节教育、自我探索教育、意志教育等，创设舒适的环境，激发学生积极的心理体验。处在成长发展阶段的处境不利儿童，由于境遇相同或相似，必然面对一些相同或相似的发展性问题，如学习、情绪、人际交往、社会适应性等。心理健康教育教师可以通过角色扮演、经验分享等丰富多彩的团体辅导活动，让每位儿童在团体中提升自我认同感、增强自信和与人沟通的能力，学会自助互助，培养良好的团结精神。

案例 8－1

一、基本资料

小蔡，11 岁，小学五年级。身体微胖，皮肤黝黑，给人健康的感觉。父亲因吸毒常年在监狱中度过。母亲和父亲离婚多年，已很久没来家看望小蔡，小蔡偶尔也会想念母亲。他由爷爷奶奶照顾，但是无一技之长的爷爷奶奶就靠摆地摊卖水果为生，并常聚集一些人在地摊旁赌博。小蔡在班上动辄就会欺负同学，成绩表现差，几乎不做作业，而且还经常在班上偷窃，引起同学厌恶，导致多次打架斗殴的事件发生。

在家里，由于经常有人到小蔡家赌博，这些赌客的不良行为对小蔡影响很大。加上爷爷对他出手大方，给他零花钱时总是给得较多，使得小蔡常常和行为较差的同学一起吃喝玩乐，花钱没有节制，没钱时(没有到爷爷给钱的时间)经常到学校偷同学的东西，以满足其物欲。同学们多次到小蔡家反映情况，但是爷爷、奶奶只是将小蔡打骂一顿，然后把偷别人的东西归还人家，之后就不再过问，也没有采取其他更有效的方法帮助小蔡，所以小蔡的行为也一直没有好转。

二、分析与诊断

1. 小蔡的问题行为较多。小蔡的学习状况在同学中是属比较差的，加上管教欠佳，使得偷窃对他而言，觉得并不是大不了的事情，反而从中可以带来一些短期利益和快乐，就抱着侥幸心理去尝试，若一次两次都能得逞，便一发不可收拾。加上小蔡意志力较为薄弱，便逐渐养成了不劳而获的习惯。对自己的行为从不考虑后果，只贪图眼前的享乐。

2. 希望被关注。小蔡的家庭条件一般，父母离异。自己的学习成绩不好，在班上人际关系也不好。他偷窃的目的并不在所偷窃的钱物本身，好像是醉翁之意不在酒。他把偷来的东西分给行为较差的同学，是为了讨好巴结他们，小蔡非常看重朋友对他的态度，他是拿这些东西做交易，换取朋友们的感情。这表明小蔡十分缺乏来自长辈和外界的关注，他爷爷奶奶一年到头忙的时间多，闲的时间少，很少有时间和精力去关注小蔡的学习生活，这种做法造成的后果是小蔡总被忽略。

3. 家中长辈的管教方式不当。爷爷奶奶常常在知道小蔡偷窃行为之后只是使用暴力打骂孩子，导致孩子产生敌意和愤怒情绪。从而在外多以攻击他人的方式发泄，使得小蔡未能建立正确的道德行为观念，偷窃行为也依然如故。而且小蔡在家中看到爷爷出手大方，耳濡目染，造成小蔡的虚荣和挥霍。

4. 补偿自己的自卑，满足自己的欲望。小蔡通过用零花钱与其他行为较差的同学共同分享，得到同学的关注和认同，满足了他的虚荣心，为他赢得一点所谓的尊严。

三、辅导策略

1. 加强对全班学生的道德及法律教育，营造积极的班风。这是帮助小蔡的环境创设，当然借此也教育全班同学。教育中，要让学生了解何为对，何为错，以及做错事的后果，并培养学生妥善保管财物的能力。可以告知学生，贵重物品尽量不要带到学校，并且不要太过炫耀。加强学生物权观念，希望学生们不要有侥幸心理及贪小便宜的欲望，让小蔡和其他行为较差的同学认识到别人的东西不可以随便占为己有，并提高他们的法律意识。

2. 利用角色扮演，训练小蔡的同情心。通过组织班内的表演活动(小蔡扮演东西丢失的同学)，让小蔡深刻体会自己被偷东西的紧张、不安和不方便，体会到自己东西不见的痛苦。让他多想一想“如果别人这样对待自己，我会怎么样?”“如果是我的东西丢了，我会怎样想?”让他逐渐学会多为别人考虑，多替别人着想，认识自己的行为给别人带来了伤害和不便，从而认识自己的偷窃错误并改正。还可以让小蔡体会一下做警察的道德感和正义感，帮助物主抓住小偷，并让小蔡亲自归还物主，借此可以体会到“帮助别人我更快乐”的幸福感。也可以通过开展相应的集体活动，比如“我爱人人，人人爱我”，“爱别人就是爱自己”，“关心集体，人人有责”，“我高兴，因为我是集体中的一员”等，来帮助小蔡树立正确的集体观和价值观，让小蔡的打架斗殴行为渐渐转化为正义行为。

3. 运用示范榜样法，减少小蔡打架斗殴行为。小蔡只是把在家中产生的敌意和愤怒情绪发泄在对外人身上，逐渐形成攻击性行为。可以把小蔡放在团结友爱、文明礼貌的小组中，让小蔡经常看到小组其他同学采取非攻击性的方式妥善解决冲突，而且可以减少对双方的身心伤害。在使用这种方法期间，特别要注意防止小蔡接触有打架斗殴行为的同伴，减少小蔡对打架斗殴行为学习的机会。

4. 进行学习辅导。在学校里每天给小蔡确立当天的学习任务和行为目标，当天的学习作业当天完成，而且作业不能抄袭。教师可以指定模范学生与他做伴，以帮助他。

5. 与家长密切联系。在家中，爷爷奶奶要给小蔡妥善安排好作业外的活动内容，用良好的环境来消除他们的打架行为。爷爷奶奶还要随时注意小蔡用钱的方法，建议给小蔡适宜的零用钱，培养节约储蓄的观念，以减少小蔡对物欲的冲动。同时建议与小蔡的爷爷奶奶建立“情况联系卡”，及时对小蔡没有发生偷窃和打架行为进行表扬和鼓励，以便小蔡坚持下去。让小蔡充分感受到老师和家人对自己的爱与期望，从而帮助小蔡逐渐改变不良行为。

拓展阅读

1. 丹尼尔·P.哈拉汉，詹姆士·M.考夫曼，佩吉·C.普伦.特殊教育导论[M].肖非，等译.北京：中国人民大学出版社，2010.

2. 郭黎岩.小学生心理健康与辅导[M].北京：高等教育出版社，2008.

3. 吴增强.学校心理辅导通论：原理、方法、实务[M].上海：上海科技教育出版社，2004.

4. 卢家楣.青少年心理与辅导：理论和实践[M].上海：上海教育出版社，2011.

5. 蔡素文.儿童学习困难心理辅导[J].江苏教育，2018.

6. 王忠.国内儿童学习障碍的研究进展[J].中国健康教育，2008.

7. 赖建权，杜高明.学习障碍儿童的心理辅导策略探析[J].内江师范学院学报，2011(5).

8. 刘诗薇.儿童青少年反社会性品行障碍述评[J].中小学心理健康教育，2014(5).

9. 郑信军，岑国桢.家庭处境不利儿童的社会性发展研究述评[J].心理科学，2006(3).

10. 全国妇联课题组.全国农村留守儿童城乡流动儿童状况研究报告[J].中国妇运，2013(6).

11. 罗静，王薇，高文斌.中国留守儿童研究述评[J].心理科学进展，2009(5).

12. 张敬枝.单亲家庭儿童心理健康教育研究的途径与方法初探[J].校园心理，2009(3).

反思与探究

1. 小学生学习困难都有哪些表现，作为教师可以帮助做些什么？

2. 注意缺陷多动障碍儿童与好动儿童的区别是什么。

3. 教师应如何引导学生树立正确的人生观和价值观，减少品行问题的发生。

4. 如何帮助单亲与留守儿童适应校园生活。

第九章　小学心理辅导的课程建设

※学习目标

1. 了解小学心理辅导课程的含义、特点、目标和内容
2. 理解并掌握小学心理辅导课程的教学设计
3. 理解并掌握小学心理辅导课程的教学组织和教学方法
4. 掌握小学心理辅导课程的过程评价和终结评价方法

※关键词

心理辅导课;教学设计;教学组织;教学方法;教学评价

第一节　小学心理辅导课程概述

一、小学心理辅导课程的含义

(一) 小学心理辅导课程的内涵

心理辅导课是以学生的身心发展特点为立足点,以培养学生的健康心理为主线,以学习、生活、人际交往、择业辅导为主要内容,通过情景体验、角色扮演、讨论分析等多种形式的系列辅导活动,帮助学生形成良好的自我观念,树立理性的价值观,增强其情绪调控能力和耐挫能力,培养其良好人际关系和社会适应能力为目的的活动课程。

在实践中,心理辅导课有不同的称谓,有的称为“心理教育课”,有的称“心理健康教育活动课”,有的称“心理素质培养课”,有的称“心理训练课”。这些称谓很相似,基本性质是一样的,它是面向全体学生的、以正面教育为主的活动课程,重在发展和预防,同时是心理健康教育的核心部分,也是学校心理健康教育的主渠道。

本书论及的心理辅导课是指在国家颁布的基础教育新课程教学计划内以教学班列入活动板块的,以教学班为辅导单位,针对小学生年龄特点和成长发展的实际需要而开

展的一种团体辅导形式，属于发展性团体辅导。活动为学生提供了各种社会生活的模拟场景，是学生自我体验、自我发展、自我超越、自我实现的重要学习方式。

过去，关于心理辅导课的内涵，主要存在三种观点：一是心理课与其他课一样，就是传授心理学知识；二是心理辅导课就是针对学生的心理问题进行团体辅导和个别辅导；三是认为它是面向全体学生的、以正面教育为主的活动课程，辅导目标重在发展和预防。随着时代的发展，心理健康教育知识的完善与普及，人们不再把心理辅导课看成心理知识的传授，但是仍然有针对心理问题进行团体辅导和个别辅导的倾向。

心理辅导课程的功能是发展和预防。所谓发展性功能指的是同一年级、同一年龄阶段的小学生，心理发展基本处在同一水平上，他们在学习生活、人际交往、自我意识及情感活动的发展过程中遇到的问题和困惑大体呈现出一种普遍性和规律性。因此，我们完全可以通过心理辅导课的形式来加以解决，使同一年龄阶段小学生的心理素质从整体上得到发展。这种发展，既包括智力的发展，也包括人格的发展。所谓预防性功能指的是小学生在发展过程中如果出现什么重大的行为偏差或成长危机也都是有征兆、有规律可循的。他们与学生年龄阶段，身心发展有着密切的关联，因此同样是可以预见的。如果我们能够根据学生的这些成长规律，运用心理辅导课的形式，将引领、诱导、防范工作做在偏差与危机出现之前，就能较快地扭转某些不良倾向，使问题不至于继续发展。这样就可以预防因缺少必要的关注、疏导而忽视的学生出现的心理不适应甚至心理障碍。因此心理辅导课程的选题必须着眼于学生发展的当前需要，同时带有某种前瞻性，预测学生在未来成长道路上可能遭遇的挫折与困难，帮助他们提前掌握应对的策略。注重把教学目标的设定围绕学生心理发展的最近发展区。

（二）小学心理辅导课程的特征

1. 对象的全体性

心理辅导课程要面向全体学生，以班级为单位，针对不同年龄层次，不同心理发展水平的学生，设计相关教学内容，让全体学生参与到活动中，通过活动中的体验和分享，最终实现自助与互助。

在教学内容的设计上，心理辅导课程必须以绝大多数学生的共同需要和共性问题为出发点，课程所要面对和解决的是全体学生的发展任务和普遍存在的问题，它要求全体学生全身心地参与，以提高全体学生的心理素质和心理机能。心理辅导课程虽然也要针对学生的个别差异，解决学生的个别问题，但这并不是课程的主要目标和主要任务，这也正是心理辅导课区别于个别心理辅导的主要特征之一。因此，心理辅导课的计划、目标、内容、设施和组织活动均应着眼于全体学生的成长与发展。

在活动的安排上，要注意让每个学生有机会参与进来。小学生渴望得到他人的了解，喜欢得到别人的关注，他们总是要寻找机会展示自己的才华、特长、爱好、兴趣和个性。虽然每个学生表现的方式不尽相同，但希望能得到老师和同学的认同、接纳、欣赏的愿望是相同的。心理辅导课程要充分关注学生的这种需要，尽可能多地为每一个学生创造和提供机会。我们的着眼点是所有的学生，尽量避免只让那些活跃的学生出头露面，而应当让那些平时不大引人注意，没有机会参与的学生作为关注的重点，给予他们足够的机会。实践证明，这些学生在参与中得到的帮助和收获，往往更为强烈和持久。

2. 形式的活动性

心理辅导课的教学要以学生的活动为主，让学生通过角色扮演、心理剧、讨论等多种形式，在活动中去体会、去分享、去感悟，从中获得新的体验和经验。学生在活动中，不断接受新的信息和他人的反馈，在不断地互动中使思维变得积极而活跃，语言表达能力也会得到锻炼和发展。

心理辅导课是一种自我教育活动，它没有说教和灌输等显性的教育痕迹，它通过学生的体验和感悟潜移默化地影响他们的成长。心理健康教育讲座基本上是面向全体学生的一种单向信息传输，而不是真正的团体辅导。

心理辅导课活动的组织要符合学生心理发展的需要，要与学生的年龄特征相适应，活动的安排要体现新颖性、时代性和兴趣性，让学生愿意参加，喜欢参与。活动设计时要考虑让每一个学生都能参与，使每一个学生都能进入角色，活动起来。活动开展时，要便于学生的真情流露，让学生在活动中敞开心扉。活动的内容要有一定的深度，能引发学生的思考，给予学生启发。活动过程中要注意多种训练和练习相结合，并可以有适当的变式重复，因为人的心理发展是在活动中发展起来的，但不可能在一次活动中突然形成，它需要多次的反复训练和练习。

心理辅导课的形式多种多样，在形式的选择上既要考虑小学生的身心特点，又要考虑心理辅导课的内容进度，不能单纯追求形式多样，坚持形式服务于内容的原则。

3. 结构的开放性

(1) 活动目标的开放性。

心理辅导课的目标重在发展和预防，活动目标对每个学生而言不是整齐的，不同的个体有不同的发展需求。例如对特别自信的学生不必进行自信训练；对学习动机特别强的学生不必进行学习动机的激发，需视具体班级群体的情况而定。所以，从某种意义上说，活动目标是多元的、开放的。

(2) 活动内容的开放性。

心理辅导课的内容，选取的是学生最关心的自身心理问题和与之相关联的社会问题，最终目的在于增强小学生的社会适应能力，活动内容是开放的，活动时也没有统一固定的答案，活动结果呈现出开放性。

(3) 活动时间的开放性。

活动的设计和组织实施不是拘泥于一般课堂教学的时间限制，其本身可长可短，视具体情况而定，具有一定的灵活性。

(4) 活动空间的开放性。

它不拘泥于教室，可根据活动内容的需要选择教室、校园、公园、野外等，即使是在教室内活动，也可以打破教室座位顺序，或没有固定的桌椅围圈而坐，U 型、O 型、V 型排列均可，有条件的学校可以建一个智慧教室。

(5) 师生关系的开放性。

心理辅导课没有传统意义上的教师“居高临下”“独言”的现象，师生关系是彼此尊重、平等、民主、和谐的、合作式、开放型的，活动过程是师生互动的过程，不存在一方灌输给另一方的倾向。

4. 组织的系统性

心理辅导的系统性表现为整体活动目标的系统性。不同年龄阶段学生的心理发展状况不一样，随着年龄的增加，活动的内容、形式、水平会逐步加深和提高。

因此，心理辅导课要依据小学生的身心特点，依据小学生面临的主要成长与发展问题，渐进地、系统地组织活动内容，坚持由简到繁、由具体到抽象、由低级到高级、由他律到自律的顺序，进行既有连续性又有阶段性的、系统的心理训练。

5. 学生地位的主体性

这主要表现在学生在活动中能充分发挥其能动性、自主性和创造性。

(1) 能动性。学生可以根据自己的需要和心理辅导课的目标自己设计活动形式。

(2) 自主性。在活动中，教师予以宏观指导，学生能主动支配和调节自己的活动，协调与他人的关系，发展和完善自己。

(3) 创造性。在团体中，学生能在思想碰撞中不断有新的思想和方法涌现。

二、心理辅导课程与其他学科课程的关系

(一) 心理辅导课程与其他学科课程的区别

1. 教学目标不同

学科教学是从社会发展的角度出发，设置相应的课程和内容，为未来社会的发展做必要的知识和能力的储备，所以教学目标侧重知识、技能的传授和学习能力的培养。虽然学科教学也包含了对小学生智力、情感、意志等心理素质的培养，但在这部分教学中心理教育的内容分散、狭窄，各科教学可以充分挖掘心理教育的内容，但仍不能作为心理素质培养的主渠道。心理辅导课程是从个体发展的角度出发，由教师根据学生身心发展的特点和规律，设置相应的活动和主题，促进学生心理发展和人格完善。它以学生的直接经验为中心，在学生没有学习知识的压力下，为学生提供一个宽松的环境，使学生在这里能够重新审视自我、认识自我、悦纳自我，为小学生更好地发展自我奠定基础。

2. 教学组织形式不同

学科教学以讲授为主，学生之间、师生之间的交流互动不足，讨论局限于讲授的知识，参与讨论的学生范围有限。湖北大学的叶显发教授提出了“课程履历”的概念，强调学生在学习过程中对课程的深刻体验，但这种体验更多的是对学科知识、学科兴趣、学科情感的体验，不是学生对自身的感受和体验。

心理辅导课程以活动为主要形式，根据教学目标和小学生身心发展的特点采用设计游戏、创设情景、角色扮演、讨论等方式，以达到心理健康为教育的目的。在活动中，教师充分关注小学生已有经验对其身心发展的影响，充分关注小学生现实中遇到的问题，注重过程中的生生互动、师生互动，师生共同参与、共同体验。

3. 师生关系不同

学科知识教学中，教师具有绝对的权威性。虽然随着教育观念的更新，人们提出了翻转课堂、以学生为中心、合作学习、混合式教学等教学设计，提出以学生为主体、教师为主导课堂教学，但教师更关心的仍然是认知领域的目标。总体上教师的主导地位比

较明显，教师在课堂教学中仍然充当着知识的传授者、学习策略的指导者、学习结果的评价者、课堂纪律的管理者的主导角色，学生仍处于被动的地位。

心理辅导课程中师生关系是一种新型的、积极的、建设性的人际关系，是一种平等、相互尊重、真诚、亲密的关系。学生是关系的主体，教师发挥的仍然是主导作用，但教师对学生抱非批评的态度，鼓励学生自主探索，为学生提供心理服务，教师对学生给予充分的理解、尊重和信任，不代替学生解决问题，而是协助学生解决问题。教师在教学中是引导不是教导，是参与不是控制，是聆听不是说教，这种师生关系是一种民主、平等的新型人际关系，类似于心理咨询中咨询师和来访者的关系。

4. 评价的方法不同

学科课程的评价主要以考试为主，主要考查学生对各科知识技能的掌握和理解情况，以分数的形式表现出来。学生的感受也大不相同，有的是成功的体验，有的充满挫败感，而连续的挫败感又会影响个体的人格发展。心理辅导课程的评价是以心理测验、问卷调查等方式对学生进行综合性评价，测验不是以分数的形式表现出来的，学生在课堂上获得的都是积极的、成功的体验。心理辅导课的教学效果也可以通过学生的心理和行为变化显示出来，它关注的不是教师在课堂上的良好表现和教学能力，而是学生的成长和发展。

5. 心理机制不同

学科课程教学过程是一种认知过程，着重训练学生对概念、原理的应用和掌握，心理辅导课注重学生的心理感受、心理体验。

（二）心理辅导课程与其他学科课程的联系

心理辅导课程的内容中包含对学生的学习心理指导，如学习动机的激发，学习策略的指导，考试焦虑的辅导等，这些对学科课程的学习都具有促进作用。此外，心理辅导课中的人际关系辅导、自我意识辅导、良好情绪的调节、坚强意志的培养等相关内容也能给学科教学提供良好的学习软环境，有利于帮助小学生以饱满的热情投入学科课程学习。

心理辅导课程也离不开学科课程。学习和交往是小学生的主要活动，心理辅导课离开了学生的成长环境，不去解决小学生的学习问题、交往问题，心理课就成了无源之水，无本之木。另外，在学科教学中，教师的教学态度、教学内容、教学的组织管理中都渗透着心理健康教育，广义地说，每堂学科课都是心理健康教育课。

三、小学心理辅导课程的目标

从教学论的角度来说，教学行为始终是围绕着教学目标开展的。目标既是课堂教学行为的出发点，也是课堂教学行为的归宿，所有的行为都源于目标，一切为了目标，一切服务于目标。教学内容是实现教学目标的手段，教学目标是教学过程和教学内容的最终目的，教学目标能否实现也是评价教学内容和教学过程的一个标准。

总的来说，心理辅导课的目标是培养小学生适应现代社会发展的心理素质和健全人格。但总目标必须化为具体的子目标才能实施。

心理辅导课程的目标指课程本身要实现的具体目标，它是教学内容、教学方法选择的主要依据。在具体目标的选择上，要注意关注目标的共性和可操作性。共性是指设计辅导目标时首先要考虑的，不是辅导教师平时遇到的个案问题，而是作为同一个年龄阶段的学生所面临的共性问题。只有大家都感兴趣，都有解决问题的迫切需要时，才可以作为团体辅导的目标。比如“怎样增强记忆力”“学会欣赏自我”“做个合格的听众”“我喜欢的少男少女形象”等，是从积极的一面来提升所有学生的心理素质，所以说是大家共同关心的问题。可操作性是指目标应该尽量明确和易于执行。一般来说，所确定的目标是学生在课堂上的行为目标，是可以观察和测量的，也是可以评价的，目标切记笼统抽象。

心理辅导课程可分为三个目标：认知目标、情感目标与问题解决目标。

(一) 认知目标

1. 协助学生认识自己

在人格结构中，自我意识始终是一个核心成分，一个人拥有健全的自我，才会拥有健全的人格。自我意识不是与生俱来的。罗杰斯认为，一个人的自我意识取决于他婴幼儿时期得到的爱。如果这种爱得到了无条件的满足，也就是说，不管在任何条件下父母都能给孩子以慈爱和赞许，孩子长大以后就形成积极的自我意识，他就能成为一个充分发挥作用的人。如果这种爱得到的是有条件的满足，也就是说，只有在孩子不犯错误的条件下，父母才给予慈爱和赞许，那么将来这个孩子就产生了有价值的条件，也就是说，只有在成功的时候或在得到别人认可的时候，才觉得是有价值的，他就成为有心理防御的人。所以，在罗杰斯看来，童年的经验非常重要。但罗杰斯又强调，现在的经验比过去的经验更重要，人的自我意识不是一成不变的，经验、体验的改变能使得自我意识发生改变。心理辅导从本质上来说就是一门认识自我、管理自我和完善自我的过程。

然而，在小学阶段，成绩的排名，升学压力和沉重的课业负担，使得相当一部分小学生自我效能感不足，他们对于学习缺乏热情，产生厌学情绪，并且感到自己没有价值，对于自己没有自信。许多情绪和行为问题的产生，其根源就是这种消极的自我意识。所以，培养小学生积极的自我意识是心理辅导的重要一课。

2. 协助学生认识他人

由于小学生辩证思维发展不够，在评价他人和自我评价的时候，容易出现对人严、对己宽的现象。所以，要协助学生认识他人，学会辩证地看待别人，尤其要多看到别人的优点和长处，少看别人的缺点和短处。

(二) 情感目标

心理辅导课程的情感目标是协助学生形成健康的情绪和情感。

(1) 协助小学生形成积极健康的社会性情感。社会性情感主要是道德感、美感、理智感。

(2) 协助学生形成和提高情绪情感的表达与自我调控能力。情绪情感表达是指能运用言语和非言语的手段，正确、合理、恰当地表达自己的内心体验。情绪情感的自我调控是指个体对自身情绪情感状态的主动影响。

(3) 帮助学生形成坚强的意志，提高挫折承受能力。

(4) 协助学生形成对自我、他人和环境以及彼此之间的关系，产生积极肯定的情感体验。

（三）问题解决

心理辅导课程所涉及的问题很多，一般都是与学生心理有关的问题，如学习动机、方法与策略问题；学生的环境适应、人际交往问题等。这些问题的解决一方面与技能有关，另一方面也与学生的个性心理特点有关。所以，心理辅导课程的问题解决目标分为两个层次。一个是技能目标，这是初级目标，主要适用于临时解决问题；另一个是个性目标，这是高级目标，着眼于从根本上解决问题。

1. 技能目标

如掌握情绪调节的技能技巧；掌握良好的学习方法；掌握人际交往的方法等。

2. 个性目标

从根本上说，要妥善解决学生所遇到的种种心理问题，就应该在提高其心理素质、完善其个性品质上下功夫。在心理辅导中，对小学生应主要培养以下六种个性品质。① 自主，包括自理、自信、自立、自强等心理特点；② 勤劳；③ 负责，即有责任感，表现为对学习、对工作、对自己应承担的义务有强烈的责任心；④ 坚强，做事有始有终，负责到底；⑤ 利他，是一种有利于他人而不求回报的人生态度和行为，利他的人富有同情心，助人为乐，能与他人团结合作，利他是建立良好人际关系的基础；⑥ 创新。

四、小学心理辅导课程的内容

小学生心理辅导课程的内容主要有以下几个方面：

（一）学习心理辅导

对小学生来说，学习心理辅导包括智力因素发展性辅导和非智力因素发展性辅导两个方面。智力因素发展性辅导包括智力各要素的发展和训练，对于小学生来说，主要是观察力、记忆力、想象力、思维能力、注意力、感觉统合能力和语言表达能力的训练。非智力因素发展性辅导包括学习动机、学习意志、学习情绪、学习习惯、学习方法、学习策略等方面的辅导。相关的专题有“学习的苦与乐”“智斗拦路虎”“我的兴趣爱好”“兴趣是最好的老师”等。还有主要侧重于对学生进行发散性思维、选择性注意和记忆策略的训练。发散思维是创造力的一个重要方面，比如，“谁的发现多又好”“故事接力赛”“拼图高手”等活动。在学习方面最重要的是培养小学生良好的学习习惯，如“不做小拖拉”“动手又动脑”“同好书交朋友”等专题。

（二）自我意识辅导

罗杰斯认为，自我意识是人格形成、发展和改变的基础，是人格能否正常发展的重要标志。小学生的自我意识尚处于不成熟的阶段，常常不能客观正确地认识自己的长处与短处。他们有时过分夸大自己的优点，过高估计自己的能力，出现看不起别人的倾向；有时却又过分夸大自己的缺点，过低估计自己的能力，由此产生自卑，出现看不起自己的倾向。因此，帮助小学生学习如何正确合理地自我评价，有助于增强他们的自尊心自信心。自我意识辅导包括是自我认识辅导、自我体验辅导和自我调控辅导。如“我爱我自己”“丑小鸭与白天鹅”“自信不倒翁”等辅导专题。

自我认识辅导主要从自我觉察、自我概念、自我评价方面展开，使学生学会摆脱自我意识方面的困扰。

自我体验辅导主要从自尊、自信、自强、自立等方面展开，使学生体会并学会自尊和自信，战胜自卑，对抗挫折。

自我调控辅导主要从自我监督、自我完善、自我调控等角度展开，使学生学会恰当地展示自我，学会追求完善自我。

（三）情感教育辅导

情感教育是以培养学生的道德感、美感和理智感为目的和内容的教育。具体说有三个方面：

（1）培养学生积极的情感和高尚的情操；

（2）提高学生调控消极情绪的能力；

（3）提高学生的挫折承受力。

（四）人际关系辅导

人际关系辅导主要是让学生认识人际交往的必要性和重要意义，以助其形成乐群、助人等心理品质；让学生了解影响人际关系的最重要因素是良好的个性品质；让学生掌握人际交往中所必要的礼仪、规范及有关的技能技巧；让学生明白人际交往的基本原则是相互尊重、互利互惠，自觉反省自己在人际交往中的行为表现。

人际关系辅导的内容主要包括：同伴交往辅导、异性交往辅导、师生交往辅导、亲子交往辅导等。

（五）生活辅导

生活辅导主要是通过对休闲和消费的辅导，培养学生良好的生活情趣、乐观的生活态度和良好的生活习惯。内容包括休闲辅导和消费教育。

1. 休闲辅导

休闲辅导是现代学校的一项重要内容，休闲辅导包括：

（1）了解休闲的意义与价值是松弛身心，满足个人的兴趣爱好，促使个体健康成长。

（2）学会选择不同的休闲方式，从中体验到休闲生活的乐趣，并在休闲活动中发展自己的特长。

（3）学会如何安排休闲活动与休闲时间。

（4）组织丰富多彩的校内校外休闲活动。

2. 消费教育

内容包括：

（1）消费观培育。一个人的消费观在一定程度上反映了个人的生活方式和价值观念，在消费观上要注意培养他们勤俭节约的消费作风，克服盲目攀比心理，树立一种消费不浪费的意识。

（2）消费常识教育。设计一些“小鬼当家”“用好零花钱”等主题，让小学生了解消费的一般常识，初步培养理财能力。

（3）消费法规与维权教育。让学生初步了解消费的相关法规，树立维权意识。

第二节　小学心理辅导课程设计

一、单元设计

单元设计简单来说就是备好一个单元的课。

备好一个单元的课，首先要了解小学生心理辅导课程的设计流程。

一个单元设计要考虑和明确单元的教学目标、教学方法、教学准备、教学时间、教学场地和教学步骤。其中，最主要的是教学步骤的设计。

心理辅导课程的教学通常以小团体活动的形式进行，小团体的组织以10—15人为宜，人数太多，情境不易控制，如果一个班级人数较多，可以分成几个小组分别进行教学活动。

每个单元都应该有一个明确的教学目标，比如“认识自己”这个单元，包括“懂得认识自己的重要性”，“知道认识自己的方法”和“认识自己哪些方面”的内容。

一个单元，一般需要1—3个课时，时间的长短可以根据单元内容的多少来确定。

一个单元设计的主要部分是该单元的教学活动步骤，教学过程包括了多少具体的步骤，每个活动都用什么方法，需要准备什么材料，每个步骤如何操作，大约需要多长时间，从活动开始到活动结束都应该有具体的说明。这样具体规定了教学活动的步骤，即使没有经过专门训练的老师也能按这些步骤进行心理辅导。

例如台湾学者程国安先生设计的一个单元“怎样了解我自己”中，教学活动包括8个步骤：① 教师讲述由于不了解自己造成严重后果的故事，以引起学习动机；② 讨论了解自己的好处和重要性；③ 欣赏幻灯片“我是谁”的相关内容，并进行讨论；④ 每位同学提出“我是谁”的问题，并自己用5句话来回答此问题；⑤ 每位同学就听到的答案中最感兴趣的(或最有疑问的)提出一个问题，问那位同学；⑥ 教师发给每位同学两张白纸，在一张中写出自己的优、缺点各三项，在另一张白纸上写出班上其他3位同学的优、缺点各三项；⑦ 师生共同讨论自己的看法与别人的看法是否一致，对别人对自己的误解加以澄清；⑧ 教师归纳说明了解自己的方法和如何自我检讨。

再如，郑雪等编著的《中小学心理健康教育课程设计》一书中，“我的情绪”这一节，包含了6个具体的教学步骤：① 教师讲述关于情绪对人身心健康影响的故事，以引起学生的兴趣与动机。② 教师结合故事，并出示事先准备好的各种情绪的图片或者在PPT上放映各种与情绪相关的图片，引导学生辨认各种情绪的不同表现，并向学生说明愤怒、悲伤等不良情绪对人的身心健康是不利的，而愉快、欢乐、满意、平静等良好的情绪是有利于人的健康的。③ 教师提出各种情景，请学生们说出他们在这种情景下会产生何种情绪以及产生该情绪的原因。④ 教师结合学生的回答，引导学生分析自己的情绪反应是否适当，当遇到不如意的事情时，自己的情绪通常是比较平和的，还是容易激动生气？产生不愉快情绪的原因是什么？是否与自己对所遇事情的看法和态度有关。面对不如意的事情，如何调节自己对人对事的态度以保持良好的心境，进而产生积极的情绪反应。⑤ 角色扮演，教师将几个不良情绪反应导致不良后果的情况板书在黑板上，请几位同学根据情景需要进行角色扮演，并请其他同学帮助角色中的人物进行情绪调节。⑥ 教师小结，强调不同情绪对人的作用，鼓励学生正确认识自己的情绪特点，并学习如何以开朗宽容的态度去对待不如意的事情，进而保持良好的情绪状态。

因为心理辅导课是生成性的，我们无法准确无误地预设学生活动的时间、讨论的时间和学生回答问题的时间，甚至无法准确地预设教师总结的时间，因为教师的总结是根据学生的活动进行的。所以，最后还要根据单元的目标设计 1—3 个补充活动，如果课堂有剩余时间，可以从补充活动中选择一个在课堂上完成，以完成一堂课的完整课时，其余补充活动可以在课下进行。

补充活动举例：

(1) 笑一笑游戏：学生们围成一圈，用击鼓传花的方式进行。鼓停下来的时候，花落到谁人处，则请他出来站在中央讲他最近所遇到的不愉快的事，然后同学们尽量逗他笑起来。依次进行，使每位同学都能感受到笑一笑对自己心情的积极作用。

(2) 布置作业，每位同学就自己在日常生活学习中，因为不当情绪反应造成不良后果的情形，举出一例，写下来，并对自己的情绪反应进行分析，指出不当之处并提出改善的措施。

(3) 情绪自查问卷，通过自己填写的有关情绪问卷，帮助学生了解自己的情绪特点。

二、主题系列单元设计

主题系列单元又叫大单元，有一个明确的主题，由多个相关的或同类的小单元构成。如果已经有了大量设计好的心理辅导课程单元，那么在此基础上进行主题系列单元设计就轻松多了。

如，一个训练学生领导才能的主题系列单元，包括 10 个教学单元。这个系列的对象是那些来自学校各个班的外向型问题行为学生，学生学习成绩差，具有攻击性，但智商较高，有领导潜能，因而常常是学生帮派的头头。通过这个主题系列训练，可以发展他们的长处，控制和削弱其不适当的外向型行为。第一单元“萍水相逢”，目的是在课程开始时促使问题行为学生参与团体活动并互相认识。第二单元“喜怒哀乐”，目的在于培养问题行为学生的人际敏感性，增进彼此的进一步了解。第三单元“旋转沟通”是为了强化团体凝聚力和相互熟悉程度。第四单元“第三只眼”，用于问题行为学生相互认识，以增进他们对自己的进一步了解，形成明确的自我观念。第五单元“七嘴八舌”，是为了培养问题行为学生学习一种客观公正的态度，使其学会尊重他人不同的意见。第六单元“我是国王还是兵”的教学活动，是为了训练学生学会分配工作，承担责任和善用权力等领导才能。第七单元“和事佬”，是为了使问题行为学生掌握调解冲突的能力。领导者不仅要有组织工作的能力，而且需要有解决问题的能力。第八单元“武功秘诀”，是培养问题行为学生明确问题并加以解决的能力。第九单元“生活馅饼”，是让问题行为学生形成时间管理的观念和学会自己调配时间。第十单元“再见”，让问题行为学生回顾和评估所参加的主题系列活动，并展望未来，意识到自己应有的良好作为。

这是一个很好的主题系列单元设计，其主题明确，方法得当，单元的排列能做到循序渐进，不同教学活动阶段有不同的训练重点。因此，这个主题系列在训练外向型行为问题学生的领导才能方面可以取得良好的效果。

下面是有关认识自我和悦纳自我、学会交往、学会学习三个主题系列单元的设计。

认识自我和悦纳自我主题系列单元：包括“我是谁?”“我的优点与自我欣赏”“我的缺点和自我改善”“自尊与自信”“自强与自立”五个小单元。

学会交往主题系列单元：包括“我们为什么需要朋友?”“什么样的人令人喜欢?”“什么样的人令人讨厌?”“如何与同学建立良好的关系?”“人际交往的方法和技巧”五个小单元。

学会学习主题系列单元：包括“告别小粗心”“不做小拖拉”“动手又动脑”“同书交好朋友”“信息与学习”五个小单元。

第三节　小学心理辅导课程实施

一、小学生心理辅导课程的课堂组织

教学是心理辅导课程的核心环节，好的课程设计需要通过教学来体现。心理辅导要达到良好的教学效果，教师不仅要有先进的辅导理念，良好的心理辅导方法，丰富的组织经验和带领团队的技巧，同时还要做好课前准备，课前准备是实施心理辅导的必要一环。课堂组织包括课前准备、教学过程和课程结束三个方面。

（一）课前准备

课程开始之前有必要做好充分的准备，课前准备包括以下几个方面的内容：

1. 掌握学生的心理特点和心理健康教育的有关知识和技能

例如了解儿童、青少年的心理特点，了解心理健康教育的基本原理和方法技术，懂得处理抗拒的技术、沉默的技术等。这是上好心理辅导课最基本的准备。

2. 制作教学材料

材料的收集和准备也是一项重要工作。准备内容包括：制作活动所需要的道具、多媒体课件，准备好相应的文字材料、挂图、音像材料等。如果活动中有短剧、小品表演，还应在课前选择演员，向他们讲解剧情，并指导和协助他们排练等。

3. 选择和布置活动场所

如前所述，心理辅导课程的教室要求宽敞明亮，环境温馨和谐，有适宜的背景音乐，同时要有合理的座位编排，桌椅的摆放按照 6—8 人一组，有方块形、马鞍形、椭圆形、圆形等不同摆放形式，使每个学生都能面对面平等交往。还要根据心理辅导课的内容，选择适当的场所，如操场、多媒体活动室、舞蹈厅、礼堂等。

4. 了解学生的背景材料，保证课堂教学做到有的放矢

为了保证每一次课堂教学具有针对性和实用性，辅导教师要通过个别谈话、小型座谈或问卷调查等手段，了解学生的一般情况，如姓名、年龄、智力、人格、家庭表现、老师评语等。这就是平常说的备课不但要备教材，还要备学生。

除了了解学生的一般情况外，辅导教师还要熟悉学生与将要上的课程内容之间的相关情况，如学生在哪些方面有哪些需要？有什么具体问题？有什么期待？迫切的程度如何？希望教师采用何种方式？有什么建议？

（二）教学过程

教学过程是课程组织的核心，要上好一堂心理辅导课，教师必须抓好三个主要的环节：课程的导入、课程的展开和课程的结束。

1. 课程的导入

上课伊始，教师的首要任务是激发学生的积极性，让学生了解教学活动的目的，同时营造一种平等的师生关系和课堂气氛。一般可选用以下几种方法：

(1) 热身方法。在课程开始时，先用唱唱跳跳等游戏活动的方法来调动学生的积极性，使其注意集中、精神抖擞、调整心态、准备上课。常用的热身方法有游戏暖身、肢体活动暖身、音乐暖身。游戏暖身是指通过一些小游戏达到暖身的目的，如大西瓜、小西瓜、小蜜蜂、雨点变奏曲等。肢体暖身是指通过肢体动作达到暖身的目的，如大风吹、小风吹、松鼠搬家、反向运动等。音乐暖身是指播放一首学生们喜闻乐见的音乐，打动全班学生的心，在这样一个特定的时间和情景里听到这首歌，仔细品味歌词的含义，学生们内心激情涌动，感慨万千，使这首歌曲为整个团体辅导活动过程创造良好的情感氛围。

(2) 澄清方法。教师以生动有趣、简洁清晰的话语做一个开场白，说明课程的目标和教学活动的大致安排，以解除小学生的困惑，增强其活动的意识性和目的性。

(3) 介绍方法。为了增进同学们之间的熟悉感和亲密感，消除紧张和拘束心理，可以采用多种方法让学生进行自我介绍，这一点对于来自不同班级的学生或新学年开始彼此还不太熟悉的班级来说，尤为重要。传统的方法过于刻板，容易造成气氛紧张和不自然，可以根据不同情况选择以下的介绍方法：① 两两配对介绍对方；② 每人自问自答 10 次“我是谁?”；③ 大家轮流向一个同学提出不重复的问题，被问者不得拒绝回答。这种方法可以考验一个人的坦诚，反映一个人的机敏程度，但所提问题不能涉及隐私。

2. 课程的展开

心理辅导课有许多游戏和活动，但游戏和活动都不是教学的真正目的，他们只是实现教学目标的手段，为了让学生能够在游戏和活动中获得体验与感受，增强情绪情感的影响力、感染力，在教学过程中，教师可运用以下方法组织好课堂教学。

(1) 引导方法。在教学过程中，教师应善于引导学生进入角色，投入活动之中，积极参与讨论。教师要注意调整自己的身份（扮演一个次要的角色）；要注意自己的站位和座位（融入学生当中，面向全体学生，与学生平起平坐）；语音和语调要有亲和力（用商量、尊重、接纳的语言引导学生）。比如，在学生思考问题前后，教师可用如下方法来引导学生深入讨论：“你是说……”“你觉得……”或“对于刚才提到的观点，同学们有没有

不同的想法?""我看到一些同学似乎有不同的意见,能跟大家说一说吗?""这个观点只看到了问题的一个方面,谁想到了另一个方面?"通过这些方法,力求激发学生的思考活动并使其充分表达思想感情,以促进团体内开放性的沟通。

(2) 反馈方法。这种方法要求教师把握学生所表达的思想感情,并将其反馈给学生,使学生知道教师和同学是理解他的。例如,在学生发表了自己的想法之后,教师可以问:"张……,我想你是说……,对不对? 我有没有误解了你的意思?"也可以要求第二个同学概括第一个同学的想法,然后再由第一个同学解释第二个同学的概括是否符合本意等。反馈就像一面镜子,可以清楚、真实地把学生的思想和感情反映出来。这面镜子也给学生提供了自觉、自动修改自己想法或观点的机会。

(3) 明朗化方法。这种方法是教师除了复述学生所说的话或表明的情感外,再增加自己认为学生想要说而没有说的东西。换言之,即教师要把学生模糊、隐含、未能明确表达的思想感情充分地表达出来,以增进同学们之间的理解和沟通。

(4) 面质方法。学生有时会逃避自我应负的责任,或为自己的不当行为寻找各种借口。在这种情况下,教师有必要面质学生,促使其自我思考,勇敢面对现实。在面质时,应既要肯定学生的优点,又要明确指出学生的缺点和存在的问题。

3. 课程的结束

在教学过程结束时,教师可采用以下三种方法作为结束:

(1) 回顾与检讨。回顾是指总结学习的收获,强化成果的感受;检讨是指分析和反省其中的不足和问题,以便改进活动方法。在课程结束阶段,教师与学生应共同回顾进行过什么活动,有什么心得,有什么不足和需要改进的地方。这不但可以培养学生的责任感和良好的学习习惯,而且可以加强学生对课程的参与感,提高学习的积极性。

(2) 计划与展望。在回顾与检讨的基础上,教师与学生可以共同展望未来的生活,谈谈未来有什么打算,应做些什么准备,也可以对以后的课程内容和方法提出希望和建议。这样做体现了心理健康教育以人为本的基本指导思想。

(3) 祝福与道别。师生之间、同学之间可以自制一些小礼物互相赠送,也可以彼此祝福、道别,以维持和增进相互间的友谊。

(三) 课程组织过程中的注意事项

在心理辅导课教学活动过程中,教师除了要维持好课堂纪律,组织好课堂教学以外,还要注意下列事项:

1. 用积极的心态对待学生

教师要客观处理事件,对学生不能有偏心或持不公平的态度,要以温暖、尊重、同情和接纳的态度对待每一个学生,使学生感到教师是能够了解他们的,班级是安全的,因而他们愿意敞开自己,把自己的心里话和感情表达出来。不能用权威的态度压制学生,而是尽量用鼓励的方式使学生充分发表想法。

2. 要有良好的自我表现

在教学活动中,教师要尽量表现出幽默,使班级的活动能够轻松地进行,吸引更多的同学参与,具有教学机智,能随时处理突发事件。比如上课时有学生捣乱、抱怨、不专心、吵着要上厕所、擅自离开课堂等,教师要能够迅速了解其原因,做出即时的和适当的反应。在团体活动中教师的指导要适当，因为教师的指导太少，学生无从下手，不知如何活动，指导太多又可能使学生养成依赖性。

二、小学心理辅导课程的教学方法

当课程目标确定之后，关键的问题是选择适当的教学方法。心理辅导课主要是通过教师与学生共同活动来进行的，因此，我们可以把这些共同活动的方式看成心理辅导课的教学方法。在心理辅导课程中，常用的教学方法有以下几种：

（一）认知法

认知法的主要形式有以下几种：

1. 阅读和听故事

利用儿童喜欢听故事的心理，讲述一些故事，以解决儿童的心理问题。如讲述战争的故事，升华儿童的攻击性；讲寓言故事，帮助儿童建立是非善恶观念；讲伟人的故事，使儿童效法伟人，树立崇高的理想等。

2. 多媒体教学

采用多媒体教学手段，让学生看富有教育意义的幻灯片、录像和电影等来影响学生的思想和行为。

3. 联想活动

通过学生的观念联想活动来训练学生的想象力和创造力，表达自己的内心感受和体验。例如通过文字接龙、绘画接龙、故事接龙等训练学生的想象力、创造力。

4. 认知改变法

一个人有什么样的行为和情绪体验，取决于他的认知。如果认知积极正确，那么他的情绪体验也是积极的，行为也是积极的。反之，则是消极的。例如，有的学生认为考试成绩不好是自己笨，有的学生认为学习不好一切都完了等。认知改变法就是通过摆事实、讲道理，使学生形成正确的观点的方法。教师通过暗示、说服和质疑等方法来改变学生的不合理想法，帮助学生解决心理问题，促进学生健全人格的发展。

5. 参观访问

参观访问是指通过让学生接触实际，例如，让学生参观工厂、农村、博物馆等，用事实说话来提高学生认识的方法。目前小学中的“手拉手”活动是一种很好的心理教育形式。此外，访问的对象还可以是知名人士、英雄模范人物，使学生在与这些人物交流的过程中，认识到他们身上的优良品质和模范行为从而加以效仿。

（二）操作法

这种类型的教学方法，主要是通过学生的言语和动作的操作活动来达到心理教育的目的。

1. 游戏

游戏是儿童青少年普遍喜爱的活动，有益的游戏能给他们带来快乐并从中受到教育。游戏有多种类型，有竞赛性游戏和非竞赛性游戏，有建设性游戏和破坏性游戏等。不同类型的游戏可以起到不同的心理效果。如竞赛性游戏可以培养学生的竞争意识和团结协作精神，非竞赛性游戏可以减轻紧张和焦虑，获得轻松愉快的情绪体验。

2. 作业(任务)

通过让学生完成不同的作业和任务,如绘画、出墙报、打扫环境卫生等,来培养学生认真负责、热爱劳动、热爱工作、团结协作的良好心理品质。

3. 测验

根据学生的实际需要,让他们做一些心理测验,如智力测验、性格测验、态度和兴趣测验等,帮助学生学会自我反省和自我分析,增强学生对自己的全面了解,以促进自我的发展。

4. 讲演

这种方法可以训练口才,培养机智,增进同学间的相互了解。例如,教师或同学可以自己先准备一些题目,如“我的母亲”“我的好朋友××”“我的理想”“假如我是校长”“当我小的时候”等,然后将题目和班上同学的姓名分别放在两个小箱子中,每次抽出一个姓名和一个题目,被抽中的同学准备两分钟,即席演讲两分钟。

5. 绘画

通过绘画的操作活动,如绘画接龙游戏,培养学生的想象力和创造力。例如在纸上画一个圆或几条线,或一个三角形,或一个半圆,让每个学生自由发挥,分组进行或全班同学集体创作。分组进行的话可以进行小组间的创造力比赛。

(三)角色扮演

角色扮演就是通过学生扮演或模仿一些角色,重演部分场景,使学生以角色的身份充分表露自己和角色的人格、情感、人际关系、内心冲突等心理问题,进而起到增进自我认识,减轻或消除心理问题,发展心理素质的一种方法。角色扮演的基本过程包括准备阶段、实施阶段和终结阶段。实施角色扮演的有教师、剧本、扮演者、观察扮演的学生、舞台等五大要素,心理辅导课中,可用的角色扮演方法一般有以下几种:

1. 哑剧表演

此方法是辅导教师提出一个主题或几个场景,要求学生不用语言而用表情动作表演出来。比如,让学生表演与新同学见面的情景;表演赞美别人、喜欢别人、讨厌别人、生气的时候、幸福时刻等情景,以揭示其内心活动,促进学生非言语表达能力的发展。

2. 小品表演

这种方法是把幽默讽刺和赞许的语言与滑稽的动作结合起来,展示生活学习中的一些事情,使学生明白其中的道理以及处理问题的方式。小品表演大多由多位同学参与,以接近生活的主题入手使情景显得更为真实、更富有感染力。比如“同学病了”“同学来我家做客”“考试成绩公布之后”等。

小品表演又称为“校园心理剧”。人的心理问题,离不开特定的生活情景,采用小品表演,可以比较生动的重现生活场景,以引发学生思考。心理辅导课中的小品表演,是在团体情景下的即兴表演,他往往没有明确的结局,而是把问题和解决问题的方法留给了台下的观众,只有通过全班学生的讨论,才能使其认识深化,找到症结所在,理清解决问题的思路。

小品表演案例

案例 1：

美玲和小霞是同桌。快放学了，美玲对小霞说："小霞下课了，我要去商店买本练习簿，陪我一起去，好吗？"

小霞说："好呀，我的笔坏了，我也正要去商店买支笔，一起去吧，然后我们一起回家。"

美玲说："星期六下午有场好看的电影，我们一起去看电影吧！"

小霞说："我要做作业，不然，妈妈会怪我的。"

美玲说："那到我家来做作业吧，做完作业，我们去看电影。"

放学后，小霞和美玲高高兴兴的，一起去商店买东西，她们一直是很要好的朋友。

案例 2：

下课了，李文在做作业。小明抱着球走过来对李文说："喂，李文，踢球去。"

李文说："等一下，我还有一道数学题不会做。你的作业都做好了吗？你教我怎么做这一题，好吗？"

小明说："数学题呀，我早就做好了，你真是太笨了，那么简单的题都不会做。"

李文说："你教我怎么做吧，我实在想不起来。"

小明说："笨蛋，自己一个人吧，我要踢球，我们不和笨蛋一起玩，我们踢球去啰。"

李文说："你不告诉我怎么做，还敢骂我笨，看我不教训教训你。"说着，李文就要打小明。

小明说："你就是笨蛋，看我先教训你。"

小明和李文因为一道数学题的原因，伤害了同学感情，而且还打架，从此他们不再是好朋友了。

同学表演完毕，组织学生自由讨论：

1. 为什么美玲和小霞一直是好朋友，而李文和小明却不再是好朋友了？
2. 小明为什么说李文笨？李文真的笨吗？小明做得对吗？
3. 李文为什么要打小明？李文打人对吗？
4. 为维护同学的团结，我们应该怎么做？

最后教师讲评：学校就像一个大家庭。在这个大家庭里，同学就是我们的兄弟姐妹，也是我们的好朋友。所以同学之间需要相互尊重，相互关怀。当同学需要我们的帮助时，我们要尽量给他们帮助。这样同学之间才能和睦相处，我们的校园才是美丽的校园。不可以因为任何理由伤害彼此的感情。如果我们大家都兵戎相见，就破坏了我们校园的美丽。

资料来源：郑雪，王玲，宇斌. 中小学心理健康教育课程设计[M]. 广州：暨南大学出版社，1997：20.

3. 空椅子表演

这种方法只需一个人表演，适合于让学生扮演内心相冲突的双方或扮演学生所不满的另一个人。具体做法是，将两张椅子相对摆放，学生先坐在其中一张椅子上，另一张椅子上虽然空着，但是假设坐着另一个人，那个人或许是另外一位同学，或者是教师，或者是父母，该学生先表演彼此曾经发生的对话，或者心中所想的话，然后坐到对面去，扮演对方的角色，以对方的立场说话。如此重复多次，以此来增加扮演者的自我知觉和对他人的知觉，增进学生对对方的了解，增强学生人际交往的敏感性，改善他们之间的交往。

4. 角色互换

参与的人数是两个人以上。角色互换有多种含义：

第一种是在剧中 A 和 B 交换各自的角色。通过角色互换，A 理解 B，B 理解 A，同时也理解了两人的关系，理解了自己。比如，辅导教师让一个学生扮演失败者，另一个学生扮演帮助者，两人表演一段时间以后，互换角色。再比如，让一个学生扮演求助者，一个扮演拒绝者，一段时间之后互换角色。

第二种角色互换是让一个人扮演与自己生活中完全不同的角色。例如，现实生活中总欺负人的学生，表演一个总被欺负的学生，可以通过表演加深对他人的了解及自我了解，学会与他人共情，学会用他人的眼光看自己。也可以是让一个懦弱的学生，表演一个勇敢的角色，或者让一个做事总是很粗心的学生扮演细心的角色，让一个自卑的学生扮演自信的角色等。这种方法又叫固定角色训练，训练的都是与生活中不同的角色。

第三种是双重扮演。包括两个同学，一个是有疑惑的学生，另一个是助理演员，有问题的学生表现什么行为，助理演员就重复表现什么行为，这样的行为再现，会帮助有疑惑的学生，清楚地认识自己。

第四种是镜像法，这是指看别人扮演自己的方法。与双重扮演类似，但又不完全相同。比如爱说粗话、不讲礼貌、缺乏教养的 A，看到 B 表演自己的所作所为，通过看别人演自己而客观地了解了自己生活中的行为，激发 A 改变的主动性，从而促使 A 改变不适当的行为。

（四）讨论法

讨论即就某一问题交换意见或进行辩论。讨论可以集思广益，交流思想，使问题解决。讨论的方法很多，以下几种方法均可用于心理教育课程之中。

1. 专题讨论

在某一段时间内，针对学生普遍存在的问题进行专门讨论。例如，新学期开始时，组织学生讨论如何更快更好地适应学校生活；在考试之前专门讨论有关考试焦虑的问题；学期将结束时，讨论如何度过一个有意义的假期等。

2. 小组讨论法

针对某一问题情景，教师将全班学生分成若干个小组，每个小组内的成员均可以充分发表自己的看法，畅所欲言，然后形成小组意见，在小组间进行讨论或者辩论，或者每个小组的发言人做交流，其他学生可补充，最后教师总结。分组方式应该多样化，比如自愿组合、报数组合,生日组合、异质组合等,这样不仅可以扩大学生的接触面,而且有利于保持学生的新鲜感,增强活动的吸引力。

3. 辩论式讨论

针对争论性问题进行分组辩论,提出正反两方面的不同意见,分别说明理由。

4. 脑力激荡

这种方法是由美国著名创造学家奥斯本提出来的。它运用集体思考和讨论的方式,使思想观念相互激荡,发生连锁反应,以引起更多的意见和想法。脑力激荡有四个原则:① 鼓励大家发表意见;② 容许异想天开;③ 想法越多越好,多多益善;④ 不允许批评别人的意见,但可以将别人的意见加以组合或改进。

5. 配对讨论法

就一个题目,两个人先讨论,得出结果,然后与另两个人讨论的意见协商,形成四个人的共同意见,再与另外四个人一起协调,获得八个人的结论。这种讨论必须经过深思熟虑,参与感也会比较高,因而讨论的效果也比较好。

第四节　小学心理辅导课程评价

心理辅导课程的教学活动是否有效及有效程度如何,需要通过课程评价来解答。心理辅导课的评价,其内容可以说是包罗万象。从评价对象来说,包括教师和学生两个方面,其中教师部分可评价其活动内容、活动设计、活动准备、活动组织、辅导技巧等。教师的评价,其实主要是对辅导活动本身的评价,很多教师的评价都是依据学生在活动中的表现和活动后的反应,特别是教师在辅导过程中依据主观感受来做判断。学生的部分可评价其自我概念的改善,自信心和自控能力的提高,个人行为的增加、减少或者消失,认知的改变,或情感的体验、升华,班级风气的转变等,学生的评价一般是对辅导活动效果的评价。所以,一个完整的心理辅导课程必须包括过程评价和结果评价两个方面。

一、心理辅导课程过程性评价

又称形成性评价,是在课程进行过程中进行的评价,其目的是收集有关学生与教学活动的信息,从而为课程调整提供及时的反馈信息。这里提供三个示范性的形成性评价量表。

表 9－1　课堂气氛记录表(教师用)

年　　月　　日

主题内容：
课堂气氛：
学生间的相互反应：
偶发事件及处理：
教学效果评价：

教师签名

资料来源：郑雪，王玲，宇斌．中小学心理健康教育课程设计[M]．广州：暨南大学出版社，1997：20.

表 9－2　学生课堂行为评价表

成员行为 \ 成员编号		1	2	3	4	5	6	7	8	9	10	总计	检讨与建议
抗拒行为	1 独裁敌对												
	2 沉默退缩												
	3 缺席												
	4 自以为是、自大												
	5 吵闹、不守秩序												
	6 开玩笑												
	7 管家婆												
操纵行为	8 爱讲些无关话												
	9 成为批评指责目标												
	10 屈从别人												
	11 批评、语言攻击												
协助行为	12 倾听												
	13 遵照指示行动												
	14 领导												
	15 自我开放												

（续表）

成员编号 / 成员行为		1	2	3	4	5	6	7	8	9	10	总计	检讨与建议
情绪行为	16 守密												
	17 发泄否定行为												
	18 肢体攻击												
	19 哭泣												
	20 情绪激动												
动作化行为													
检检讨与建议													

注：1. 观察每一位学生行为出现的次数，在格子上划记并记出总数，作为课堂教学效果的具体依据。

2. 在“检讨与建议”栏下写下总评、注意事项与处理方法，供下次活动参考。

资料来源：郑雪，王玲，宇斌. 中小学心理健康教育课程设计[M]. 广州：暨南大学出版社，1997：21.

表 9－3 心理辅导课教师活动自评表

活动名称：________ 班级：________ 日期：____年____月____日

请教师自我评析这次活动的心得或感想，以作为以后活动设计的参考。请就下面每个题目符合你的想法或感受的程度，在适当的位置下打“√”。

评量行为	教师自评			
	非常符合	有点符合	不太符合	很不符合
1. 活动设计符合单元目标				
2. 活动内容、过程生动活泼				
3. 学生能用心参与活动				
4. 学生讨论相当热烈				
5. 各组讨论主题相当深入				
6. 活动分组相当适切				
7. 学生颇能遵守活动规则				
8. 善用教具，让学生更喜欢参加活动或活动更顺畅				
9. 活动时间分配相当妥当				
10. 活动准备充分，活动场地或环境布置颇佳				

（续表）

评量行为	教师自评			
	非常符合	有点符合	不太符合	很不符合
11. 整体而言，这次活动相当成功				
所以这次活动，我的心得是：				
这次活动中，我最高兴的事情是：				
今后需改进的事项： 签名：________				

资料来源：李坤崇. 班级团体辅导[M]. 北京：中国人民大学出版社，2010.

很多学者把关注点放在心理辅导活动课的形成性评价上。王淑敏，张大军（2003）提出，对班级团体辅导活动课的评价应采用形成性评价与终结性评价相结合的方式，并以形成性评价为主。形成性评价可以从目标的合理性、主题的适宜性、主体的参与性、过程的全人化、策略的有效性等五个方面进行；而终结性评价可以从学生心理素质的提高与行为变化两个方面进行。而刘宣文（2002）则提出，心理辅导活动课教学效果的评价，应从辅导目标、辅导内容、暖身活动、活动情景设计、辅导过程、学生反应、教师表现、辅导作业、辅导方法与策略、辅导效果十个方面来进行。在学校教育环境中，心理辅导课的评价经常是即时性的，辅导活动一结束，听课的老师们就聚在一起，立即进行反思总结，发表个人意见，特别是督导人员的评价，更是在短时间内言简意赅地对整个辅导过程做出明晰的判断。为此，有人把心理辅导课的活动评价标准简化为五条：辅导理念基本正确、设计思路比较清晰、活动过程氛围和谐、辅导技巧运用得当、辅导目标能够达成。

1. 辅导理念基本正确

理念不仅是一个设计的问题，更是一个操作的问题，辅导理念是心理辅导活动的灵魂。一个教师的辅导理念是否正确是显现于整个辅导过程之中的，在实施心理辅导活动评价时应该把辅导理念基本正确，作为首要的和独立的评价标准。具体来说，辅导理念是否正确，主要看对核心概念的理解以及在实施过程中对辅导主题的理解有没有片面化、绝对化的倾向。

比如，某一初中辅导教师，开了一节关于从众心理的辅导课，主题是该不该随大流，在陈述教学目标时，教师把目标定位在学习中要独立思考，要培养自己思维的独立性和批判性上，这恐怕在理念把握上有一定的片面性。对从众的问题在理解上要注意三点：

第一,从众是一种普遍的社会现象,从众不一定是坏事儿,从众有时也是一个人社会化程度的反映,比如爱心捐款;第二,要让学生懂得什么是盲目的从众、消极的从众,要学会分辨;第三,要懂得克服盲目从众,最重要的是要学会独立思考,培养独立人格,而独立是需要勇气的,有时甚至需要付出重大的代价。

再比如,学会说不,学会拒绝,不是让学生一味地拒绝别人的要求,而是让学生学会拒绝对方的不合理要求,学会拒绝不是要把学生变成冷漠无情、自私自利的人。所以,心理辅导课一定要正确把握辅导理念。

2. 设计思路比较清晰

主要表现为设计有创意,不照抄照搬教学参考资料;活动形式生动多样,具有较强的动感;活动线索清晰有序,每一个步骤紧紧围绕主题展开。

3. 活动过程氛围和谐

主要表现为团体动力强,气氛活跃,学生参与积极性高,小组认真互动,全班分享有启发性,发言有真情实感,自觉遵守团体规范,现场活而不乱。

4. 辅导技巧运用得当

高度尊重学生,语言和表情有亲和力;注意使用倾听、关注、同感、具体化等一些基本的辅导技巧;有临场应变的能力,回应简洁且到位。团体辅导活动的现场是无法完全预料的,在全班分享交流时,各种情况都可能出现,教师一定要注意临场应变。比如某初中辅导老师,在《放飞快乐》活动进行的过程中,教师让大家说说自己曾经经历过的快乐的事情。一位女生说他们六人合伙捉弄一位同学,把这位同学的钱包偷了,然后大家用她的钱包里的几百元钱,慷慨地请客吃零食,把几百元钱都花光了以后,才告诉那位同学,说请客的钱都是她自己的,最后这位女生总结说:"这一天我们很快乐"。教师用重复的方法给予了肯定,却没有及时引导:"你们都很快乐,有没有人不快乐呢?如果你是那位同学,你快乐吗?"说明辅导教师缺少一种临场应变随机引导的灵活性,只是在按照自己预设的台词做表面上的应对,这样的心理辅导活动课很难给学生留下成长的印记。其实,这几位同学的行为,不仅仅是伤害了那位学生的心理,而且是不道德的,甚至触犯了法律,而这位辅导老师既没有做心理上的辅导,也没有借此普及法律知识。

5. 辅导目标基本达成

辅导目标是否达成,可根据学生满意度量表和学生行为改变问卷进行评量。这两个量表同时也是下面要说的表 9－4 和表 9－5 两个终结性评价量表。

二、心理辅导课程效果评价

效果评价又叫终结性评价,通常是在一门课程结束或一个教学方案结束时所进行的评定。可以从学生的主观感受层面和学生参与辅导活动的实际表现层面加以评价。主观感受层面的评价主要采用班级团体辅导学生满意度量表(见表 9－4);学生参与辅导活动的实际表现层面,主要采用学生行为改变问卷(见表 9－5)。

表9-4　学生满意度评定量表(学生用)

亲爱的同学:课程将近尾声了,我们很想了解你对这门课程的感受和意见,以便作为我们改进课程的参考。请就下列每个陈述符合你的想法或感受的程度,在适当的号码上打圈表示出来。谢谢!

	极不符合 1 2 3 4 5 6 7 极符合
1. 我能在这门课程中向别人表达我的看法。	1　2　3　4　5　6　7
2. 我喜欢这门课程。	1　2　3　4　5　6　7
3. 我觉得通过这门课程的活动学会了关怀别人。	1　2　3　4　5　6　7
4. 我对自己越来越了解了。	1　2　3　4　5　6　7
5. 参加这样的活动使我对自己越来越有信心。	1　2　3　4　5　6　7
6. 在课堂活动中,我乐意与其他人分享我的经验。	1　2　3　4　5　6　7
7. 我觉得上这门课程所取得的经验很有意义。	1　2　3　4　5　6　7
8. 我觉得通过这门课,大家更加坦诚和相互信任。	1　2　3　4　5　6　7
9. 我喜欢老师对待我们的态度和方式。	1　2　3　4　5　6　7

10. 我认为这门课可改进的是:

签名:

资料来源:郑雪,王玲,宇斌. 中小学心理健康教育课程设计[M]. 广州:暨南大学出版社,1997:22.

表9-5　学生行为改变问卷

亲爱的同学:

这份问卷是希望知道你在上过几次课后,在日常行为方面是不是带来了一些改变?这份资料是供老师总结经验做参考的,内容绝对保密。请据实表明你的看法,并且依据符合程度,在右边量尺的数字上打"√"即可,谢谢你的合作!(说明:1. 很符合;2. 符合;3. 不确定;4. 不符合;5. 很不符合)

1. 比较能尊重别人所有的东西。	1　2　3　4　5
2. 更能控制自己的行为了。	1　2　3　4　5
3. 比较能知道如何与老师相处了。	1　2　3　4　5
4. 初步了解了性知识。	1　2　3　4　5
5. 比较能有计划的使用自己的金钱。	1　2　3　4　5
6. 比较能了解如何与异性相处。	1　2　3　4　5
7. 不太会和同学发生一些肢体上的冲突了。	1　2　3　4　5
8. 比较有耐心地听别人和我不同的意见。	1　2　3　4　5
9. 朋友邀我出去时比较会先考虑这些活动,是否适合我参加。	1　2　3　4　5
10. 比较不会和爸爸妈妈顶嘴了。	1　2　3　4　5
11. 比较能控制自己的情绪了。	1　2　3　4　5
12. 比较不会和老师顶嘴了。	1　2　3　4　5
13. 了解了以前自己并不知道的别人对我的看法。	1　2　3　4　5
14. 比较愿意参加班级的各项活动了,并且能起带头作用。	1　2　3　4　5
15. 双休日和假日中比较会安排自己的活动了。	1　2　3　4　5
16. 和同学相处时争吵的事情少多了。	1　2　3　4　5
17. 放学后如果不能按时回家,会事先打个电话给家里。	1　2　3　4　5
18. 假如父母不答应我的要求,我也不会和他们怄气了。	1　2　3　4　5

19. 有些不良习惯已经改过来了。 1 2 3 4 5
20. 比较能静下心来读书了。 1 2 3 4 5
21. 比较能规劝别人不要欺负弱小。 1 2 3 4 5
22. 在批评别人之前会先想想用什么表达方式比较恰当。 1 2 3 4 5
23. 比较主动关心别人了。 1 2 3 4 5
24. 当自己有心理困惑时,愿意主动地向辅导老师求助了。 1 2 3 4 5

请签名:________________

资料来源:钟志农.心理辅导活动课操作实务[M].宁波:宁波出版社,2007:361.

拓展阅读

1. 钟志农.心理辅导活动课操作实务[M].宁波:宁波出版社,2007.
2. 吴增强,蒋薇美.心理健康教育课程设计[M].北京:中国青年出版社,2007.
3. 郑雪,王玲,宇斌.小学心理健康教育课程设计[M].广州:暨南大学出版社,1997.
4. 叶一舵.心理健康教育教程[M].福州:福建教育出版社,2015.
5. 牧新义,白世国,安莉娟.小学生心理健康教育[M].北京:北京师范大学出版社,2017.
6. 姚本先,伍新春.学生心理健康教育[M].北京:中国轻工业出版社,2012.
7. 张明.小学生心理健康教育[M].北京:中国轻工业出版社,2013.
8. 钟志农.如何上好班级心理辅导活动课[M].北京:中国轻工业出版社,2015.

反思与探究

1. 小学生心理辅导课程的目标有哪些?
2. 小学生心理辅导课的单元设计和主题系列单元设计有何区别?请结合小学生的实际,完成1—2个主题系列单元的设计。
3. 小学心理辅导课的教学方法有哪些?如何组织小学生心理辅导课?
4. 如何评价一堂小学生心理辅导课?

第十章　小学心理辅导中的家校合作

※学习目标

1. 理解家校合作辅导的基本内涵、特征及作用
2. 掌握家校合作辅导的三种模式
3. 掌握家校合作的心理辅导策略与方法

※关键词

家校合作；心理辅导；模式；实施策略

第一节　家校合作心理辅导概述

一、家校合作心理辅导的内涵和特征

（一）家校合作的内涵

国外关于“家校合作”概念的界定，学者们强调的重点不同则有不同的说法，如强调合作活动时定义为“home-school cooperation”，强调合作关系时表达为“school-family partnership”。与之相关的其他表述还有“education intervention”（教育介入）、“parent involvement”（家长参与）、“parent participation”（家长参与决策）、“Parent-Teacher Association”（PTA 家长教师会）等。美国学者爱博斯坦扩展了家校合作的范围，认为家校合作不单是家校之间的合作，还应同社区一起合作，学校、家庭和社区三方一同对学生的成长负责。还有学者认为，家校合作的重点在于其实现了共同培养，让家长和校方一起为学生做出努力，帮助他们成长，做好父母和教师的角色，加强良性的沟通和联系，达到教育优质化的最终目标。家校合作要通过互动交流的形式，校方的教师及时反映学生在校的情况，父母也可以把子女在家中的表现，如实告知其班主任，达到两者都

尽可能地知道该学生的真实综合表现，并且达成培养方案的共识，减少因信息不通导致误解的情况，更好地解决学生遇到的各种问题。

国内许多研究者立足于我国家校合作的实践，在引进国外理论与实践的同时，对家校合作的概念、内涵、价值等理论问题进行研究，但目前未有确定的定义。黄河清(2010)认为，家校合作就是家长参与到学校教育教学中去，教师指导家长更好地进行家庭教育，双方相互配合相互支持，最终达到促进学生全面发展的目的。黄立新(2006)认为，家校合作的概念包含两层意思，一是家校合作是一种双向的活动，是家庭教育和学校教育相互配合，家长配合、支持学校教育，学校指导、帮助家庭教育；二是家校活动要围绕学生这一中心展开，教师和家长都是共同为学生服务的。岳瑛(2002)指出，家校合作应把握以下几点内涵：第一，家校合作的重点是家庭和学校的合作，也就是说家庭和学校都要为孩子的发展贡献自己的力量。第二，家校合作的重点是为了促进学生各方面有质的飞跃。第三，学校要把家校合作作为学校各项工作组成的基本战略，时刻更新教育观念。马忠虎(1999)认为，家校合作是让家庭和学校相互配合培养学生，这样既可使学校在培养学生时获得学生家庭的帮助，也可使家长在培养孩子时获得来自校方的指导。家校合作的内涵还可以从宏观、中观、微观三个层面来理解：宏观层面上的合作主要指国家或区域间为了家校合作颁布相关的政策法律法规，学校或教育管理部门依据政策法规依法进行家校合作活动，具有科学性和强制性，实践主体对应的是国家、政府、教育行政机构和学校；中观层面上的合作即教育管理部门在相对小的区域或某些学校推行家校合作的理念及行动，实践主体是整个学校和家长群体；微观层面的合作即具体的教师和家长之间的沟通、交流，实践主体即作为个体的教师和家长。综上，我们认为，家校合作不仅仅是为了促进学生全面发展而形成教育合力的家长和教师的协作行为，也为学校和家长的共同成长提供了可能。换言之，家校合作的受益方不单独是学生，还有学校、教师和家长，学校、教师和家长在家校合作的过程中都享有发展的权利，都能得到各自的成长和优化。同时，教育的本质是一个动态发展的生成过程，家校合作也必然有动态发展的生成，在此生成过程中必然会遭遇困境，因此，家校合作需要不断完善。

综合国内外观点，我们可以从教育社会学的角度来把握和理解家校合作的内涵和特征：

1. 家校合作的互动性

家长与学校之间的互动应双向开展，这表明了家校之间的协作互动性特征。作为不同的社会组织，家校合作是两种教育之间的合作，通过合作，建立起一种新的社会关系，并在合作中维系和发展这种关系，和谐的合作关系提供给学生的是两个健康、和谐的教育环境。另外，家校合作是社会参与学校教育的重要形式，家庭、学校、社会相互有机结合、协调一致，从而促使教育向更好的方向发展。

2. 家校合作的共赢性

家校合作活动必须顾及到家校双方的需要，但是活动的核心是学生，家校均应帮助学生，使学生在各个方面都能取得进步。因此，家校合作最大的受益者首先是学生，学生在两种教育组织的和谐互动下，最终达成人的全面发展。与此同时，家校也实现各自的成长和优化。家校合作关系的建立是一种共赢行为，互助不仅使家校成为学生教育的共同体，同时也实现了各自组织的成长。

3. 家校合作的生成性

家校合作可以表现出家长及学校的看法。这既包括家长对学生、对整体教育的看法，也包括学校对家长、对家长的参加和对自己本身改进的看法。家校合作参加是在社会大环境下展开的，因此，社会的真实情况、社会的发展都会对家校合作的目标、内涵和模式产生动态的影响，家校合作也必然是动态生成的。

（二）家校合作心理辅导的内涵

家校合作具有互动性、共赢性、生成性。因此，家校合作心理辅导，即指家庭、学校和社区三方以学生为中心，围绕学校心理健康教育总目标，形成相互支持、相互补充的协调关系组织，实现学校心理辅导效果最优化的动态生成过程。

二、家校合作心理辅导的意义和价值

（一）家庭心理健康教育需要学校指导

家庭心理健康教育是小学生心理辅导工作的重要组成部分，也是与学校心理辅导相辅相成、不可或缺的重要一环。家庭心理干预理论认为，很多学生的心理问题不是自身原因，而是家庭原因造成的，学生的心理问题实际上是家庭问题的外显。只依靠学校的心理辅导，并不能帮助学生解决真正的心理困扰。只有家校合作，共同努力，家庭教育在学校教育指导下，发挥家庭教育应有的功能，才能够使心理健康教育有质的飞跃。正如苏霍姆林斯基所说："家庭的教育与社会各界紧密相关，若得不到社会力量的支持，即使在教育上花再多的精力，都不可能收到完美的效果。"

（二）学校心理辅导需要家庭的支持和配合

我国学校心理辅导工作较之于西方国家来说起步较晚，家校合作也由于种种原因并未被广泛应用，因此，大多数心理辅导工作主要是在学校开展。人们习惯上只把学校看作是学生接受教育的场所，显然是高估了学校的作用。就目前情况而言，学校心理辅导工作的开展也进入了"瓶颈期"，需要对教育环境和教育途径进行改良，迫使学校从封闭走向开放，从而引起各界的重视。家校合作心理辅导的优势在于把家长纳入教育者的体系中，让家庭环境兼具教育环境的功能，让家庭在最大程度上发挥其教育效用。通过家校合作，实现家庭教育和学校教育的有机融合，实现培养目标的统一，才能更好地促进学校心理健康教育的发展。同时，家校合作机制的引入，既可以让家庭教育在心理教育上起更大的作用，又能够充分利用家长的社会资源，帮助学校有效提高教育水平。

（三）学生心理健康成长需要家校合作支撑

家校合力，使家庭教育和学校教育成为一个一致的教育共同体，不仅表现为二者在培养目标上的一致，而且表现在家庭全方位地支持学校教育工作，学校尽全力帮助家长解决在教育子女过程中遇到的种种问题。家校合作心理辅导，使家庭教育和学校教育之间不留真空，双方相互弥补对方难以涉及的时间和空间上的缝隙，使学生始终处于一个协调一致的教育过程中。我们常听到有教师抱怨："学生在思想上刚有点进步，家长的一句话就削弱或抵消了我们几天、甚至几个月的教育。"确实，家庭、学校和社会是学生成长的不同环境，它们以不同的形式占据着学生的整个生活。家庭、学校和社会无论哪一方面出现空白，都会使教育出现断裂，为一些不健康的因素提供乘虚而入的机会。因此，只有家校合力，才能焊接好教育时空中出现的各种裂隙，才能为学生营造一个良好的成长环境。

三、家校合作心理辅导存在的问题及原因

(一)家校合作心理辅导存在的问题

1. 对家校合作心理辅导工作认识程度不统一

目前，许多家长、教师和学校对心理辅导工作认识的程度还不统一。而根据生态系统理论，这些不统一的认识，很容易让学生产生困惑，质疑自己的认知和行为，进而对他们的心理产生不良影响。就学校而言，随着近年来各类校园恶性事件的发生，不少学校已不再把目光只是集中在学生成绩和学校的升学率上，而是开始尝试着把心理健康教育纳入学校教育中。但在教育实践中，许多学校又把心理健康教育作为一种“时髦”的活动，是提升学校档次的点缀，未能把心理辅导工作作为学校日常教育的有机组成部分，扎实而持续地进行，家长能从学校获得的专业指导也不够。从教师来说，作为和小学生接触最多的“重要他人”，多数教师能够认识到心理健康的重要作用，但是他们却没有受过专业的心理辅导培训。教师们只能通过自己零星了解到的心理健康知识和教育经验，来应对学生的心理问题。在整个学校范围内，由于相关基础不够深厚，缺乏系统开展等原因，即使教师想对学生的心理进行维护，往往也会束手无策，加上家校沟通不及时，这无疑加剧了学生不良心理健康行为的问题。在家庭方面，更是存在着很多影响心理辅导家校合作的不和谐的因素。很多父母只愿意为孩子的学习做一些投资和努力，例如，给孩子提供现代化的学习设备、订阅学习读物等，过于看重孩子的学习成绩，而忽视孩子的心理健康教育。即便有部分家长认识到心理健康对孩子发展的重要性，但因缺乏参与学校教育的意识，往往把教育孩子的责任完全推给学校，不能积极参与学校心理辅导工作。

2. 家校合作心理辅导工作实效不高

(1) 互动性不足。

任何运行良好的家校合作必然与家校合作的参与方在活动中的积极参与紧密相连。但在教育实践中，教师一方可能觉得家长缺乏对教育规律的理解和认识，没有发言权，因此家长参与的学校心理辅导工作大多是通过家长会或心理健康讲座所接受的单向灌输，大部分家长在这种形式下的学习，通常一知半解，不够深入，起不到家校合作心理辅导的效果。尽管目前一些小学会尝试推出诸如团体心理辅导、播放心理电影、演出心理情景剧、开展学生心理作品展等形式的心理辅导活动，让学生最大限度地参与进来，同时也邀请家长入校参加，表面看上去热热闹闹，而实际上这些活动常常被学校当作素质教育的成果来展示。在这个过程中，家长只是旁观者，与学校和学生的沟通依然是单向的、欠缺的、缺乏实效的，这在一定程度上打击了家长参与学校心理辅导活动的积极性，使本应以“互动性”为本质特征的家校合作，变成了以学校为主角的单方表演。

（2）针对性不强。

目前，很多学校在开展心理辅导活动时没有从实际出发，不符合学生的现实情况，很多活动的开展属于“即兴表演”，学校有条件进行哪方面的活动就开展哪方面的活动，活动的主题针对性不强。访谈中发现，一些学校领导甚至认为，小学低年级学生认识水平低，没有必要开展心理辅导活动，只有高年级学生才会出现心理问题。其实，小学阶段是人生发展的基础，其身心发展尽管不像中学阶段那样急骤，但若没有坚实的发展基础，必然会影响其一生的成长。小学每个阶段的学生也都存在发展到本阶段需要解决的心理问题。如，小学低年级的入学适应、幼小衔接，小学中年级的时间管理意识、正确处理学习与兴趣娱乐之间的矛盾，小高年级的逆反心理、青春期发育等，均需要家校合作进行针对性的应对和引导。而实际操作中，家校合作安排的各类活动往往流于形式，心理辅导活动板报只在期末和家长会时才出一期，大部分学校甚至没有。在安排的有限的活动中，家长获得的只是基础理论知识，对孩子的日常教育很难起到指导作用，更别说解决孩子某一阶段的针对性问题了。

（3）持续性不长。

心理科学告诉我们，人的心理的发展是矛盾不断形成和化解的过程，小学生的心理成长是连续的、渐变的、长期的完善过程。因此，小学生的心理健康也是一个连续、长期的过程，需要其反复实践、反思，而不是在某一次辅导活动中就能突变，也不是一两次的家校合作活动就能解决。但在实际心理辅导工作中，很多学校并没有把家校活动纳入整体教育计划，而是随性而为，觉得有时间了或是想起来了就组织一下做一做，导致活动在时间上时断时续，在内容上做不到前后呼应，家长在参与过程中和学校的沟通也同样缺乏连贯性。在这样的情况下，家长所获得的知识也是零零碎碎的，难以形成一套相对完整的心理健康教育理念、知识和方法体系，这样必然难以达到家校合作的目的。

3. 家校合作心理辅导实施模式单一

家校合作的实施模式主要有“以校为本”和“以家为本”两种（马忠虎，1999）。“以校为本”模式是以学校活动为主导，要求家长积极主动地参与到教学活动中，如家长进入到学校的教育教学体系中，配合学校的教学、活动、管理和决策等。从目前学校心理辅导家校合作的现状来看，大多数学校采取的是“以校为本”模式，以学校为基地，教师就学生在学校的各种行为表现与家长联系沟通。教师对影响学生心理的内外因素先做出预判，然后同家长形成一致的心理健康教育目标和具体实施方法。为了学校自身发展和管理方便，学校通常直接向家长下达实施的指令。在“以校为本”模式中，家长会仍然是家校合作最常用的方式，其他活动诸如团体心理辅导、播放心理电影、演出心理情景剧、学生心理作品展等，也都是依托家长会完成。另外，家校通、电话、QQ 群、微信群等形式的沟通也是由班主任老师以班级为单位发起。家长学校对大多数学校来说还是新鲜事物。总之，学校在家校合作中显现出的绝对的权威和主导地位，造成了家长和学生只能被动接受学校的安排。尽管学校也会安排教师深入到学生家庭家访，发现家庭的问题，对家长提供心理保健方面的指导，体现出“以家为本”的家校合作模式。但受人力、物力的限制，在目前的“以家为本”的家校合作模式中，学生受益面小，工作不能深入。整体而言，目前我国家校合作心理辅导实施模式单一，工作内涵不够丰富。

（二）家校合作心理辅导问题的原因

1. 家校双方对学校心理辅导工作重要性认识程度不够

心理辅导的家校合作工作之所以未能顺利开展，最根本的原因在于学校心理辅导工作本身并没有受到家校双方的普遍重视。由于我国学校历史的局限性，长期以来，学校、家庭和社会片面关注应试教育，过分关注学生的分数，而忽视了学生心理健康的成长。同时，由于我国心理健康教育起步较晚，宣传力度不够，学校、家庭和社会心理健康意识淡薄，对心理健康教育还没有一个全面的认识，甚至存在着不少的误读。不少学生在面对发展和心理问题时，没有一个有效的寻求帮助的途径，而他们自身又不具备心理压力的宣泄方法，致使心理问题不断加深，对他们的学习、生活和人际交往产生不利的影响。尽管目前部分学校已经意识到心理辅导对于学生身心发展的重要意义，但总体来说，学校、家庭对心理辅导重要作用的认识还远远不够。在目前多元化的社会形态下，学生的心理健康教育应该是一项系统工程，是学校和家庭需要共同面对、必须承担的责任，然而，目前学校和家庭都还没有深刻地认识到这一点。另外，多数教师和家长也没有掌握心理健康方面的相关知识，使得他们在面对学生的心理问题时，往往束手无策，不能及时有效地对学生进行必要的心理辅导，直到有的学生发展到比较严重的地步才措手不及。有些学校在开展心理辅导工作时也只是流于形式，以应付相关部门检查为出发点，难以真正满足学生的成长需要。

2. 教师与家长受参与时空的制约

一方面，家长和教师在家校合作心理辅导中的时间均不能保证，双方忙于各自的工作，没有时间进行充分沟通和交流，这是造成家校合作时效性差的一个重要因素。针对学生的学习和发展，大部分老师迫切希望家长的密切配合，愿意与家长充分沟通，但小学教师的教学任务十分繁重，班主任老师还需投入大量精力管理班级。在如此繁重的教学劳动下，教师们很难有时间经常与家长讨论孩子的教育情况。另一方面，很多家长也为了应付自己的工作手忙脚乱，根本没有时间关注孩子的成长情况，更谈不上让家长参与到孩子的教学过程中，与教师近距离交流。就算是学校组织的为数不多的家长会，很多学生家长也不能参加，随意缺席。同时，农村地区存在大量的留守儿童和寄宿制小学，学生与其父母的沟通已受到时空的限制，更妄论家校间的充分沟通。然而充分的沟通交流，是家校合作的基础。受家校合作双方参与时空的限制，家校合作心理辅导的效果差是在所难免。

3. 心理辅导专业人才匮乏，物力、财力支持不足

家校合作心理辅导需要大量掌握专业知识的教师进行指导与支持。而目前我国小学心理辅导不论是师资配备，还是专业设施建设，都存在严重不足，不能满足家校合作心理辅导的需求。在现有的心理辅导教师队伍中，专业心理辅导方向的专业人才少之又少。绝大部分学校的心理辅导工作还是由班主任、大队辅导员、思想品德老师兼职，在对家校合作心理辅导活动的策划和安排方面，缺乏专业技能的指导和支持。此外，不同学校领导的重视程度不同，学校对心理辅导兼职教师的培训和指导也不够，很多参与家校心理辅导工作的教师对家长参与学校教育的权利与义务、内容与形式等了解不足，不了解如何与家长沟通、合作进行心理辅导。同时，学校接受社会第三方专业评价渠道

不畅，学校办学经费有限，导致难以有效评价家校合作的心理辅导效果，难以发现家校合作心理辅导中存在的问题，无法及时进行改进和完善。这些都有可能违背家校合作心理辅导活动的初衷，成为制约家校合作心理辅导工作开展的瓶颈。

4. 缺乏监督管理机制和政策上的支持

作为学校心理健康教育的重要实施途径，家校合作心理辅导本应是学校常规工作中的重要环节。但大部分学校并没有明确规定，也没有把家校合作的开展情况列入对教师的考核中去。教育相关部门也没有将家校合作纳入学校检查和监督范围。管理机制和监督机制的缺乏必然导致家校合作心理辅导工作的随意性。同时，我国法律法规中也尚未对家庭享有的参与教育的权利做出明确规定。尽管《宪法》将未成年子女的抚养与教育作为父母不容推卸的义务，《教育法》也明文指出：未成年人的父母、其他监护人必须为其提供受教育必不可少的条件，还要配合学校、其他教育机构的工作，教育好未成年人，《中华人民共和国未成年人保护法》也对学校和父母在未成年人教育方面应承担的责任做了硬性规定。但这些法律法规中，只规定了学校有开展教育工作的责任，家庭有保证把孩子送进学校进行教育的义务，而对家庭参与学校教育却很少提及。依据我国已经发布的法律法规，教育工作的主体只是学校，家长和孩子难以参与到教育工作中来。这就难以保证教育工作中孩子的主体地位，也缺少了家长、孩子参与教育工作的制度保障，使所谓的家校合作机构行使不了任何权利，这种合作也就变为了一纸空谈。

四、家校合作心理辅导可行性分析

（一）学生的身心健康成长是家校的共同心愿

家长和学校在培养学生心理健康教育的目标上是一致的，即以培养学生良好的心理素质和全面发展为根本目标。学校教育有明确的教育目标，即把学生培养成中国特色的社会主义事业合格的建设者和接班人。基于此目标，学校应注重学生身心发展。学校作为学生心理辅导的“主战场”，处于主导地位，通过指导家庭，使家庭积极参与、配合学校教育。家庭作为一个特殊的教育场所，为学校心理健康教育提供“实践基地”和“检验场所”，帮助孩子心理健全发展。从运作流程上看，学校心理辅导和家庭心理辅导是“一唱一和”的关系，为了同样的教育目标，开展多种形式的家校交流活动，及时交换学生的发展信息，互通有无，相互弥补，使学生健康成长的时间和空间“无缝对接”，使学生始终处于一个协调一致的教育步调中，即共同促进学生德、智、体、美、劳全面发展。这些家校共同的教育愿景，为家校合作的开展提供了可行性。

（二）家校合作心理辅导具有坚实的理论基础

1. 生态系统理论

美国心理学家尤里·布朗芬布伦纳(Urie Bronfenbrenner)指出，人生活在微观、中间、外层、宏观等不同环境系统中，各系统之间相互作用，从不同方面影响人的发展过程。对青少年影响最直接的是微观环境，包括家庭、学校、社区等周围的环境。中间环境系统并非客观存在，而是指微观系统之间的联系。环境的发展潜力随着内部各个部分联系的增多而提高，即家庭、学校两个部分联系的程度越高，该环境系统就越能促进学生心理素质的提高。反之,家庭、学校的关系不能很好地建立联系,相当于中间环境系统不存在,这样就会使某一方对学生的促进作用降低。在心理健康教育方面,如果学校和家庭的支持性联系不够,学生在家庭和在学校中学到的内容和行为准则有很大差异,就容易让学生产生困惑,从而对他们心理素质的健康养成起到反作用。所以,学校心理辅导必须认识到中间系统的重要性,即学校、家庭两者分别在学生心理发展中的独特作用,重视学校和家庭的交流,形成合作关系,共同创造和谐的教育环境。

2. 责任共同理论

美国霍普金斯大学爱泼斯坦(Epstein,J. L)教授提出的责任共同理论认为,影响学生发展的组织包括家庭、学校和社区三个主要机构,学生学业成功这一目标是家庭、学校和社区各组织共同关心的,并且要通过彼此的合作和支持,才可能得到最大程度地实现。为了表示家庭和学校这两个组织在学生教育中共同承担的权利和义务,爱泼斯坦进一步提出用"合作"的概念代替"参与",即家庭和学校在合作关系中是平等的,强调二者之间共同的观点及家庭更是有潜在影响的重要作用。爱泼斯坦的家庭、学校和社区合作模型承认家庭和学校以及社区间的因果连续性,通过明确不断发生在家庭和学校之间的变化,家长和教师不断积累的教育知识和经验,形成一个整合的、关于家庭和学校合作关系的理论,它为家校之间建立平等合作的伙伴关系提供了理论支持。

3. 社会资本理论

美国社会学家科尔曼(Coleman,J. S.)指出,教育领域中的社会资本是由存在于家庭和社区组织中的整套资源,它们有利于儿童或年轻人的认知以及社会发展。这些社会资源因人而异,但都是极其有利于儿童和青少年的人力资本发展。就教育而言,社会资本分为"家庭内社会资本"和"家庭外社会资本"。前者包括父母对孩子的关注、教育投入、教育期待以及亲子间的互动等,而后者则是指父母在社区内的社会关系,包括社区邻里关系、与子女的教师联络、与子女的朋友认识、师生关系等。社会资本特别重视社会关系网对个人和对社会发展的不同作用。与经济资本和文化资本不同的是,社会资本属于一种公众的集体力量。在教育中,孩子的成长是在孩子自身、教师、家长、学校、社会的共同努力下完成的,家长的作用尤其重要。他认为,只有家长与孩子之间亲密互动,家长的社会资源才有可能对孩子的成长产生帮助。

(三) 国家文件政策提供了有力保障

《中华人民共和国未成年人保护法》规定,政府要出台相关优惠政策,鼓励社会、企事业及其他相关组织与个体来举办形式多样的社会活动,这些活动必须对未成年人的健康成长是有利的。《关于加强中小学心理健康教育的若干意见》要求,学校和家庭双方应该合力开展学生的心理健康教育,必要时学校有义务指导家长开展相关工作。这是首次从国家政策的角度明确了家校合作是心理健康教育的重要路径。《中小学心理健康教育指导纲要(2012 年修订)》也对心理健康教育需达成的目标、需完成的任务做了硬性规定,要求各地将中小学心理健康教育普及到学生身上,并给予必要的巩固和深化;要做好制度、心理辅导室等方面的建设工作,夯实师资力量,实现学校、家庭、社区三位一体的心理健康教育网络,打造各方通力协作体系。这些政策文件的出台指引了心理健康教育的方向,为家校合作心理辅导的开展提供了有力保障。

第二节　家校合作的心理辅导模式

“模式”一词在《辞海》中的解释是“可以作为范本、模本、变本的式样。……在社会学中是研究自然现象或社会现象的理论图式和解释方案，同时也是一种思想体系和思维方式。”《软科学知识词典》把模式（Pattern）看作是对现实事件的内在机制以及事件之间关系的直观和简洁的描述，是理论的一种简化形式，能够向人们表明事物结构或者过程的主要组成部分。20 世纪 80 年代中期，美国学者最早在教学论领域使用“模式”这一概念，主要用来概括一种系统化的教学方法。1994 年，由中央编译出版社出版的《实用课堂教学模式与方法改革全书》中指出：“模式”是指根据观察所得加以概括的框架和结构，是围绕某一主题涉及的各种因素和相互关系提出的一种完整结构。在现代科学方法论中，模式方法是一种非常重要的研究方法，并已经广泛应用到各个研究领域。家校合作的心理辅导模式就是探讨家校合作心理辅导过程中各因素之间的相互关系及其结构，以便我们从不同角度展开学校心理辅导的家校合作。切实履行家校合作心理辅导中不同角色所应尽的责任和义务，丰富现有家校合作心理辅导模式的内涵，扩展新的家校合作心理辅导模式，也是当前的主要任务。

一、“以校为本”模式

“以校为本”的家校合作心理辅导模式是以学校为基地，着眼于学生的在校表现，家庭与沟通，对学生进行多方面心理辅导的模式。就实际情况来看，目前我国大部分的家校合作是根据每所学校的特点和需要，以学校为中心开展家校合作心理辅导。学校对影响学生心理发展的校内外因素进行分析，有针对性地制定家校合作开展心理辅导的目标和政策；合理分工，调动所有的教职工参与合作活动，学校领导在整个合作过程中不断给予支持与鼓励，并以相关的评价措施来保证合作的顺利实施。学校的心理辅导领导机构和家长委员会形成一致的教育目标。教师根据学生在校的表现，与家长进行沟通，同家长一起确定心理辅导的目标和具体实施方法。家长随时发现问题，及时与教师进行沟通，共同分析原因。学校定期开设家长心理健康教育知识讲座，创造条件促进家长之间相互交流和学习，如家长访问学校、学校开放日、家长会议、家庭心理健康教育咨询日、家长委员会活动等。学校随时接待家长来访，提高家长教育子女的主观能动性，同时减少教师的工作量，减轻教师的工作压力。

在“以校为本”的家校合作心理辅导模式中，教师就心理健康教育实践中的某一热点或有针对性地选择专题，通过问卷调查了解学生的家庭情况、家长对子女的期望、亲子关系状况以及教养方式等，并逐步创建心理档案，以科学的态度进行研究，探索学生良好心理素质形成的规律。在此基础上，教师与家长及时有效地互通信息，适时召开部分家长座谈会，有针对性地与家长共同研究有效的教育方式。这种“以校为本”的研究性的家校合作心理辅导，能在科学的前提下调动家长心理健康教育的主观能动性，启发家长在子女心理辅导问题上与教师和学校友好合作，处理问题及时，针对性强，效果比较明显，可以从根本上改变家长的应付心理。

“以校为本”的家校合作心理辅导关键在于对家长需求的调查了解，使活动更具有针对性和实效性。学校与家长一起制订家校合作开展心理健康教育的计划，教师根据学生的个人情况提出方向性的建议。“以校为本”模式下学校开展心理辅导的途径主要有：

(1) 邀请家长参加亲子活动。针对学生常见的心理困扰以及亲子关系等方面问题，学校组织开展亲子活动，促使家长反思自己教育子女时的言行。同时经常进行双向交流，保持为孩子健康成长而通力合作的持续性。

(2) 对家长进行心理辅导与咨询。开设家长心理热线和家长心理信箱，畅通家校交流的渠道；鼓励家长通过向学校心理教师发电子邮件的方式，及时交流、讨论促进学生健康成长的办法与策略，共同帮助学生解决问题。

(3) 多形式对家长进行心理健康教育。开设家长学校，举办儿童心理发展和家庭教育心理讲座，利用工作便条、校报、家校热线、家校合作指导手册、学校宣传栏、现代媒介等，系统讲授小学生心理发展特点，强化家长学习和运用科学方法的主动性和自觉性，提高家长开展家庭心理健康教育的能力。

(4) 利用家长心理沙龙、家庭教育热点问题讨论以及亲子游戏等形式，提高家长心理健康教育的能力。在丰富多彩的活动中，家长和学生既可以学到心理保健知识，又能互相沟通交流。

(5) 举行家校合作专题活动，通过阅读、参观、讲座、角色扮演、观看电影、录像、图片等方法，协商解决有关学生心理健康的问题。

(6) 以现代信息交流技术为依托，建立家校交流平台，如建立班级校信通、班级QQ群、微信群等。

为了充分发挥“以校为本”家校合作心理辅导的功效，学校管理人员和教师要履行好心理辅导中的角色职责。对学校管理人员来说，以下角色是必要的：

(1) 鼓舞士气的“宣传员”、活动的组织者。学校管理者要通过对家校合作的大力宣传、指导、支持和鼓励，使学校教职员工对家校合作充满信心和热情，能以积极主动的姿态寻求与家庭和社区的合作。

(2) 家校合作活动的策划人和主持者。带头参与家校合作的学校整体计划的制订，主持一些大型的合作活动，同时要给教师与家长合作的自主性。

(3) 活动协调人。协调与管理家校合作活动，保持家校合作心理辅导连续性。

(4) “学校管理者”。保持学校的“门户”开放，为家长提供足够的学校教育资源，组织家长参加家校合作活动，支持家校合作的开展等。

学校教师是“以校为本”家校合作过程中的主角，是家校合作活动的具体策划人、组织者和参与者。教师在家校合作过程中担任的除去本身的角色外，还包括活动的推行人、指导者、咨询者、活动资源开发人、家长的朋友、交流对象等。同时，家校合作时教师千万不要忘记自己还有一个非常重要的角色就是“家长”。这种“家长”角色的回归，有助于教师与其他家长融为一体，促使教师站在家长的视角上看待问题、分析问题。这是建立有效的家校合作关系的关键。

二、“以家为本”模式

“以家为本”的家校合作心理辅导模式就是以家庭为中心，由家庭教育人员根据每个家庭的差异，通过各种形式的指导，改善家庭心理环境，提高家庭教育质量。就现状而言，在此模式中，学校仍然起主导作用。家长教育人员一般由专业心理教师担任，如经常接触孩子及家长的专业人士、家庭教育的专家、一些家长领袖等。家长教育人员要对各个家庭的内外环境因素进行分析，策划和组织合作活动方案，深入家庭，给家长教育技能方面的支持。如上海虹口区的“家庭教育巡访员制”就很好地体现了这一模式的实际应用。巡访员通过分析家庭及其生态环境中的各种因素，把握家庭问题形成和变化的原因，进行家庭教育指导工作。学校通过每周或隔周的家长学校的活动，举行家长汇报会或专题讨论会，相互交流，互提建议。教师评价，帮助家长认清家庭个别教育的优势，引导家长对子女提出合理的期望和发展目标，提高家庭教育的效果。家长咨询委员会则通过对各项家长教育活动提出合理化建议，促进家校合作活动更深入地开展。

在“以家为本”模式中，兰根布伦纳（M. R. Langenbrunner）和索恩伯格（K. R. Thorn-bury）把家长参与学校教育过程中的角色分为三类，也体现出“以家为本”模式的运作特色：

一是作为支持者和学习者。这是最常见也是受教师、家长和学校管理人员偏爱的角色参与。家长在活动中感到轻松自在，其角色作用不会受到别人威胁。这类参与的具体方式有家长会议、家长小报、家长学校、家庭教育咨询、家校书面联系、电话联系、个别家长约见等。家长的参与使学校得到家长对其孩子心理发展的支持，家长在活动中学习有关心理辅导的理论和方法。

二是作为学校活动自愿参与者。以这种角色身份参与的家长不局限于在校生家长，其关注的已不仅仅是他自己孩子的教育而是学校整体教育事务。当然，以这种身份参与的家长须有较高的文化素质和修养，甚至是某方面的专家，而且要有比较积极的参与欲望。

三是作为学校教育决策的参与者。家长应参与学校教育决策的全部环节，即决策形成、决策执行和决策监督的三个阶段。美国学者赫斯（K. D. Hess）认为，家长参与决策的理论基础首先是人们对没有参与制定的决策在执行过程中缺乏责任感；其次，整理信息、决策、推行的过程本身就具有教育意义，家长、学校相互学习，有益于改进管理技能；再次，家长最了解孩子所处的家庭环境，一般情况也最了解孩子的个人情况，因此，必须参与其孩子教育过程的规划。

同时，由于家长的利益、兴趣、需要和动机各不相同，家长在家校合作过程中希望参与的活动形式也处于不同的层次。刘力（1992）将家长参与的活动形式分为三个层次：

1. 形式上的参与

这是最表面化的参与层次，通常由学校主导。家长在得到邀请时访问学校，参加家长—教师会议、家长开放日、学生作业展览等活动。另外，家长联系簿、家长小报、家庭教育通信等也属此类。这一层次的参与作用与“作为支持者、学习者”的家长所参与的活动时的作用相似。

2. 人际的参与

这是一种双向交流式参与，家长与教师在较亲切的气氛中相互交流信息、意见和建议。像经常性家访、家长参与课堂教学和课外活动、帮助制作教具、为学校募集资金等均可列入此类。这一层次的参与兼有“作为支持者、学习者”的家长和“作为学校活动自愿参与者”的家长所起的作用。

3. 管理式的参与

与“作为学校教育决策参与者”的家长所参与的活动及所起的作用相同。

三、“以生为本”模式

“以生为本”的家校合作心理辅导模式是以每个学生不同的个性心理特征和具体情况，帮助家长在了解自己子女独特性的基础上，采取有效的措施进行教育以达到理想的教育效果。每一个学生都是一个独立的个体，都有其特殊性，家校合作开展心理辅导活动必须坚持因材施教的原则，发挥家庭教育在因材施教方面所独有的天然优势。

总之，家校合作心理辅导模式有很多，什么模式对促进学生的心理健康成长有益，便是好的、有效的模式。同时，家校合作心理辅导的不同模式往往是基于一定的教育理念并结合某些具体的情境逐步凝结而成，因而对任何模式的选择要考虑符合学校、家庭和学生的实际，不宜机械照搬照用。教育工作者在建构模式的同时，也应敢于超越模式，使不同的家校合作心理辅导模式日臻完善。

第三节　家校合作的辅导策略

家校合作辅导除了需要国家在宏观层面尽快出台法律、制度，同时成立第三方家校合作心理辅导专业督导组织，保障和指导学校心理辅导家校合作的顺利实施外，学校(教师)和家庭均应充分发挥各自的作用，实施有效策略，提升家校合作心理辅导工作的实效。

一、家校合作辅导策略：学校层面

(一) 保持家校合作辅导的连续性

1. 强化教师正确的家校合作观念

在儿童的学习成长生涯中，教师扮演重要角色，这一点毋庸置疑。面对孩子的成长问题，教师和家长拥有一致的目标，这为教师与家长的合作提供了可能性。著名教育家苏霍姆林斯基(B. A. Sukhomlinsky)曾说：“教育的效果取决于学校和家庭的教育影响的一致性。如果没有这种一致性，那么学校的教学和教育就会像纸做的房子一样倒塌下来”。然而，教师和家长是两类有着不同教育背景、家庭背景，秉持不同思维习惯和教育观念的群体。因此，面对儿童成长的共同目标，却会在教育实践中产生矛盾甚至冲突，严重影响家校合作，使得家校共育作用不能有效发挥。这些矛盾冲突的产生固然有家长的原因，如有的家长将教育责任完全推卸给教师，主动参与家校合作的积极性不高，有的家长缺少对教师的信任，不愿倾听教师的意见等。但归根到底还是教师的家校合作观念陈旧，家校合作辅导技能匮乏，不能发挥学校教育的主导作用。为此，就学校层面而言，我们必须要树立教师正确的家校合作观念，一是要广泛宣传，帮助教师深刻把握家校合作的意义及目的，认识家校合作在学校心理辅导中的重大作用，用积极的态度欢迎家长参与到学校心理辅导工作中来，把家长当作自己的教育伙伴，让家长能够在学校心理辅导中起到应有的作用。二是要提升教师的合作意识，促进良好互助，在观念上要意识到家长和教师各有所长，但必须合作才能达到最好的教育效果，要在充分理解和肯定对方做法的同时，取长补短、相互协作。三是要在探索中提升能力，高效协作，能在彼此尊重的基础上进行沟通，在此过程中，学生、家长和教师可以获得共同成长。

2. 健全家校合作辅导机制

完善的心理辅导机制是学校心理健康教育得以持续实施的必要前提。学校想要对学生进行心理健康的教育，离不开一个完善的心理健康教育系统。而这个系统的构成不是一蹴而就的，需要各个要素协调进行，不断地完善、合作，推动系统的形成和运作。小学生心理辅导是一项系统工程，需要学校、家庭和社会多方的共同努力。从学校层面来说，一是在学校的整体发展规划中，把家校合作心理辅导的计划和安排纳入进来，学校开展的各项活动，都要把家庭教育纳入考虑范畴，找到两者的平衡点，从制度和学校文化中把家长变为学校的主人，充分发挥家长参与学校管理的主人翁作用，主动服务孩子的持续成长。二是健全家长培训的长效机制，组织系统的家长培训，多形式对家长进行心理健康教育，在培训内容上做到前后呼应，使家长形成一套相对完整的心理健康教育理念、知识和方法体系，让家长能够体会到家校合作心理辅导的巨大优势，提升家长参与的积极性和连贯性。三是健全家校合作心理辅导评估机制，积极制定内容简介、易操作的实施细则，并不断地进行效果评价，分析是否存在不利于家校合作的因素，及时化解，保证家校合作心理辅导顺利实施，必要时引入第三方评估机制，确保家校合作心理辅导的专业性。

3. 借助心理健康教育的社会力量

要能够充分开展好小学生心理辅导的家校合作工作，单纯靠学校自身的力量往往是不够的，还需要借助一些政府部门、社会教育机构、家长教育组织、心理志愿者等社会教育力量。国外一些心理教育比较发达的国家在这方面有比较成功的经验值得借鉴。

（二）提高家校合作辅导的针对性

1. 提升教师心理辅导技能

我国学校心理辅导工作的最大瓶颈是缺乏数量充足、技能过硬、经验丰富的心理辅导的专业教师队伍，这在一定程度上制约了家校合作心理辅导的进程，影响着家校合作心理辅导的质量。但就我国目前心理辅导专业人才的培养规模来看，短时期内还无法满足中小学心理辅导的需求。虽然有部分教师通过考试取得了心理咨询师职业技能三级或二级证书，但由于心理咨询师职业技能证书本身的缺陷，这些教师的心理咨询理论功底不够厚、实践经验更是欠缺。为此，学校要克服重重困难，提升教师的心理辅导技能。一方面，学校要大力引进心理辅导专业人才，给予必要的财力、人力支持，让他们引领本校的心理辅导工作，在家校合作心理辅导工作中提供专业支持。另一方面，做好有一定心理辅导理论基础并有志于学校心理辅导工作的教师的专业培训，采取脱产学习的形式，送他们到相关高等院校进行心理辅导专业学习，弥补学校心理辅导专业人才的不足。除此以外还需要加强本校全员教师心理辅导技能培训，这也是目前效果最为显著的方法。全校所有教师都要在平常的工作中多读书、多积累、多实践、多交流，不断总结经验教训，不断丰富自己的心理辅导知识和经验。无论选择哪一种方式的学习，教师都不能忽视与学生、家长、同事和专家之间的关系，要积极地与学生进行交流，融洽的相处，跟家长进行互助合作。领导、同事之间要善于沟通，虚心接受心理健康教育专家的指导，发挥他们的引导作用，做到了这些，家校合作模式才能够顺利地展开。另外，各学校之间也可以资源共享，建立本区域心理辅导专业教师档案，通过校校合作，推动家校合作。

2. 增强家长心理辅导意识

目前大部分家长忽视孩子的心理健康成长，只关注孩子的学习成绩和身体健康，甚至认为只要孩子身体没毛病就算健康成长了，殊不知孩子的成长过程中面临着诸多心理困扰，直接影响着孩子的健康成长。因此，学校心理辅导的家校合作，家长的心理辅导意识也需提升。学校要多为家长举办针对性强、专业性强的知识讲座，邀请一线心理教育专家帮助家长解决实际遇到的问题。鼓励家长和专家积极交流，学习相关知识，必要时可以把相关知识印成宣传册发送到家长的手上，或是推荐针对性比较强的书刊，也可请做得比较好的家长介绍成功经验，感受榜样的力量，提高家长的参与度，转变家长的落后教育观念。时机成熟时，学校可以通过帮助学生们组织一些专业性的亲子互动活动，模拟生活情境，邀请家长前来观看，使家长能够重新审视自己的孩子，也能认识到自己教育时的不足，促使家校心理辅导工作更有针对性。

3. 区别对待，提高家校合作辅导的针对性

不同区域的学校、不同类型的学校、同一学校的不同年级、同一年级的不同家庭、同一家庭的不同子女，均会遇到不同的问题和困扰，学校也会面临不同层次的家长。因此，面对学生各种各样的问题和困扰，我们必须区别对待。关于不同年级和特殊需要学生的心理问题与辅导，前文已经做了讨论，这里不再赘述。在此，我们主要讨论一下农村小学和农村寄宿制小学开展心理辅导的家校合作策略。

(1) 农村小学家校合作辅导策略。

农村小学，顾名思义是指设立在农村自然行政村内的学校，一部分属于学生人数少于 100 名的小规模学校，学校教学条件和师资配备相对薄弱，学生父母都是以种地为生的农民。相比较于城镇学生而言，部分农村家长教育观念陈旧、落后，农村孩子的父母陪伴孩子时间少，有大量的留守儿童，祖父（外祖父）、祖母（外祖母）陪伴孩子时间多，容易溺爱孩子，且多不能接受来自教师的教育引导，难沟通、难交流；农村家长缺乏合作方面的指导，不主动参与合作方面的活动；农村家长在与老师沟通交流中易冲动，甚至与教师发生冲突，导致家校关系疏离；教育方式多呈专制或放任的两极分化状态；部分农村家长教育思想、教育观念比较落后等。同时，农村教师的服务意识、合作意识相对比

较薄弱，与家长沟通的技巧欠缺，家校合作课程缺乏深入学习。因此，农村小学家校合作心理辅导策略应突出以下两点：

第一，充分利用网络平台，打破互动时空的限制。在现代信息技术比较发达的今天，网络已经架起了农村家庭和学校间便捷的合作渠道。利用网络平台开设了多个互动平台，并通过制作班级网页建立班级管理群，成立班级微信群、QQ 群等。这些合作方式让农村家长很方便地与教师及其他农村家长进行沟通与交流。同时，农村教师也能借助这些方式主动地与农村家长交流，有效促进农村家长与教师的及时互动。

专栏 10－1

影响亲师沟通教师性格“自检窗”

1. 惯于指导：教师对家长说话常用“你应该”“你让他”“你不必”等语句，以指导、命令的口吻帮家长做决定。

2. 难于妥协：教师不愿真的原谅、让步，忽略家长的想法，轻估别人的困难，甚至将妥协让步当成是“师道沦丧”。

3. 多于防卫：对于家长不同的意见，不是激烈抗辩，引起冲突，就是冷漠消极、不予理睬，放弃家长也放弃孩子。

4. 强于自尊：自尊与自卑矛盾交织，一面显示孤傲不群的传统娇气，另一面又是退缩以求自保的卑态。

每个职业都有其性格特征，上述“教师性格”在与不同行业的家长接触时，有可能话不投机，或者在不经意间压抑了家长的意见。你会有吗？

资料来源：伍新春等. 中学生心理辅导[M]. 北京：高等教育出版社，2010：256.

第二，抓好寒假春节时机，及时进行亲师沟通。就家校合作的时效性而言，由学生父母直接参加的家长会和通过家访与学生父母面对面沟通，无疑是最有效、最有针对性的合作方式。虽然大部分农村学生的父母长期在外打工，但一般春节前后都会在家，学校可以抓好这一时机，通知学生父母参加家长会或到家访问，借此机会，向学生父母沟通学生的发展状况，转变他们的传统教育观念，提升他们的心理辅导技能。在此过程中教师对家长能够积极倾听，真诚相待，掌握有效的沟通方式，合理应对少部分家长的挑衅。

(2) 农村寄宿制小学家校合作辅导策略。

受农村经济社会发展的限制，随着农村大规模的“撤点并校”，为解决学生上学离家远的矛盾，农村寄宿制学校便成为农村义务教育的主要办学形式。农村寄宿制小学大多从三年级开始，也有部分直接从一年级开始。这些学生除了学校规定的和法定的节假日以外，其他所有时间均要在学校生活。相对其他学生而言，寄宿制的学生面临更严重的心理问题困扰。调查资料显示，寄宿制学生在学业适应、人际关系和规范适应等方面存在较大问题，大部分学生，尤其是低年龄段学生面临亲情牵挂、恋家、同学间寄宿生活的矛盾、寄宿生活的不便等问题。因而，农村寄宿制小学家校合作心理辅导策略除做好常规家校合作工作，继续利用网络平台，打破亲师沟通的时空限制外，还应突出以下三点：

第一，强化生活指导，帮助学生尽快适应。寄宿生遇到的最大困扰就是各种类型的生活和学习的适应。因此，寄宿生的家校合作，家长首先要做的是从孩子幼儿期开始培养他们良好的独立生活习惯和技能，如吃饭不挑食、必要的卫生习惯、根据气节变化换穿衣服、学会遵守基本的社会规则等。寄宿生入校时，家长要与孩子一起讨论下在学校可能出现的困难和问题，共同想象一下这些问题的解决办法，告知紧急情况下与家长联系的手段，维护学校和老师的权威，增强学生的在校安全感。寄宿生入校后，学校也不必太着急，允许学生适应期的存在，针对不同学生的适应状况，给予可操作性的明确指导，多与家长沟通学生的在校表现，帮助他们顺利度过适应期。节假日学生回到家里时，家长要维持学生在校养成的生活、学习习惯，不能有些许懈怠。当学生对学校生活有各种抱怨时，家长一方面要理解认同，给予共情，另一方面要冷静对待，客观分析，给予鼓励和指导，从而与学校一起形成合力，帮助学生尽快适应，避免适应困扰持续存在。另外，在新生入校时，学校要给家长讲明学校的各类规章制度和相关要求，邀请家长参加学校“一日生活”，打消家长对学生在校生活、学习的顾虑。

第二，丰富校园生活，提高学生的情感归属。寄宿制学校生活相对单调，学生活动空间范围小，再加上小学生适应能力差，容易产生孤独、压抑、反叛等不良情绪。因此，学校除了要做好常规心理辅导工作外，还要多开展丰富多彩的校园活动，丰富学生的课余生活，既能培养学生特长发展，又能有效应对学生的孤独、压抑和反叛。如可以有计划、有组织地开展以“阳光、快乐、充实”为主题的每天 3 小时课余活动，即每天在课余用 1 小时带领学生进行读写训练、1 小时阳光体育、1 小时社团活动。小学生喜动厌静，这些活动学生参加兴趣高，学习动机强，无形中也提高了学生对学校的情感归属。学生节假日回家时，鼓励学生向家长分享展示自己的活动成果。一般而言，学生都会从家长那里得到赞扬和鼓励，学生对学校的归属感进一步增强。同时，学校还要引导教师在学生学习、生活中对学生做到更宽容一些。小学生刚到寄宿制学校，他们也希望自己的事情自己能够做好，学会自己照顾自己。因此，当学生做得不够好时，老师要及时给予他们心理上的理解和支持，特别是生活老师更应给予他们精神上的鼓励，更要有教育意识，担负起对学生的规训与教养义务。并且生活老师也要克服自身的不良习惯，注重人格修养，不能为所欲为，在学生面前实现一个集教师与母亲为一体的形象，从而提高他们对学校和教师的归属感，提升他们战胜困难的信心。

第三，加强安全教育，明确家校的角色职责。安全管理工作是寄宿制学校的重中之重，学校务必要加强这一方面的管理力度，制定各项学生生活行为规范，适当安排安全教育课时，以确保无任何安全问题的发生。学校的医务室要做到二十四小时值班，为寄宿学生的安全与健康提供无时无刻地呵护与服务。面对学生的安全大事，家校应该明确各自的角色职责，遇到问题时共同面对，商讨解决对策，而不是相互推诿与职责，使学生处于两难境地，毕竟学生既离不开家庭，也离不开学校。即便是学生能够转学，他可能还会面临同样的问题。因此，在校学生的安全，也包括心理安全，家校共育显得尤为重要。家校共育既不是学校教育的延伸，也不是家庭教育的延伸，它需要学校、家庭各自发挥其教育优势作用，弥补对方的不足，以期教育效果最大化。这就需要双方明确各自的角色职责，在此基础上进行沟通。因此，家校双方不仅需要掌握各自领域必需的教育知识与能力，还需要具备合作的知识与能力。

（三）增强家校合作辅导的互动性

1. 丰富家校合作辅导模式内涵

目前的家校合作辅导多采用“以校为本”模式。此模式在家校合作中能充分发挥学校教育的主导作用，便于组织和实施。但“以校为本”模式最大的问题是家长参与积极性不够高，家长合作互动性不强。更重要的是，“以校为本”模式容易使学生缺位，从而失去家校合作心理辅导的价值指向，直接影响家校合作心理辅导的实效。为此，我们可以实施的策略是丰富现有心理辅导家校合作模式的内涵，增强家校合作心理辅导的互动性。如在实施“以校为本”模式中，在原有的以班级为单位的家长会、校信通、家长QQ群、家长微信群的基础上，辅之以不同班级学生共性的心理困扰为单位的家校联系组织。每一类群体由学校委派专人负责，持续跟进，围绕某一特定问题，及时在群内沟通交流，并定期举办家长沙龙，商讨问题解决对策。考虑到这些问题是自己孩子的问题，且群内其他孩子可能也有此类问题，这样的活动家长参与性积极性势必较高。面对同样的困扰，家长之间也能相互交流和沟通，大大增强了家校合作心理辅导的互动性，也能提升家校合作心理辅导工作的持续性。

2. 拓展家校合作辅导联系方式

从学校教师与家长在心理辅导家校合作过程中的主动性或地位来看，大致可以区分为三种基本模式：一是单向工作联系方式，主要是学校心理教育机构、专业心理教师和班主任老师通过各种联系与传播方式向家长进行有关小学生心理教育知识的宣传，通报小学生在校学习、生活和心理状况；二是双向工作联系方式，主要是学校专业心理教师和班主任老师通过各种联系与交流方式及时接受家长的有关咨询、与家长共同探讨针对小学生的心理教育内容和方法、帮助家长解决自身的心理困扰等；三是多向工作联系方式，主要是心理教育的各有关主体，包括学校心理教师、班主任老师、其他科任老师、家长、学生以及其他社会心理教育力量共同做好小学生的心理教育工作。当然，后两种工作联系方式需要投入更多的人力、物力与时间才能发挥应有的作用。从家校合作心理辅导的内容与层次来看，一般有常规性家校联系方式、研究性家校联系方式和教师与家长探索性家校联系方式三种。显然，教师与家长探索性家校联系方式有助于增强家校合作心理辅导的互动性。

3. 大力推行“以生为本”家校合作辅导模式

做好小学生心理辅导工作，必须要树立“以生为本”意识，即以学生为本，尊重学生的主体地位和个性差异，关心学生丰富多样的个体需求，激发学生的主动性、积极性、创造性，促进学生的全面发展。不论是“以校为本”还是“以家为本”模式，实施过程中均有可能使学校心理辅导工作转入到直接服务学校管理和家长需要的误区，而且学校和家长从自身利益出发，往往只会关注到学生的学习成绩而忽略了学生的全面发展，导致家校合作偏离国家教育目标。为此，我们要大力推行“以生为本”家校合作心理辅导模式，“一切为了学生的发展，一切适应学生的发展，一切促进学生的发展”，善于运用心理学原理和技术，着眼于学生的自我教育，发扬教育民主性，尊重、信任、理解学生，与学生平等地沟通交流，使学生愿意接受教育者的教育和指导，为学生提供有针对性的帮助和服务，使服务更贴近学生，满足学生多样化的求助需求。焦点解决短期心理咨询理论认为，每个人都是解决自己本身问题的专家。儿童也是人，更是有其独特的表达方式。儿童自己有能力、有又意愿尝试从错误中学习应对问题的方法，他们在生活中也有“正向成功的经验”，甚至比成人更有隐喻和创造力。忽视儿童自身的成长力量是不可取的。

如何应对家长的挑衅

尽管大多数家长在与老师的沟通中是非常合作的，但是不排除有些父母不管教师怎么做都不采取协作的态度。如果家长表现出气愤不满的情绪，或者表现出非理性的观念和行为，这时教师应该如何处理呢？一种有效的方法是，教师集中注意力，独自倾听，不要向父母解释，把自己的情绪隐藏起来，拿出纸和笔认真写下父母抱怨的事情，等到他们说完为止。当家长说话开始慢下来的时候，将记录的内容念给他们听，并保证会调查他们提出的问题，会给他们反馈。下面是应对类似情境的策略。

应该做的：

(1) 倾听——不打扰

(2) 用笔记下家长所说的主要观点

(3) 当家长慢下来的时候，询问是否还有其他困扰的事情

(4) 详细阐述所有的抱怨

(5) 当抱怨太泛时，询问具体的情况

(6) 给家长看看你记下来的抱怨

(7) 询问有没有解决这些问题的具体建议，并记录下来

(8) 当家长说话声音太大时，你说话温和一点

不应该做的：

(1) 争论

(2) 辩护，或者开始有防备

(3) 答应家长你不能解决的事情

(4) 承认别人的问题

(5) 提高声调

(6) 轻视问题，或者把问题最小化

当家长的抱怨像狂风骤雨般袭来时，我们的第一反应一般都是生气或者是产生敌意，而且只能是问题更加严重。要牢记我们的行为有时也会太过急躁，不是很理性。我们通常希望自己的言行能更平静。这时把自己想象成父母，试着理解他们的态度。

资料来源：伍新春等. 中学生心理辅导[M]. 北京：高等教育出版社，2010:259.

二、家校合作辅导策略：家庭层面

（一）创设有利儿童心理成长的家庭环境

1. 共生和谐，致力营造温馨的家庭氛围

营造温馨的家庭氛围，家长要重视维护双方的关系。因为父母的关系是家庭环境的基石。如果家庭中父母的关系较差，经常发生争吵和冷战，孩子就很难在家庭中感受到温暖和家长的关心。久而久之，就会给孩子造成极大的伤害和困扰，无心学习，有的甚至会出现一些反叛社会的行为。争吵、杂乱、追求享乐刺激的家庭环境，必将对孩子的成长产生消极作用。在烦闷、对抗家庭中生活的孩子，很难享受到家庭的温暖，这不仅影响学习，而且不利于孩子的身心健康发展，也许会在孩子心中留下永久的伤痕。另外，孩子也很容易模仿并复制父母间的不良沟通方式，无形中给孩子的人际交往带来危害。如果家庭中夫妻关系和谐，亲子关系良好，家庭成员之间的互动形成良性循环，那么，孩子就会感受到家庭的温暖和支持，在这样的家庭中成长的小学生，更容易培养出完善的人格和积极的品质。

2. 发扬民主，努力实施权威式教养方式

家庭环境是指家庭的物质生活条件、社会地位、家庭结构、家庭成员之间的关系以及家庭氛围。家庭环境是一个有机的系统，这个系统的每一个元素以及元素之间的相互作用，都会影响孩子在不同阶段的成长，对于小学生来说，尤其如此。而在影响小学生身心健康的家庭因素中，父母教养方式又是最重要的一个，可以说，它是整个家庭系统发挥作用的核心和关键。正是通过父母对子女的教养方式，才把社会的价值观、行为方式、态度体系及社会道德规范等传达给孩子，最终经过孩子的社会化，形成自己的价值观、人生观和世界观。不同的家庭教养方式会对孩子产生不同的影响。为了孩子的健康成长，每个家庭都要实施权威型（民主型）的家庭教养方式。采用这种教养方式的家长对孩子既提出适当的要求和限制，又给予孩子一定的自由，同时对于向孩子提出的要求做耐心的解释，确保孩子的言行符合相应的规范。父母与子女之间有良好的交流和沟通。在这种教养方式下成长起来的小学生，独立性较强，善于用民主、理性的方式解决问题，自尊感和自信感较强，人际关系良好。

3. 由管到伴，共同体验亲子的快乐成长

首先，转变管的过程，由辛苦地管到快乐地伴。传统的家庭教育，家长扮演的是管理者角色，往往把孩子听从安排看成理所当然的事。家长在没有真正了解孩子身心发展的规律、未考虑孩子个性特点的情况下，硬性要求孩子完成学校及家长认为合理的规定动作，最终只能导致孩子各种形式的抗拒，结果是家长不但管得辛苦，而且效果不佳。在这种困境下，家长应转变管理过程，由辛苦地管到快乐地伴，在孩子的学习中充当陪伴者，尽量少说教、少评判，当孩子遇到困难时，聆听其学习过程中的酸甜苦辣，帮助其分析情况、解决问题。这样，既能有效推动孩子学业成绩的提升，又缓和了紧张的亲子关系，还能体验到伴学的快乐。研究发现，家长陪伴式参与还能提高学生的在校学习动机。

其次，转变管的方式，由压制地管到自主地伴。有的家长对孩子过分担心，不相信孩子遇事有能力判断并做出决定，对孩子的一举一动都要进行严格的管控，这样的家庭教育必然充斥着浓厚的压抑气氛。21世纪的教育要培养有灵活思维和能力的人才，而不是被束缚的、机械的“学习工具”。因此，解除家长的“钳制”，相信孩子、还给孩子学习的自由显得急切又必要。然而也要注意，由压制地管到自由地伴，由弥漫着强烈控制气氛的管理者转向随处充盈着尊重自由的伴学者，并非要求家长对孩子的学习及生活采取听之任之的态度，而是要求家长平等地与孩子相处，从孩子的视角看待学习；在孩子面对困难的时候，帮助他们克服困难；在孩子对学习产生懈怠心理的时候，采取适当的措施激发他们的动机；在孩子失去方向时，能够在旁边指引他们前进。这样的伴学，才是家庭教育成功的关键。

最后，转变管的范围，由离谱地管到适度地伴。传统家庭教育，家长管理者意识强烈，只要有关孩子的事，无论大事小事都要干涉。在这种家庭里成长的孩子，从小没有话语权和决定权。久而久之，习惯了父母事无巨细的包办代替，长大以后遇事只会依赖父母或权威，不利于孩子的健康成长。作为家长，对孩子的管理应该有一个界限，应能抓住那些重要的、紧急的，并且关系到孩子一生发展的问题去管理，放手那些可以让孩子自己决定的事情，让他们学会自我管理。在学习方面，家长应认识到，学习是需要孩子自己付出努力的事情，家长应作为伴学者的角色，作为一个值得信赖的成人陪伴在孩子身边，既不过分干涉，也不忽视孩子的行为举止，要时刻关注孩子，给予孩子必要的帮助，从而培养孩子独立解决问题的能力和良好的学习习惯，促使孩子能够快乐学习。

（二）提升促进儿童心理成长的基本技能

1. 提高自身素质，建构科学的家庭教育观念

家长对孩子的教育和影响，不单单体现在教育的形式和内容上，家长自身的言行举止和人生态度也会对孩子产生潜移默化的影响。因为父母是孩子最早、最直接、最经常的模仿对象，为人父母，就要以身作则，尽量在孩子面前树立正面的形象，正所谓“身教重于言传”。家长在严格要求孩子的同时也要不断提高自身素质，如果给孩子制定的行为规范，自己都做不到，那么这样的要求，就没有说服力。具体来说，家长可以多读一些有关儿童青少年教育类读物，在学习科学正确的教育观念和教育方式的同时，也给孩子树立不断学习、追求进步的榜样。比如，在心理辅导方面，死板枯燥的说教，远不及家长自身的行为示范，效果显著，如果要求孩子学会控制情绪，那么家长自身也要处处注意自己的情绪控制。这些生活小事看似简单，但实际上也需要家长从点滴做起，不断积累。

2. 学会鼓励与批评，致力培养孩子的成长自信

埃里克森的人生发展八大阶段论告诉我们，童年期正处于勤奋对自卑的发展时期。假若他们的勤奋感得不到保护，替而代之的就是自卑感，从而威胁到个体能力和自信力的发挥。而恰如其分的鼓励与批评，能使孩子树立信心，增强斗志，清除自卑心理，改正不良行为；反之，则会产生负面影响，甚至使孩子产生逆反心理，从而增加家长的教育难度。家长要学会鼓励和批评，树立孩子的成长信心。

在鼓励孩子的时候把握一些原则：

(1) 真诚地接纳孩子。接纳孩子真实的样子，而不是家长期望他应该成为的样子，

让孩子知道,即使有时候他表现不好,你还是爱他的,但并不是说父母要无原则地容忍孩子不好的行为。比如说,孩子把玩具扔得到处都是,父母可以心平气和地让他选择自己收拾好玩具,或是父母帮助他收拾,但是在很长的一段时间内,所有的玩具都要被父母保管起来。这时候,父母可以和孩子表达“我”的信息,即妈妈希望家里能够整整齐齐,看到玩具扔得到处都是,妈妈我觉得自己辛苦收拾的劳动成果,没有受到尊重,让孩子知道,妈妈不接受他的这种行为,但妈妈接受他这个人,妈妈仍然还是爱他的。

(2) 着眼积极的一面。做父母的一定要相信孩子总是朝着赞美的方向发展的。假如父母想改变自己与孩子生活中一些不愉快的经验,尤其是想帮助那些表现不好、内心沮丧的孩子,就要尽量少关注孩子负面的信息,多看孩子积极的一面。在教育孩子的时候,不要常强调他错误的地方,任何人都不喜欢别人经常挑自己的毛病,注重积极面,指出他做得对、做得好的地方,强化他对自己的信心,他便会有勇气不断尝试和努力,而过分看重错误,只会打击孩子的信心,让孩子失去尝试的勇气。

(3) 重视努力和进步。在现实生活中,许多父母常以结果的成败论英雄,这很容易造成孩子沮丧,因为过分强调事情的结果,只能告诉孩子:“除非你做得好,否则毫无价值”。这种认识和观念,会让孩子以后因为害怕失败而裹足不前,从而严重影响孩子的发展。相反的,如果只要孩子努力了,或者取得了一小点的进步,父母都要加以鼓励,那么孩子心里就会拥有成功的希望,就有可能最终取得良好的发展。例如,一位根本不敢在公众面前讲话、每次在集体活动的时候都会表现得很退缩的孩子,如果在某次家庭聚会的场合发言,即便是只言片语,家长就应给予充分的肯定,因为那对他已经相当不容易了。

(4) 肯定个别能力。当一个人的能力有所发挥,潜能得到肯定的时候,他会常感到自己的价值,所谓“天生我才必有用”。每个人都有不同的才华,每个孩子也有天生的潜能。如果给予他们表现的机会,让他们的能力发挥出来,就可以让他们产生自我价值感。孩子在成长过程中需要不断地肯定自己的能力。为此,父母可以多留意孩子的日常表现,对其具体的行为给予鼓励,例如“你画的这幅画很美”“看样子你在空间想象方面很有能力”,当然,没有一个孩子是样样都行的,此时,父母应该肯定其优势的一面,而不是去挑剔其劣势的一面。例如,一个孩子的语文能力很强,而数学能力较差,此时,父母可以对其语文能力加以肯定和鼓励,但不要挑剔和批评其数学能力。事实上,当孩子从某一点上建立起了自信,就会逐渐转移和泛化到其他方面,从而有助于其他方面的发展。

有效鼓励的例句

当我们在评论孩子的努力时,一定要谨慎,要把握“帮助孩子相信自己”的原则。当然,鼓励除了口头上的用语,也可以是非言语的肢体语言,如肯定的注视、微笑、点头、拍拍孩子的肩膀、摸摸头等。下面提供一些不含价值判断的鼓励用语,可供家长参考。

1. 表示接纳的语句

"我很高兴看到你学溜冰快乐的样子。"

"看起来你对我处理你的零用钱的方式不太满意,请告诉我你的想法好吗?"

"我虽然不赞成你那样做,但我相信你有你的理由,你愿意让我知道吗?"

2. 帮助孩子评价自己的表现

"你觉得最近学钢琴进步如何?"

"你对自己目前的表现满意吗?"

"看样子你似乎不太满意这个作品,你觉得不满意的地方在哪里?"

"你这幅画得到很高的评价,你觉得他的色彩线条如何呢?"

3. 表示信心的语句

"这也许太难,但我了解你的能力,我相信你能做得很好。"

"我对你的能力有信心。"

"我知道你一定会想出办法。"

"我相信你已经尽力了。"

4. 注重努力和进步的语句

"你的表达能力进步很多。"

"我能了解到你付出的努力。"

"我看到你数学比上次考试进步了七分。"

"这次也许分数上没有进步许多,但我知道你已经尽力了。"

5. 强调长处、贡献和感激的语句

"太谢谢了,你分担了许多家务事。"

"看得出你学美术很有潜力。"

资料来源:伍新春等. 中学生心理辅导[M]. 北京:高等教育出版社,2010:267.

当然,孩子在成长过程中,家长也不是不能批评,只是我们要注意运用有效的批评方法,比如,明确批评孩子的目的。批评孩子绝不是单纯因为孩子的过失给家长丢了面子使家长伤了心,生了气,而是因为孩子的思想言行违背了社会的道德要求,如果不及时给予批评,孩子的缺点错误就会越来越严重。还要注意批评的场合,不要当众数落孩子;不拿自己孩子的劣势与别人家孩子的优势比较;陈述批评的理由,让孩子去思考;避免重复,避免全盘否定等。总之,鼓励和批评都可以作为经常采用的教育方法,家长必须掌握其运用的艺术,才能够调动孩子的积极性,才有利于培养孩子成长的自信心。

3. 养成有效亲子沟通的基本态度

(1) 尊重与信任。自尊是心理健康的核心和基础。尊重孩子,就是给孩子选择和自我负责的机会。尊重孩子,可以表现在不同层面,例如,接纳孩子,包括接纳孩子的情绪、思想及行为;坦诚对待孩子,避免以冷嘲热讽的口气和孩子说话;倾听孩子说话,尽量腾出时间倾听孩子心里的话。只有这样,孩子才能体验到尊重,才能逐渐发展出自尊心。信任是前进的动力。信任孩子,就是要给孩子成长的自由和空间,例如,在时间管理上,让孩子慢慢学着规划自己的时间,只有这样,他才有可能成为时间的主人。对于孩子的阅读、兴趣爱好，也是如此，父母不宜干涉太多，给予孩子选择的自由，孩子反而能焕发更大的热情。利用好这种热情，对于孩子个人的成长和发展是有百利而无一害的。心理学家认为，追求信任，是一种积极的心态，也是一个人奋发进取、积极向上，实现自我价值的内驱力。

(2) 民主与平等。民主是要求家长不能高高在上，唯我独尊，总是希望绝对支配孩子的思想和行为，而应关心孩子，爱护孩子；不能总是盛气凌人地训斥、责罚孩子，而应循循善诱地引导、启发孩子；不能总是“以我为中心”考虑问题，而应设身处地地为孩子想一想。平等就是有意识地把自己和孩子摆在相同的位置上，试着对孩子让步，养成遇事和孩子商量的习惯。只有这样，才能实现对孩子恰当的教育。父母的专制只能增加孩子的抗拒性，降低孩子的自尊心，从而难以实现亲子沟通。

(3) 理解与关心。家长要理解和关心孩子，就需要倾听孩子内心的声音，向孩子表达真诚的关心。这需要家长具有一定的同理心。所谓同理心，就是感同身受，是用孩子的感觉去体会他所面对的事物。除了要站在孩子的立场上看问题，了解导致如此情形的因素之外，还要把这种设身处地的了解让孩子知道。只有让孩子感受到他被父母倾听和接纳，才能帮助他们打开心灵的大门。

(三) 发挥家校合作辅导的家庭支撑

科学合理的家校合作，必然是家长与教师既各司其职又通力协作。上文已介绍了家长参与学校教育过程中的不同角色分类，学校要引导家长“管理式的参与”，而家长更要意识到“管理式的参与”的必要性和可行性。在家校共育，促进学生心理健康成长的过程中，家长不只是旁观者、圈外人，更是深度参与、积极促进学生心理发展的推动者、圈内人，积极主动地和教师、学校通力合作、共同承担，实现“由看到干”的转变，发挥家校合作心理辅导的家庭支撑作用。

1. 由旁观者的看到推动者的干

现实生活中，多数家长对学校教育虽然有着良好的期待，但却采取旁观的态度，更“看”重的是孩子的学习成绩。众所周知，教育是一项系统工程，但凡忽视这个过程中学生任何的细微变化，都有可能达不到预期的结果。在此过程中，家长和教师的关注和引导就显得尤为重要。一个孩子，对于家庭来说是唯一的，但对于教师来说却只是班级中的几十分之一。因此，教师根本不可能只关注某一个学生，这样势必会忽视孩子成长中的一些关键信息。这就要求家长要及时有效地与教师进行沟通，深度参与，协助教师开展教育。如此，孩子的成长细节在家校共育中得到关注，孩子的困扰在家长的积极推动下得以解决，家长也必然会体验到参与的快乐。家长乐于与教师沟通合作，教师积极回应家长，由此形成其乐融融的合作关系，也可以成为孩子学习与人沟通的榜样，从而促进孩子的人际交往技能。

2. 由单独地看到协作地干

不同家长对于教育有不同的认识和立场，不同家庭也有不同的环境和家庭教养方式，他们参与学校教育的程度也会各不相同。现实中，家长参与学校心理辅导往往是单打独斗，缺乏与其他学生、家长和教师的沟通交流，这样的单兵作战势必使学校心理辅导流于形式且效果低下。因此，家长深度参与学校心理辅导还需要从其他学生、其他家长、更多教师那里获得丰富的信息,从而得到更多支持和教育孩子的方法。另外,这样深度参与的最大好处就是家长不再偏执于自己孩子问题的唯一性,对孩子自然就会多一些理解和宽容。对教师而言,家长的深入协作参与意味着学生成长问题的解决有了家长更多的理解和助力。来自不同家长的观点,也有助于教师从不同角度思考学生问题,创新心理教育的方式,从而大大提高解决学生心理困扰的成效。

3. 由孤立地看到全面地干

只以家长的视角看待学生的发展,往往是片面和孤立的。比如,就家长们普遍关注的学生的学习来说,家长看到的只是学生在家中的作业完成情况和在校成绩。而做作业只是复习和巩固知识的过程,成绩代表的也只是一个阶段的学习结果。家长的所见并不能说明孩子在学习过程的全部情况。对教师而言,他们看到的更多是学生的在校表现以及学习成绩,孩子在家的情况教师并不了解。如此,家校之间缺乏沟通交流和全面了解,对学生的心理评判就会出现偏差,从而可能错失引导学生的良机。因此,家长需要加强与教师的沟通与交流,并积极参与家校共育,必要时走进课堂,了解孩子在课堂中的真实表现,了解教师和其他同学对孩子的评价,再结合孩子在家中的表现,对孩子的心理发展做出较为准确的评判和引导。

拓展阅读

1. 陈源声.家校合作理念下中小学心理健康教育初探[D].华东师范大学,2013.

2. 范静雅.农村小学家校合作的责任边界研究[D].东北师范大学,2019.

3. 裴璐璐.小学高年级学生应对方式与心理健康的关系及干预研究[D].河北师范大学,2019.

4. 徐玲娇.小学家校合作现状与优化策略研究[D].扬州大学,2018.

5. 孙爱英.农村小学家校合作的现状与对策研究[D].鲁东大学,2018.

6. 陆可.我国小学阶段家校合作的问题与对策研究[D].青岛大学,2018.

7. 陈晓芳.英国小学家校合作的实践及启示[D].鲁东大学,2017.

8. 张达红.论小学心理健康教育中的家校合作[D].福建师范大学,2003.

反思与探究

1. 如何理解家校合作心理辅导的内涵?

2. 请调研一所农村小学家校合作心理辅导现状并分析其存在的问题及原因。

3. 乡村小学教师如何实施家校合作心理辅导?

第十一章　小学心理辅导的机构建设

※学习目标

1. 了解学校心理辅导的管理体制、组织形式、具体流程
2. 掌握学校心理辅导室建设与管理的基本要求
3. 掌握学校心理辅导教师必须具备的条件
4. 掌握学校心理档案管理规范和要求

※关键词

机构建设;组织管理;辅导室建设;档案管理;教师素质

学校实施心理健康教育应该明确两个问题:第一,心理辅导与学校发展到底是什么关系,或者说,心理健康教育在学校处于什么位置。研究讨论这个问题,实际上是要解决心理辅导是怎样全面推进素质教育,促进学校整体发展实现办学目标,提高教师专业化水平和促进每一个学生个性发展的。第二,心理辅导教师在学校应该处于什么角色。这是要解决心理辅导教师作为学校德育工作者的补充,还是他们的主要工作是为了提高全体学生的心理健康水平,解决部分学生的心理问题,进行危机干预。当前对于这两个问题的正确认识,可以说对学校心理辅导发展起着关键作用,更是现代学校教育必须具备的理念。如果校长能够正确理解和把握学校心理辅导的意义和做法,那么不仅对心理辅导管理有效,而且还能自觉地通过对心理辅导的管理,理顺心理辅导与学校整体工作的关系,使心理辅导与学校的整体工作有机地整合,让心理辅导成为现代学校建设的有效手段。本章将讨论以下问题:小学心理辅导的组织管理、心理辅导室建设、心理辅导教师的素质要求、心理辅导档案的管理。

第一节　小学心理辅导的组织管理

为了落实心理健康教育理念和目标，学校心理辅导工作要依托一定的组织机构，并实施规范管理，才能保障心理辅导工作的科学性、规范性、有效性。1999年8月13日，教育部颁布了《关于加强中小学心理健康教育的若干意见》，2002年8月，教育部又颁布了《中小学心理健康教育指导纲要(2012年修订)》(以下简称《纲要》)。《纲要》明确指出："学校要逐步建立在校长领导下，以班主任和专兼职心理辅导教师为骨干，全体教师共同参与的心理健康教育工作体制。"它指明了全体教师参与学生心理健康教育的基本思路，为学生心理素质的提高奠定了基础。

小学心理辅导的组织管理系统是按照一定组织管理结构形式，通过多种途径和方式，调动学校已有的人、财、物、时、空和信息等管理资源，保障心理辅导工作有效运转，它既是管理的对象，又是管理的手段。建立和优化一个组织管理系统并让它高效运作，这是学校实现心理健康教育目标，也是有效开展心理辅导工作的基本条件和保证。

心理辅导与学校所有的教育都紧密相连，因为学校一切教育都是以人的心理结构为基础的，必须符合人的心理发展规律。学校教育教学目标，必定要符合学生心理的发展需求，适合学生认知、情感、意志发展的过程，一切违背人的心理发展规律的教育和学习，是无法实现学生学习提高和发展的。因此，学校教育与学生的学习活动，不能脱离心理辅导这一基础性工作。要使教育与教学效果尽可能地内化且有效，我们就要认真研究学生心理发展规律，切实把心理辅导工作与学校的教育教学有机整合起来。

一、学校心理辅导管理体制

由于我国心理健康教育起步较晚，教育行政部门对小学心理辅导的组织管理系统尚未有明确规划，因而许多地方只是结合自己实践中探索的一些经验，设计出不同类型的组织管理系统。如：有的小学把心理辅导管理组织建立在政治教研组，有的心理辅导组织设在德育处，有的为了发动全校教师参与心理辅导工作，由教务处来牵头抓心理辅导的组织管理，还有的小学认为心理辅导是一项不熟悉的业务，需要进行一定的科研探索，把管理组织设在学校教研室，还有的学校由学校分管领导直接负责心理辅导管理。

(一) 垂直式组织管理

目前，小学心理辅导发展的趋势是把心理辅导的组织与管理单独设置机构，或称心理辅导室，或称心理咨询室，或者其他名称，与教导处、政教处、总务处并列行使对心理辅导工作的管理职能。这些组织管理系统设计，尽管各有利弊，但从形式上来看，都属于一种垂直的组织形式，在学校分管领导之下，设置心理辅导室，安排专职心理辅导教师负责管理，由专职人员对小学生开展心理辅导工作。同时，对其他任课教师和班主任以及学生家长进行指导，辅助开展学生的心理辅导工作。垂直式组织管理系统的优势在于结构简单、职能集中、责任分明、任务统一，但是这种组织管理结构往往容易把心理辅导工作的职能确定为由某一个部门来承担，心理辅导工作中常常会出现日常事务较多、工作量大、人手有限，所在部门人员力量不能有效满足心理辅导工作需要的情况，这会在一定程度上影响心理辅导任务的完成。同时，学校其他部门承担着各自的职责任务，因自身工作任务繁重，往往只重视自己部门的工作目标，对心理辅导工作重视程度不高、投入精力不够，与心理辅导管理部门协调配合流于形式，不能有效发挥应有的作用。如果小学学生人数不多，心理辅导任务也不繁杂，或者学校心理辅导工作刚刚起步，心理辅导经验缺乏，可以暂时采用这种垂直形式的组织管理系统。

（二）扁平式组织管理

如果学校规模较大，学生人数众多，那么教育任务自然艰巨，或者心理辅导已积累一定经验，教师心理健康教育意识已形成，这时可以采用扁平式组织管理系统。将重心下移，可以设立专门的心理辅导室，也可在年级组内设置心理辅导工作站，聘请兼职教师专门负责本年级学生的心理辅导工作，组织本年级教师开展一些活动来增强对学生心理的了解，掌握学生心理的变化情况，及时做好学生心理异常变动的辅导工作，他们既接受心理辅导室业务指导，又接受本年级组的直接领导。这种组织结构形式使心理辅导组织系统部门交错，心理辅导管理权力下沉，直接由年级组具体实施，心理辅导室主要负责全校心理辅导计划的制定、重大活动的推展，对各年级心理辅导工作进行指导、督察和评估，或者专门负责学生心理状况的调查和测量，或者对重点工作对象开展心理辅导，提高心理辅导工作管理的灵活性和适应性，有利于心理辅导专职教师做宏观指导，加强对心理辅导特殊对象的重点教育与预防工作。但是，这种形式也有可能出现职责分散，由于兼职教师心理健康教育专业知识能力缺乏不能胜任工作，同时身兼其他工作任务，工作量太大，不能兼顾心理健康教育工作，容易出现形式上的履行职责，对于其他老师来说并不能更好地发挥指导与管理作用。

（三）矩阵式组织管理

小学心理辅导事业在迅速发展，社会对学校心理辅导工作的要求也在不断提高，需要我们对小学生的心理辅导做得更加深入、更加细致。这时，还可以选择一种新型组织管理系统——矩阵式组织管理系统。这种组织管理系统形式，是在小学校长的领导下，结合学生心理健康存在的问题，由心理辅导室专职教师与学校各职能部门，如教导处、政教处、团委等，组成专门的心理辅导专项工作小组。这种工作形式有利于齐心协力、协调联动、群策群力，及时交换学生信息，发挥各自教育优势，采取更加有针对性的教育措施，做好特殊学生的心理辅导工作。如学生纪律问题，既有思想认识方面的原因，也有心理发展方面的问题。因此，可以由学校政教处、团委、心理辅导室成员组成一个纪律行为心理辅导项目组，制定专门的教育与辅导计划，分析这些学生的思想状况、心理特点和他们的生活、学习、活动等外部环境条件，研究制定辅导的具体策略，分配各自任务，开展形式多样的活动，共同对学生开展心理辅导。一旦目标达成，相应的辅导项目组也就完成了自己的使命，成员各自去从事其他工作。这样的组织结构设计灵活自由，比较适应学校管理的特点，能够更加便利地解决涉及多方面复杂因素的学生问题。

此外，要完善心理辅导组织管理系统，还需充分考虑制约组织管理系统发展的多种影响因素。首先，组织管理系统要适合学校的实际需要，学校类型不同，教育层次各异，所在的教育环境也自然不相同，所面对的心理健康问题也会有所不同。心理辅导组织管理系统设计需要考虑这种差异，不能千篇一律，简单模仿别人。其次，心理辅导组织管理系统要适应心理健康教育的三种工作目标：发展性目标、预防性目标和矫治性目标，着重追求发展性目标。组织管理系统不能只单纯考虑单一的心理健康教育课或心理咨询活动的管理需要，要适应心理健康教育的课程渗透、各种教育工作中的辅导。因而，组织管理系统应有利于学校内部各个部门的协作和配合，使整个学校能被发动起来。再次，组织管理系统设计要强调全体老师的参与和合作。心理辅导对象是广泛的，不仅是局限在几个心理有严重问题的学生，学生越多，问题越复杂，这不是少数几个心理健康教师所能胜任，需要充分调动全体教师的积极性，对教师的职责和任务进行规定、划分。最后，组织管理系统还要处理好与学校外部环境的联系，注意周围环境的变化与要求，充分利用学校所在社区的社会资源，寻求各种资源的支持，努力营造良好的心理健康教育氛围，使校内校外协调一致，发挥心理健康教育的作用。

在完善组织管理系统时，必须运用一定方法来评估心理辅导组织管理系统的实效性。组织管理专家提出四种评估的方法：目标方法是关于组织的产生方面以及组织是否按期望的产生水平完成目标；基于资源的方法，通过观察过程的开始和评价组织是否为取得较高的绩效而有效地获得必要的资源来评估其有效性；内部过程方法则考察内部活动并通过内部状况和效率指标来评估有效性；利害相关方法将利害相关者的满意程度作为衡量组织绩效的一个指标。心理辅导组织管理系统设计是否完善，要看心理健康教育目标能否实现，也要看学校原有的心理辅导资源（包括人、财、物、时间、空间和信息等）能否高效地使用，还可以看组织管理系统的设计能否满足各种心理辅导活动开展，组织管理系统是否能促进任课教师在各科课程中自觉渗透心理健康教育，是否能调动班主任做好本班学生的心理辅导工作。当然，心理辅导组织管理系统合理与否，更应由直接的受益者——学生来评价，由学校教师、管理者来判断，学生家长也是很好的评价者。

二、学校心理辅导管理流程

学校应该成立心理辅导工作小组，小组由学校分管校长负责管理，成员由分管教导主任、各年级的年级组长、学校团队干部、学校心理辅导专职教师、教导员和教师代表组成。学校心理辅导工作小组负责对班主任、家长的心理教育与辅导；对专职心理辅导老师管理和培养；对任课教师和学生心理服务人员的培训和指导；对学生进行心理健康教育和辅导。学校心理辅导专职教师通过心理辅导活动课程，对全体学生进行教育与训练，提高他们的共性心理品质。心理辅导工作者要深入了解教师、家长和学生，做好个别学生的心理辅导与咨询，帮助他们解决成长过程中的心理问题，更好地促进他们的个性发展。心理专职教师和辅导工作者还应承担对班主任、教师和家长心理辅导知识的传授和辅导技能的培训，积极营造一个健康的、轻松的、有利于学生心理发展的心理辅导氛围。对确实患有心理疾病的学生，可以通过转介服务，使他们得到及时的治疗，早日康复。

三、学校心理辅导组织

校长室：拟定学校规划，确定学校心理辅导工作的总体目标、学校心理辅导课程、心理辅导工作具体内容；定期召开心理辅导工作组会议，研究和规划学校心理辅导工作，制定各年级学生心理健康和发展目标、教育内容、手段方式；对各级心理辅导成员进行培训、提出要求、进行考核；定期了解学校心理辅导工作开展情况，认真评估学校心理辅导工作；检查和考核心理辅导专职教师的工作业绩，组织心理辅导业务培训，提高心理辅导教师的专业化水平。

学校心理辅导工作小组：由分管校长、教导、专职教师、心理辅导员组成，选择和编写符合小学生心理发展的辅导课程教材、组织培训、指导教研、个案研究、协调各方力量。积极开展对班主任、任课教师、家长的心理辅导专题培训，定期研究学校心理辅导工作情况，组织心理辅导活动，发现问题、总结经验、完善提升。

班主任：详细掌握所在班级学生的心理健康状况和心理发展水平、选用心理辅导课程教材、参与个别学生的心理辅导工作、对家庭教育进行指导、协调教师与学生的关系。

学校心理辅导工作者：（心理辅导员、心理咨询师）参与心理辅导活动课程教学、选编教材、负责对学生进行心理咨询和心理辅导服务、对学校教育教学工作（办学目标、内容、方法、策略、评估等）提出建议、对老师和家长进行培训指导及心理辅导、负责学校心理测量、档案与使用、对个别患有心理疾病的学生做好转介服务工作。

心理辅导活动课程专职教师：选编心理辅导活动课程教材、进行心理辅导课程教学、分析评估学生心理健康和心理发展情况、制定学校学生心理发展规划、研究心理辅导与教育教学工作的整合、开展对班主任和任课教师的辅导培训。

各学科任课教师：在教学活动中不断提高自身心理健康素质，树立正确的教育观念，不违背教育教学规律，自觉运用心理辅导策略和方法，创设良好的心理氛围，自觉参与对学生的心理辅导活动。

家长：重视自身心理健康和人格建设，改进家庭教育，营造良好的家庭心理氛围，重视与学生谈心交流，培养学生良好的心理品质，积极配合学校的心理辅导工作。

四、学校心理辅导队伍

学校心理辅导队伍建设是心理辅导的基础工作，一般来说，学校心理辅导可以建设以下四支队伍：

（一）班主任

班主任队伍是承担着对学生管理、教育、指导、帮助、爱护的一只特殊队伍，负有教育培养好每一个学生的责任，他们职业本身拥有了解学生、爱护学生、关心学生的良好职业道德要求，需要具有倾听、谈心、交流、教育指导的工作能力。班主任通过与家长联系，取得家长的支持，开展家庭教育，改善父母教育子女的方法，帮助创设家庭良好的心理氛围。班主任还要善于沟通和协调任课教师之间、教师与学生之间的关系。班主任应具有开展心理辅导工作的基本素质和优势，同时也是学校心理辅导工作不可缺少的力量。

信任是心理辅导的基本原则，班主任心理辅导离不开这一基本原则。学生自小就有把老师当作最优秀的人物的想法，进入小学又把班主任当作最可信赖的师长，凡是班主任说的就一定要做。这种信赖和“服从”使学生愿意把自己的“内心话”讲给老师听，渴望得到老师的真诚帮助。学生把班主任看作师长、父辈、朋友、亲人，他们希望得到班主任的关注、呵护、爱抚。学生这种心灵上的需要，给班主任开展心理辅导工作提供了基本保证。

关爱每一位学生是班主任对学生心理辅导的基本要求。热爱学生应该贯穿班主任心理辅导工作的全过程，班主任在爱的感召下，依靠自己各种教育经验，去理解学生、关心学生，真诚地帮助学生解决困难和由此而产生的各种心理问题。他们要体谅学生的迷茫，疏导学生消极负面的情绪，激励学生的潜能，提高学生的抗挫能力，塑造学生良好的心理品质。

家长对班主任工作的支持是心理辅导的基本力量。班主任进行心理辅导时需充分调动和运用这一力量。从学生进入学校第一天起，家长就会对孩子说“要听老师的话，要按老师说的做”。虽然现在的家庭教育存在很多问题，但家长愿意按照班主任的指导教育学生，重视学生的健康心理，有意识地培养学生良好的心理品质，这是十分可贵的。为了让学生心理更加健康成长，班主任要高度重视指导开展正确的家庭教育，要让家长们真正懂得如何提高子女的心理健康水平，懂得如何与子女沟通交流，懂得如何以自己健康、良好的人格影响孩子的人格品质。

凡此种种，说明班主任参与学校心理辅导的重要性，班主任是开展心理辅导工作的基石，然而，这并不意味着班主任就一定能够胜任心理辅导工作，就一定能够成为一个称职的心理辅导工作者。我们认为，根据班主任工作的特定位置和实际，班主任需要经过专业指导、系统培训后，才可以更好地参与心理辅导的基础工作，至少通过班主任的工作可以避免因任课教师、家长的教育不当而造成学生产生心理问题，也可以及时辅导学生的各种心理问题，提高学生的心理素质，促进心理发展，完成学校心理辅导工作各项目标任务。

对班主任参与心理辅导的培训分为以下几点：

1. 学习

学习心理辅导的基本思想和基本理论，转变教育理念。班主任虽然在教学和管理过程中积累了很多教育经验和方法，然而，这些教育方法很多属于传统经验，有些是不符合教育规律的。比如老师在教育、教学工作中喜欢居高临下地对学生说：“你应该这样做！你必须这样做！”这样的教育思想和方法与心理辅导原则并不相符，不能有效发挥心理辅导应有的作用。为了使班主任能够更加有效地开展心理辅导工作，提高班主任辅导工作的针对性、实效性，学校必须给班主任多多提供学习心理辅导理论、技术、方法的机会，创设各种条件让班主任主动学习心理辅导的基本技术，提高心理辅导业务水平，成为一名合格的心理辅导工作者。

2. 研究

班主任能否在心理辅导工作中取得成绩，首先就是要研究学生群体，因为心理辅导课程是对全体学生的辅导活动。班主任要研究班级全体学生共性的心理问题，了解学生共性心理发展的水平，研究通过什么样的心理辅导策略可以提高学生共性的心理品质。其次，要研究学生个体，学生是有差异的，学校心理辅导目的是要促进学生个性得到充分发展。学生因所处的社会环境、家庭教育不同，心理发展水平不同，心理问题各种各样，这就要求班主任全面地了解学生，认真地研究学生，重视个别辅导，制定适合不同学生发展的教育策略和方法，由此而积累经验。

3. 实践

学习和研究的最终目的是为了服务实践。心理辅导是操作性、技术性非常强的一项工作，心理辅导有一整套要求很高的技术，它需要针对不同学生的心理问题，灵活运用各种心理辅导技术和方法，在心理辅导实践中要反复学习、反复研究、不断反思，总结辅导经验，归纳辅导规律，提高辅导的针对性和实效性。

（二）专职教师

心理辅导活动课由班主任和心理辅导专职教师担任，承担心理辅导活动课教师的任务是：对不同年级、不同班级的学生进行辅导活动课程教学。辅导教师必须熟悉和掌握各个年级、各个班级学生的心理发展需求，了解他们的心理发展水平，清楚他们的共性心理问题；辅导教师应该认真组织教材和选择教材，针对学生共同的心理问题，组织各种心理辅导活动给予辅导和训练；辅导教师要及时分析班级和年级学生可能发生的心理问题，为班主任老师提供咨询服务；辅导教师要针对学生特殊的、突发的、偶然的心理问题灵活安排辅导活动内容，开展必要的辅导；心理辅导专职教师要善于发现在心理辅导中个别学生的心理问题，为学生心理咨询提供及时的服务。心理辅导课程专职教师必须通过教育行政部门规定的岗位培训，持有岗位专业资格证书，具有一定的教育教学经验、基本的心理辅导技术、热心为学生心理服务的奉献精神、高尚的心理辅导职业道德。学校心理辅导专职教师应对学校教育、教学工作提供顾问咨询，对学校心理辅导工作进行指导和培训，承担全校学生的心理咨询工作。

（三）辅导专家

心理辅导专家是心理辅导工作的专业人士，担负着社会人员的心理辅导工作，他们必须具备政府认可的资格证书，并在规定的范围内开展心理咨询服务。他们不仅承担学生的心理问题、心理障碍的疏导，同时还应该对教师和家长进行心理咨询服务。

（四）学生志愿者

这是学校心理辅导工作的辅助队伍，他们是心理辅导工作的志愿者。他们有比较健康的心理品质，有热心于为其他学生服务的精神。学生心理辅导服务人员可以由班主任推荐，也可以由心理辅导专职教师和咨询师指定。学生心理辅导服务人员可有三个任务：① 积极配合心理辅导活动课程教学，在辅导课程活动中起到骨干组织作用，通过他们的参与、组织来感染其他学生。② 课后能随时帮助其他同学，协助疏导心理问题或及时把同学的心理问题反映给心理辅导老师，起到辅导老师和同学的中介作用。③ 他们是学校心理辅导活动室的志愿服务者，可以以自己亲身的体验，积极健康的心理品质，服务帮助低年级学生，达到相互服务的目的。

第二节　小学心理辅导室的建设

一、小学心理辅导室的布置

（一）选址

小学心理辅导室的选址一般有如下要求：安静隔音、明亮舒适、便于来访，但出入不明显。首先，心理辅导室要选在环境幽雅清静的地方，为了防止噪音干扰，尽量避开音乐室、体育场、食堂、学生宿舍、主干道等场所。其次，心理辅导室要选在明亮舒适的地方，房间最好朝南，阳光充足，通风良好，窗外视野开阔。建筑物或房间周围最好有绿色植物，如果透过辅导室的窗户能看到则更佳。要避免选择那些阴暗、压抑的角落作为心理辅导室。最后，心理辅导室要选在便于来访，但出入不明显的地方。位置不要太远离教学区、宿舍区、办公区，要使学生想来访的时候，比较容易到达。如果太偏僻，虽然安静，但不易来访，无形中就有了距离和阻隔，这种阻隔不仅是空间上的，而且也是心理上的。在保证便于来访的同时，又要使出入不太明显，否则，会增加来访者的心理压力。特别是对于儿童来说，他们对心理辅导的认识还不够深入，对他人的看法十分敏感，害怕别人的议论和误解，因此，不太愿意让老师、同学看到自己出入心理辅导室。在选址的时候，要充分考虑到这种心理因素，不要选在人来人往、一览无余的地方，也不要离校长室、教师办公室太近。有的心理辅导室设在校长室旁边，虽然有利于校长监控，但学生可能就会望而却步了。

（二）布局

心理辅导是全方位的信息交流，除了直接的言语和体语交流之外，房间的布置、家具的颜色、画像的摆挂、阳光的投射等，都在传达着无声的信息。我们在建立心理辅导室时，必须认真对待辅导室的结构、布局及风格。每个人有不同的价值观和审美观，所以辅导室的布置有不同的风格，但是作为一种帮助当事人重新认识自己、走出困境的地方，应该努力创造一种让当事人感到安全、放松、祥和、舒适而充满生机的环境。

在场地布局上，要能满足心理辅导室的多种功能，特别是基本功能，合理有效地利用空间。个别辅导室房间不宜太大，否则会阻碍咨询关系的建立，也不可过小，否则容易产生压迫感。如果有多个间房，个别辅导室不宜设在进门的第一间，而要选在稍微隐蔽和安静一些的房间。来访者的位置应避开门窗方向，避免让来访者与突然到来的他人照面，避免在门窗外就能清楚地看见来访者。团体辅导室以能容纳 20 人左右的空间为宜，注意不要离个别辅导室太近，以免干扰个别辅导。办公室应设在入口的第一间，方便办公，并且不干扰辅导的进行。

在室内布置上，不同房间因为功能不同，会有一些差异。但在总体上都应该注意气氛的营造，要营造一种让来访者感到温馨、平静、放松、舒适和注意力集中的环境。室内应光线柔和，灯光不要太刺眼或太昏暗；色调和谐，以淡黄、淡绿为好，不要大量使用过于鲜艳的颜色，如红色、明黄，也不要大量使用暗淡的颜色，如黑色、灰色、褐色等。地板、窗帘、桌椅、沙发、装饰品整体上要协调，使人赏心悦目，心情愉快。适当点缀鲜花和绿色植物，让房间充满生机。墙壁上可以挂一些有象征意义的画，也可以挂上"心理辅导室职责""心理辅导员守则"等内容，以增强来访者的信任感。团体辅导室要能进行不同形式的团体活动，因此，需要留有足够的活动空间，桌椅板凳要便于移动，地上铺木板或地毯，方便学生坐在地板上开展一些活动。在色彩上，团体辅导室可以比个别辅导室活泼和明亮些，可以用小孩子喜欢的鲜艳颜色来布置。另外要注意的是，辅导室的布置不必一味追求豪华。有些经济条件好的学校为了显示自己对心理辅导的重视，斥巨资装修辅导室，尽显豪华和舒适，这其实没有必要，有时反而会干扰来访者的注意力，增加来访者的心理负担，适得其反。

在咨询过程中，咨询员与来访者可以坐在沙发上，也可以坐在椅子上。两张沙发或椅子的位置必须摆好。座位之间的距离要合当，以 1 米左右为宜。一般来说，双方应呈 90 度角而坐，这样既可以正视对方，又可以自然地移开视线，不会让来访者感到很大的压力。切不可正面对正面，形成相互对峙的格局。如果双方坐在同一水平线上，则目光难以交流，也是不妥当的。两个人之间可以摆放茶几，这样可以使来访者有安全、缓冲的人际空间，也可以充当来访者脆弱无力时的支柱依靠。当然，茶几不能太大或者在茶几上放太多东西，这样拉长了双方的距离，会阻碍双方信息交流，不利于双方良好关系的建立。

岳晓东在《登天的感觉》中有一段关于心理咨询室布置的描绘，供大家参考。

走入我的咨询室，首先映入眼帘的是一幅大海的油画。

画面中，一边是大海的波涛，汹涌澎湃，卷起无穷浪花；另一边是平静的海岸，波光潋滟，水潮缓进缓退。在这动与静的对比当中，你顿时会感觉到大海对于生活的启示。

这幅画不知从何时起就挂在了这里。虽然这间屋子曾几易其主，但大家都不约而同地将这幅画留了下来。我很钦佩最初屋主的用心，他挂这幅画于屋中，就心理咨询对个人成长的象征意义来讲，实在是再贴切不过了。

在油画的下面，是一张大沙发，上面套了一个乳白色的沙发罩，给人以祥和宁静的感觉。大沙发斜对角是一张小沙发，也套着一个乳白色的沙发罩。两张沙发之间是一张小茶几，上面放着一盏台灯和一盒纸巾。

大沙发的另一角，是一个一米多高的书架，上面放了我的一些书籍。我把它们摆放得很整齐，也很有美感。书架的顶层摆了一盆吊兰，垂下来的绿丝，覆盖了书架的一角，显得既有生机感，又有艺术感。

大沙发的对面，是我的办公桌，桌上整齐地摆着台历、文具和一座弗洛伊德的塑像。伏案写作疲劳时，我时常会注视一会儿弗洛伊德的塑像。望着他那一脸沉思的样子，我总会感到有一股强劲的力量，在激励我去不断探索人类心灵的无穷奥秘。

在两扇窗户之间的白墙上，我挂了一幅自己带来的中国国画。画中，两只小鸟栖在枝头上，悠闲地聊着什么，也许其中一方正在给另一方做着心理咨询吧。

咨询室的地上铺着地毯，也是浅色的，使人感觉很温暖。咨询室每天都有专人来打扫卫生，以保持其整洁干净。

这，就是我的咨询室：清净、和谐、温馨、阳光充足，有点儿艺术室的情调，却不过分夸张。这种宁静、祥和气氛的营造，对于心理咨询有着重要的象征意义和暗示作用。

我要让每一个进到我屋里的人，都能感觉到轻松和舒畅。特别是大海的寓意，吊兰的生机，还有小鸟的窃窃私语，曾屡屡成为我与来询者的谈论话题。

资料来源：岳晓东. 登天的感觉：我在哈佛大学做心理咨询[M]. 北京：民主与建设出版社，2018.

二、设施与用具

辅导室的设施与其规模、功能是密切相关的。如果是最简单的辅导室，只有一间房，只提供个别辅导和电话咨询，那配备办公桌、电话、椅子、茶几、沙发、书架或资料柜、纸巾、记录表格等就够了。如果是一个完备的心理辅导室，所需的设施与用具自然也多，一般来说，需要以下几类：

常规办公类：这是建立辅导室必要的办公设备。具体包括桌椅、茶几、沙发、书柜、资料柜、书报架等家具；电话、电脑、打印机、空调、录音机、影碟机、电视机、摄像机、投影仪等设备；纸张、笔墨、文件夹等文具。

心理量表类：辅导室有必要准备一些常用的心理量表及测试纸，有条件的学校应购买一些心理测试系统，可以在电脑上直接测试并保存结果。需要备用的心理量表主要有：智力量表，如韦克斯勒儿童智力测验（WISC-R）、斯坦福-比奈智力测验、瑞文推理测验等；人格量表，如 Y－G 性格测验、卡特尔 16 种人格因素测验（16PF）、明尼苏达多项人格（MMPI）测验、艾森克人格问卷（EPQ）、气质 60 题测验等；临床测验，如症状自评量表（SCL－90）、抑郁自评量表、焦虑自评量表等。另外，学习适应性测验、职业心理测验等也经常在辅导中用到。

文档资料和影像资料类：心理辅导室需要做好各种资料的收集和档案的建立工作，除了大规模的心理测试和建档之外，还应该注意日常资料的收集和整理，包括面谈预约记录表、咨询记录表、辅导室日记、来访者档案、咨询案例分析与整理、辅导室的各种计划与总结等。同时，还应准备和收集有关的录音、影像和影碟资料，如团体辅导的录像、音乐放松带、音乐治疗带、一些心理影片、喜剧片、小品相声等。

图书报刊类：心理辅导室应购买一些心理学书籍，订阅一些学生喜爱的心理学类和其他类的报纸杂志，一方面用于辅导老师自己查阅，另一方面用于指导学生阅读。

放松和治疗器具类：配有放松室或宣泄室的，需要一些器具，如音乐放松椅、按摩椅、哈哈镜、用于游戏的玩具、沙袋等。有治疗能力的辅导者可以准备一些治疗器具，如生物反馈仪、催眠床。

总之，学校心理辅导室的建立要结合学校的实际情况，以提高学生心理素质为目的，以便于开展心理咨询和心理辅导工作为原则，并充分考虑上述各种因素的影响。辅导室建立以后，要制定和完善规章制度，保证固定的咨询时间，避免成为“摆设”，避免陷入“有访即接，无访闭门”的被动和随意状态。有专职心理辅导老师的应该每天开放，人力不足的情况下可以一周开放2—3次。能全天候开放最好，不能全天候开放的，一般把开放时间安排在下午或课后，便于学生来访。辅导老师和每位来访学生的面谈时间应有所控制，小学生一般控制在30—40分钟。除个别面谈之外，还要结合团体辅导、电话咨询、书信咨询等多种形式，使心理辅导室真正成为学生获得心理支持、消除心理困扰、提高心理素质的重要场所。

第三节 小学心理辅导教师的素质要求

小学心理辅导工作是根据小学生生理、心理发展特点，运用有关心理教育方法和手段，培养学生良好的心理素质，促进学生身心全面和谐发展和素质全面提高的教育活动，是素质教育的重要组成部分。在我们国家，由于学校开展心理辅导的历史较短，队伍建设也相对滞后。专职辅导教师较少，且大部分是“半路出家”的兼职教师，理论水平和操作水平普遍不高，小学心理辅导教师的素质提升已成为迫在眉睫的问题。

素质是指有机体在先天生理基础上，通过社会环境、教育与个体交互影响而形成的相对稳定的、基本的、具有衍生功能的品质。主要包括生理、心理、科学文化和思想道德素质四个方面。生理素质主要是由人的先天遗传因素决定的，可塑性不大。因此，关于小学心理辅导教师的素质要求，我们主要从教师的科学文化素养、思想道德素质和心理素质三个方面加以探讨。

一、科学文化素养

如前所述，心理素质教育具有很强的科学性。目前我国从事心理素质教育教师的层次参差不齐，有相当一部分是未经过严格培养或系统培训的德育工作者、行政人员或班主任等兼职人员，教师的文化素养（尤其是专业知识水平）普遍不高。当前很多教师对学生心理问题的认识仍停留在表面水平，还是一些个人经验式的、非科学的认识，在解决学生心理问题时缺乏科学性、系统性。因此，通过多种途径迅速提高教师的文化素养就成了提高我国心理素质教育成效的迫切需要。具体而言，一个合格的小学心理辅导教师应该具备以下文化知识：

（一）了解和掌握正确的心理健康标准

教师必须首先树立正确的心理健康标准，在判断学生的心理健康水平时必须兼顾个体内部协调与对外良好适应两个方面；应考虑心理健康的相对性和动态性，避免用静止的观点来看待学生的心理问题；应清楚地区分哪些问题是学生暂时的心理状态，哪些是稳定的人格特质，避免将状态性心理问题诊断为特质性问题；在区分学生的心理问题时，要考虑其年龄发展特点，避免将该年龄阶段的普遍性问题（如青春期逆反心理）视为异常心理问题。

(二) 掌握基本的心理学知识

教师应掌握普通心理学、人格心理学、教育心理学、发展心理学、社会心理学、心理卫生学、心理咨询学、心理测量学、心理学研究方法等基本的专业知识,并掌握一些基本技能,如实施心理测评的技能、建立学生心理档案的技能、设计和开展心理素质训练活动课的技能、实施个体和团体心理辅导的技能、进行学生心理咨询和行为矫正的技能等。

(三) 具备广泛的背景知识和丰富的实践知识

心理素质教育的全面性和全体性特点,要求教师除掌握专业知识外,还应博览群书,对哲学、教育学、社会学、人类学、伦理学、美学等都有所了解,应具备丰富的教学实践经验。它们不仅可以为教师提供从不同角度去分析问题的认知框架和解决问题的方法,也是教师深入理解各种具有丰富知识和复杂生活背景的学生的必要条件。

二、思想道德素质

对教师思想道德素质的要求主要体现在对其职业道德素质的要求上。当前小学心理辅导工作普遍还处于刚刚起步阶段,还没有引起足够的重视和关注。因此,加快心理健康教育教师职业道德法规条例的建立健全,是十分迫切而重要的。那么,对于心理健康教育教师来说应该具备哪些基本的职业道德,本书认为可以分为以下几个方面:

(一) 热爱心理健康教育事业

首先,具备高度的社会责任感,充分认识心理健康教育工作的重要性和迫切性,关心学生的心理健康,相信每个学生都有巨大的心理发展潜能,将促进学生心理素质的健康发展视为己任。其次,不谋私利,教师不能假借其名为收取物质馈赠和学生建立其他非工作关系等为达个人目的和利益的关系。

(二) 尊重和保护学生利益

首先,心理素质教育应以满足学生的最大利益为原则,避免将学校的利益、教师自己的价值观强加给学生,忽视学生真正的心理需求和利益。其次,尊重学生的个人隐私。再次,对所有学生一视同仁。教师不应因学生的学业成绩、家庭背景、心理健康状况、性别、态度等的不同而讥笑、讽刺、歧视他,而应以平等的态度对待每一位学生,相信每个学生都有心理发展的潜能。

(三) 以科学严谨的态度对待工作

心理健康教育是一项严肃的工作,教师仅有热情和愿望是不够的,还必须具备严谨科学的工作态度。不要想当然地判断学生的行为,而应该在大量收集和分析资料的基础上,依据科学的指标加以诊断;谨慎使用心理测试量表或其他测试手段,不强迫学生接受心理测试和咨询;不使用影响学生心理健康的仪器(如测谎仪、CT 脑电仪)等。

三、心理素质

教师首先必须具备一般的心理素质,如良好的自我意识、人际适应力、健康的情绪体验、稳定的工作热情和积极的进取精神等。除此之外,心理辅导工作的特殊性还要求其具备一些特殊的职业心理素质：

（一）自我调适性

要培养学生健全的心理素质，教师首先必须自己心理健康。教师与平常人一样，也有可能面临挫折、烦恼和压力，而且他们还要自觉担负保密的职责，这就要求教师应具备良好的心理调适能力，善于控制和疏泄不良情绪，释放和缓解心理压力，勇敢面对挫折和失败，保证自我的身心健康发展。

（二）认知敏感性

心理辅导是建立在教师对学生心理特征的敏锐观察、准确认知基础之上的，这是因材施教的必要前提。这就要求教师必须对学生的心理活动特别敏感，善于察言观色，善于通过学生的表情、动作、眼神、肌肉抽动等细微之处来察觉其内在的心理活动，否则不仅无法因材施教，还有可能错失教育的关键期，不能有效阻止学生心理问题的恶化。敏感性不仅是指对学生的心理活动敏感，也指教师应对自己的心理活动敏感。因为心理辅导具有互动性，师生、生生间相互影响、相互作用，教师的一举一动都可能对学生心理产生深远的影响。

（三）人际交往能力

心理辅导是一个师生、生生互动的过程，在这个过程中教师能否与学生建立良好的人际关系是至关重要的，它是心理辅导能否取得良好效果的关键。而要与学生建立良好的人际关系，教师就必须具备以下条件：① 移情能力：即能设身处地地体会学生的内心感受，并善于通过言语和非言语（如目光、姿势、表情、动作变化等）来表达对学生内心体验的理解。② 尊重学生：即能无条件地接纳学生，不仅包括学生的长处，而且能容忍其缺点、不同的观念、习惯和态度等。③ 积极关注：即以积极的态度看待学生，注意强调其长处，有选择地突出学生言语及行为中的积极方面，利用其自身的积极因素。④ 真诚：即在心理素质教育过程中教师应真实地展现自己，表里一致，言行一致，诚恳忠实地对待学生。

此外，教师还应该具备合作精神。这是因为每个教师能力都是有限的，而且心理辅导是一个系统工程，不仅需要个人的努力，更需要其他教师、家长、社会各界的积极配合和共同努力。因此，教师还应该具备良好的与人合作的能力，善于沟通协调学校内部之间以及学校、家庭和社会之间的各种教育力量，形成教育合力，共同培养学生良好的心理素质。

（四）组织监控能力

心理辅导工作是一个“助人自助”的过程，强调互动情景和丰富多彩活动的创意，在活动过程中学生是主体，教师是辅助者和引导者。但这并不意味着教师作用的弱化，相反，它对教师的教育能力提出了更高的要求。要让学生在活动中积极参与、充分发挥主体作用，真正实现自知、自觉、自助，教师就必须具备良好的组织监控能力，即在整个教育过程中教师都应将教育活动本身作为意识对象，不断进行积极主动的计划、检查、评价、反馈、控制和调节，不断探索有效的教育策略方法，促进学生心理素质的发展。

第四节 小学心理辅导档案的管理

建立学生心理辅导档案有助于学校了解学生心理发展状况，针对学生的具体情况制定相应的教育和教学计划，有的放矢地促进学生的心理健康发展，也有利于学校对心理辅导工作进行评估和管理，为学校开展相关教育研究提供数据。

一、心理辅导档案的含义

学校心理辅导档案有广义和狭义之分。狭义的心理辅导档案是指对个体心理发展变化特点、心理测验结果、学校心理咨询与辅导记录等材料的集中保存，这些资料按照一定的程序排序，组成一个有内在联系的体系，如实反映学生的心理面貌。广义的心理辅导档案还包括学校心理健康教育活动的有关资料，如学校心理健康教育的计划、课程开设、活动安排、教研活动、研究课题及成果、效果评估及管理工作等的记录。理解小学心理辅导档案要把握以下几点：

（1）小学心理辅导档案就类型来讲属于专门档案，是在学校心理辅导室专门负责下建立起来的，心理辅导室应有专业教师和健全的管理制度。缺乏专业教师的参与，心理辅导档案的建立可能会失去科学性、客观性、全面性和实用性。

（2）小学心理辅导档案是有关学生心理特点变化历程及有关咨询、辅导的记录，而不是学籍档案。学生的学业成绩、体能测试、教师对学生的操行评语、奖惩记录等都是学籍档案，它可公开让教师、家长及学生了解。而心理辅导档案具隐私性，主要是为心理健康教育工作服务，除经本人同意和特殊情况外，教师、家长甚至领导部门也不能随意查阅学生的心理辅导档案。

（3）小学心理辅导档案是学生心理特点变化历程的真实记录，从幼儿园、儿童期到青少年时期，每个时期都有不同的心理特点及心理冲突，任何人都不能依照自己的观点去增加或删改档案内容，应保持心理辅导档案的原始性、真实性。

（4）小学心理辅导档案建立的根本目的是为了更好地教育和培养学生，促进学生心理健康的全面发展，直接目的是为学校心理健康教育工作更有效地开展。

二、心理辅导档案的内容

小学心理辅导档案的内容，是指能从中揭示或了解有关学生心理状况、心理特点以及心理健康教育活动过程、效果等方面的材料，主要包括学生综合资料、心理检测资料、心理辅导记录等。心理辅导档案的建立是一项专业性很强的系统性工作，应在专业人士的指导下，由专职心理辅导教师负责收集整理有关学生心理方面的资料。

（一）学生综合资料

学生综合资料是指影响学生心理发展的基本资料，它主要是提供一些背景资料，以帮助教师深入分析学生心理，正确诊断学生心理问题产生的原因，主要包括：

（1）学生基本情况，如姓名、性别、出生年月、民族、年级、生理发展特点、爱好特长、参加社团活动情况等。

（2）学生的家庭背景，如父母的职业、文化水平、家庭结构、经济状况、居住环境、家长教养方式、家长对子女的态度和期望、家庭氛围与亲子沟通情况、学生在家庭中的行为表现等。

（3）学生的重要生活经历，如家人去世、父母离异、意外变故等。

（4）学生的学习情况，如学习成绩、学习态度、方式、习惯、兴趣及学习压力等。

（5）学生的智力发展水平。

（6）学生的个性与性格特征。

（7）学生的心理健康状况，如是否出现过心理发展问题，程度和具体表现如何；是否接受过心理咨询，接受过多少次心理咨询、每次咨询的时间、内容和结果如何等。

（二）心理检测资料

心理检测资料是指反映学生心理状况和心理特点的资料，应记录心理检测的类型、时间、场所和报告、结果、分析及教育建议等。它主要包括：

（1）心理健康状况及辅导策略，是指学生心理健康水平的鉴定，即是否适应、有无困扰、复原力强弱；针对性的辅导方案等。

（2）能力状况及教育建议，是指学生的言语能力、数学能力、推理能力、音乐能力、创新能力等一般能力和特殊能力的水平；针对性的教育建议等。

（3）人格特征及培养建议，是指学生的气质、性格、兴趣、情绪、品德等方面的特征；针对性的培养建议等。

（4）学习心理及教育对策，是指学生的学习态度、学习方法、学习动机、考试心理等方面的状况；针对性的教育方案等。

专栏 11－3

××学校学生测验记录表

姓名		学号			出生日期		
测验名称		测验日期	测验年级	测验结果			
智力测验	韦氏儿童智力测验			项目	言语量表	操作量表	全量表
				智商			
	瑞文标准推理测验						
成就测验	语文成就测验						
	英文成就测验						
	数学成就测验						

<table>
<tr><td rowspan="4">性向测验</td><td rowspan="2">区分性向测验</td><td rowspan="2"></td><td rowspan="2"></td><td>项目</td><td>语文推理</td><td>数字能力</td><td>抽象</td><td>文书</td><td>机械</td><td>空间</td><td>拼字</td><td>文法</td></tr>
<tr><td>百分等级</td><td></td><td></td><td></td><td></td><td></td><td></td><td></td><td></td></tr>
<tr><td rowspan="2">普通能力性向测验</td><td rowspan="2"></td><td rowspan="2"></td><td>项目</td><td colspan="8"></td></tr>
<tr><td>标准分数</td><td colspan="8"></td></tr>
<tr><td rowspan="2">兴趣测验</td><td rowspan="2">职业兴趣量表</td><td rowspan="2"></td><td rowspan="2"></td><td>项目</td><td>行政商业</td><td>机械</td><td>自由职业</td><td>艺术</td><td>科学</td><td>农业</td><td colspan="2">个人服务</td></tr>
<tr><td>百分等级</td><td></td><td></td><td></td><td></td><td></td><td></td><td colspan="2"></td></tr>
<tr><td rowspan="4">人格测量</td><td rowspan="2">Y—G 性格量表</td><td rowspan="2"></td><td rowspan="2"></td><td>项目</td><td>A 系统值</td><td>B 系统值</td><td>C 系统值</td><td colspan="2">D 系统值</td><td colspan="3">E 系统值</td></tr>
<tr><td>标准分</td><td colspan="8"></td></tr>
<tr><td rowspan="2">青年咨商量表</td><td rowspan="2"></td><td rowspan="2"></td><td>项目</td><td>家庭关系</td><td>社会关系</td><td>情绪稳定</td><td>顺从</td><td>现实适应</td><td>情态</td><td colspan="2">领导能力</td></tr>
<tr><td>标准分数</td><td></td><td></td><td></td><td></td><td></td><td></td><td colspan="2"></td></tr>
</table>

（三）心理辅导记录

心理辅导记录是指对学生进行个别辅导和团体辅导的记录，个别辅导包括主诉及症状表现、诊断、原因分析、辅导时间及次数、辅导的方法与过程、辅导效果、追踪记录、辅导教师签名等；团体辅导包括团体人数、辅导主题、辅导时间、辅导方法和过程、辅导效果、辅导教师签名等。小学心理辅导档案中应标明所用的心理测查工具。由于学生处于发展变化中，学校应该及时更新学生心理发展与咨询档案的有关内容。

此外，在小学心理健康与辅导工作中，有时会通过对各种学生作品的分析来了解其心理和行为特征。因此，在心理健康档案中，还可以包括学生的各种作业、试卷、模型、沙盘游戏照片，以及学生的日记、周记、信件、作文、自传等。

三、心理辅导档案的功能

学生心理辅导档案既是学校心理辅导工作有效开展的必要依据，又是学生接受心理辅导的原始记录，它将为我们进行心理科学的研究提供大量的、客观的第一手材料，同时也有助于教师更好地了解学生的个性特征，因材施教。心理辅导档案具有以下不可替代的功能：

（一）预防功能

一般心理咨询员与学生没有经常接触的机会，班主任老师对有攻击性、焦虑、自卑心理学生的问题也不易及时觉察，而心理档案的建立则可通过定期的专业化的心理测验，及时发现患有神经症、人格障碍、适应障碍的学生的心理问题。通过心理训练、角色转换、合理宣泄、体育及文艺活动，尽快使学生恢复常态，适应生活和学习环境。心理档案的预防功能突出表现在对学生心理障碍的早期发现和早期治疗上。

（二）参照功能

中小学阶段是一个人心理发展变化的重要时期，心理辅导人员在进行个别辅导的同时，若能先研究其心理档案，就能对症下药，使辅导更有针对性、连贯性，提高咨询工作的效率。另外在咨询辅导过程中，可能会遇到疑难和障碍等。辅导教师本着对学生负责的态度往往会请教同行，如果有必要则请专家会诊。若能参照学生的心理档案，使未接触过学生的专家了解基本情况，可能会制定出帮助学生的最佳方案。所以心理档案的参照功能表现为对学生心理问题的准确诊断上。

（三）自我教育功能

心理辅导档案是学生心理健康成长的历史记载，学生通过查阅自己的心理档案，不仅可以分析自己的过去，客观地评价自己，而且可以根据自己的优势与不足，从纷繁的环境中吸取对自己有用的信息，及时调整自己的价值观。心理辅导档案的自我教育功能就是在于使学生对自己有一个清醒的认识和准确的把握，做到扬长避短，为今后取得事业的成功做好准备。

四、心理辅导档案管理

（一）心理辅导档案管理的原则

建立学生心理辅导档案是学校心理辅导机构的一项重要工作。要全面客观、科学地建立学生心理辅导档案，就应大力宣传和普及学校的心理卫生工作，优化心理辅导大环境，使全体学生统一认识，转变观念，力争校领导及教职工都了解、配合、支持、参与心理咨询及辅导。在建立学生心理健康教育档案过程中，应遵循以下几个原则：

1. 保密性原则

这一原则是指学校心理辅导人员，有责任对学生心理辅导档案的内容予以保密。在学校建立学生心理辅导档案，是为学校的心理辅导工作提供依据，为广大学生的心理需求提供服务。除心理辅导员外，其他人须经本人同意方可查阅。作为一名合格的心理辅导员，应加强自己的职业修养和品德修养，坚守档案秘密，尊重学生的人格及要求，维系师生双方的信赖关系，并将此作为一项义不容辞的任务。

2. 整体性原则

这一原则是指在收集学生辅导档案资料过程中，辅导人员要有整体观念，既要重视心理活动诸要素的内在联系，又要考虑心理因素、生活因素和社会因素的相互制约与影响。在具体操作中，既要考虑学生这一年龄段的总体特点，又要兼顾性别、专业等局部特点。通过全面的分析综合了解学生的心理特点及健康问题，为从事心理辅导和治疗专家，提供干预和研究的科学依据。

3. 发展性原则

这一原则是指在档案资料分析整理过程中，辅导人员要以发展变化的观点看待学生的心理问题，不仅在问题的分析和把握中善于用发展的眼光做动态考察，而且在问题的解决和结果的预测上也要具有发展的观点。这一原则对心理辅导人员提出了更特殊的要求，一方面要对学生的内在潜能和发展条件做准确的估计，记录其已有的发展结果；另一方面要对学生的发展目标和发展道路有恰如出其分的把握，并揭示其今后的发展方向。

4. 公正客观原则

这一原则是指学生心理辅导档案的材料首先要真实客观，咨询记录要详细认真，咨询员不能将自己的主观臆测加入记录。同时，谨慎使用各种心理测量表，对测验结果的评价一定要由专业技术人员来解释，不要轻易施测和下各种结论，以保证测量的科学性、公正性。

(二) 学生心理辅导档案的管理制度

对学生心理健康档案要科学管理，平时对学生进行的心理治疗、心理咨询、心理测量等的相关资料，要及时归档。心理辅导档案应由心理辅导室专职教师管理，专柜存放，管理人员要认真负责，保证及时归档整理和正常使用。建立档案目录，对档案进行科学的分类。对学生心理辅导档案严格保密，档案资料不得带出心理辅导室，不得复印，非心理辅导专职工作人员不得查看档案内容。建立查阅制度，查阅学生心理辅导档案，必须由学校管理部门出具证明，查阅使用学生心理辅导档案，必须严格登记，按时归还。在学术场合使用档案内容时，不准公开当事人的任何身份信息。学生心理辅导档案仅作学生心理健康教育和心理咨询服务的辅助工具之用，不用于学生管理工作中，不进入学生的人事档案。

(三) 学生心理辅导档案的结果解释

收集好学生资料后，要对每一种资料，尤其是心理测验的结果进行解释，并结合学生基本情况提出教育培养建议。围绕如何发展能力、培养创造力、优化人格、促进心理健康、提高学习成绩以及指导升学或就业等方面提出教育对策与建议，这是建立学生心理辅导档案的目的所在。因此，要根据结果解释，结合学生各方面情况，分析其心理问题的形成原因，然后科学地、有针对性地提出教育培养建议或辅导策略。建议应针对不同的方面，既要有给家长的建议，也要有给教师的建议，还要有给学生及同学的建议，必要时还可以包括给学生周围有影响人物的建议，提建议时应规定具体的目标和实施的方法，包括何时、何地、在何种环境下实施等，切忌空洞、抽象。

拓展阅读

1. 岳晓东. 登天的感觉：我在哈佛大学做心理咨询[M]. 北京：民主与建设出版社，2018.

2. 谢刚. 我在美国做学校心理学家[M]. 北京：北京师范大学出版社，2016.

3. 刘华山. 学校心理辅导[M]. 合肥：安徽人民出版社，2011.

反思与探究

1. 为何要建立小学心理辅导的组织管理体制？

2. 小学心理辅导老师除了一般的心理素质外还需要具备哪些特殊的心理素质？

3. 心理档案的建立和管理过程中应当遵循哪些原则？

参考文献

1. 俞国良.现代心理健康教育[M].北京:人民教育出版社,2008.

2. 伍新春.中学生心理辅导[M].北京:高等教育出版社,2010.

3. 郑日昌.大学生心理咨询[M].济南:山东教育出版社,1999.

4. 韩翼祥,常雪梅.大学生心理辅导[M].杭州:浙江大学出版社,2004.

5. 孔屏.学校心理咨询实务[M].北京:中国轻工业出版社,2010.

6. 牧新义,白世国,安莉娟.小学生心理健康教育[M].北京:北京师范大学出版社,2017.

7. 陶勑恒,郑洪利.小学生心理辅导[M].北京:高等教育出版社,2018.

8. 郭黎岩.小学生心理健康与辅导[M].北京:高等教育出版社,2014.

9. 徐光兴.儿童游戏疗法心理案例集[M].沈阳:辽宁教育出版社,2012.

10. 张艺馨.小学生心理辅导与咨询[M].北京:北京师范大学出版社,2013.

11. 郑日昌,蔡永红,周益群.心理测量学[M].北京:人民教育出版社,1999.

12. 戴海崎,张锋.心理与教育测量[M].广州:暨南大学出版社,2018.

13. 李祚,张开荆.心理危机干预[M].大连:大连理工大学出版社,2012.

14. 朱智贤.儿童心理学[M].北京:人民教育出版社,2018.

15. 博宏,王晓萍.小学生心理健康教育[M].北京:中国轻工业出版社,2008.

16. 彭小虎.小学生心理辅导[M].上海:华东师范大学出版社,2012.

17. 俞劼.小学班主任心理辅导[M].北京:中国人民大学出版社,2017.

18. 吴增强,蒋薇美.心理健康教育课程设计[M].北京:中国青年出版社,2007.

19. 郑雪,王玲,宇斌.小学心理健康教育课程设计[M].广州:暨南大学出版社,1997.

20. 叶一舵.心理健康教育教程[M].福州:福建教育出版社,2015.

21. 姚本先,伍新春.学生心理健康教育[M].北京:中国轻工业出版社,2012.

22. 张明.小学生心理健康教育[M].北京:中国轻工业出版社,2013.

23. 钟志农.如何上好班级心理辅导活动课[M].北京:中国轻工业出版社,2015.

24. 卢家楣.青少年心理与辅导:理论和实践[M].3版.上海:上海教育出版社,2017.

25. 刘景全,姜涛.关于小学生某些注意品质的实验研究[J].天津师范大学学报(社会科学版),1993(4):31-35.

26. 李洪曾,胡荣查.五至六岁幼儿有意注意稳定性的实验研究[J].心理学报,

1983(2):178－184.

27. 刘镜秋.关于测定注意力转移品质的实验报告[J].心理科学通讯,1988(6):39－41.

28. 王唯.小学儿童观察能力研究报告[J].心理发展与教育,1985(3):26－31.

29. 朱玉英.小学一年级第二学期学生解答算术应用题产生错误的思维特点[J].心理学报,1965(1):38－49.

30. 傅安球,王唯,武珍等.学龄初期儿童意志发展的实验研究[J].心理发展与教育,1983(3):16.

31. 周宗奎,林崇德.小学儿童社交问题解决策略的发展研究[J].心理学报,1998(3):274－280.

32. 蔡素文.儿童学习困难心理辅导[J].江苏教育,2018.

33. 王忠.国内儿童学习障碍的研究进展[J].中国健康教育,2008.

34. 赖建权,杜高明.学习障碍儿童的心理辅导策略探析[J].内江师范学院学报,2011(5).

35. 刘诗薇.儿童青少年反社会性品行障碍述评[J].中小学心理健康教育,2014(5).

36. 郑信军,岑国桢.家庭处境不利儿童的社会性发展研究述评[J].心理科学,2006,29(3).

37. 全国妇联课题组.全国农村留守儿童城乡流动儿童状况研究报告[J].中国妇运,2013(6).

38. 刘宁宁.小学高年级学生生活满意度培养对策研究[D].鲁东大学,2019.

39. 高华英.农村小学高年级留守儿童亲子沟通与心理缺陷的现状及关系研究[D].云南师范大学,2019.

40. 曹素芳.小学高年级学生同伴关系的现状调查[D].淮北师范大学,2019.

41. 裴璐璐.小学高年级学生应对方式与心理健康的关系及干预研究[D].河北师范大学,2019.

42. 王芮.小学高年级学生心理弹性及其与社会支持、积极情绪的关系及建议[D].河南大学,2018.

43. 徐玲娇.小学家校合作现状与优化策略研究[D].扬州大学,2018.

44. 孙爱英.农村小学家校合作的现状与对策研究[D].鲁东大学,2018.

45. 陆可.我国小学阶段家校合作的问题与对策研究[D].青岛大学,2018.